Georg Samuel Dörffel

Der ärgste Seelengifft des trostlosen Pabstthums entdeckt

Georg Samuel Dörffel

Der ärgste Seelengifft des trostlosen Pabstthums entdeckt

ISBN/EAN: 9783743435001

Hergestellt in Europa, USA, Kanada, Australien, Japan

Cover: Foto ©Lupo / pixelio.de

Manufactured and distributed by brebook publishing software (www.brebook.com)

Georg Samuel Dörffel

Der ärgste Seelengifft des trostlosen Pabstthums entdeckt

Der ärgste

Seelen = Gifft

Des

Trostlosen Pabstthums/

Womit

P. ALOYSIUS RICHARDUS,

Der Gesellschafft Jesu (wie er sich
nennet) zu Prage/

Den Qvell = reichen und reinen

Evangelischen Trost=Brunn/ vermittels
seiner erschrecklichen Zweiffels = Lehre/ un=
längst zu verunreinigen/ und unschuldige Her=
tzen hierdurch anzustecken sich unter=
stehen wollen;

Allen der Evangelischen Warheit auf=
richtigen Liebhabern und beständigen Beken=
nern/ zu Christlicher Abscheu und treu=
meinender Warnung/

Nach Schrifftmäßiger Probe entdecket
von

M. GEORG. SAM. DÖRFFELIO,

Der H. Schrifft Baccalaureo und Dienern am Wort
Gottes zu Plauen im Voigtlande.

Jena/ verlegts Johann Jacob Bauhofer/
Anno 1683.

Vor-Erinnerung
des Verlegers;

Egenwärtige Wiederlegungs-Schrifft wird anietzo/ nachdem die ersten Exemplarien samtlich bald abgegangen/ zum andernmahl durch den Druck ausgefertiget/ in der aus fernerer Nachfrage geschöpften Hoffnung/ es werde auch diese anderweitige Mühe nicht fruchtloß abgehen. Solchen heilsamen Zweck ümb so viel näher zuerreichen/ sind nicht alleine die bey voriger Edition, wider des Autoris Meinung/ im eilfertigen Nachschreiben und abwesenden Drucke/ eingeschlichenen vielen Fehler/ allhier möglichstes fleisses corrigiret/ und ein gar dienliches vierfaches Register hinzugethan worden; Sondern man hat auch vor gut befunden/ denn zu Prag gedruckten Tractat P. Richardi, in beygefügten Nachdrucke/ da die Blätter/ Zeilen und Worte allenthalben übereintreffen/ dem Warheits-begierigen Leser treulich zu communiciren: Inmassen besagte Jesuitische Schrifft/ so von unterschiedenen/ umb solche mit der Widerlegung zu conferiren/ verlanget worden/ bißhero lange nicht mehr zubekommen gewe-

sen/

sen/ob schon auch an Päbstischen Ohrten
derwegen Nachfrage geschehen. Auch hat
das hierüber vernommene verständige Ur-
theil mich dazu angefrischet/ daß nehmlich
dergestalt sich im Wercke selbst ausweiset/
wie man unserseits nicht/ nach der Wider-
sacher verdächtigen Manier/ etwas zu vertuschen pflege/ noch einigen Scheu trage/
daß iederman der Jesuiten hochberühmte
Künste/ zum wenigsten Wunders-We-
gen/ betrachte/und selbst nach Willen eines
gegen das andere halte: Zu welchem Behuf denn in diesen beiden Schrifften/ die
beygesetzten Remissiones und Blat-An-
weisungen/ wo iedwede Einwürffe und deren Beantwortungen zufinden/ durchgehends dem Leser werden zustatten kommen.
In übrigen will zugleich der Autor, indem
er die Affigirung des Jesuitischen Tractats
veranlasset/ die nun über die Zeit zurück-
bleibende und unter vielen Zweiffels-Knoten allzutief steckende Vertheidigung der
Päbstischen Zweiffels-Lehre/als eine in
Rest zuschreibende verzweiffelte Schuld
hiermit öffentlich angegeben haben.

Denen

Denen

Wohl = Edlen/ Wohl = Ehrenvesten/
Großachtbarn/ Hoch = und Wohlgelahr-
ten/ auch Hoch = und Wohl-
Weisen

HERREN

Bürgermeister

und

Rath

der Voigtländischen

Kreyß = und Haubt = Stadt

Plauen/

Meinen insonders Hoch-
geehrten Herren Patronis, und
Hochwerthen Gönnern/

Wünsche ich

Gottes Gnade und Seegen/ in Christo
Jesu unserm einigen Seligmacher!

Wohl = Edle/ Wohl=Eh=
renveste/Großachtbare/Hoch
und Wohlgelahrte/ Hoch=
und Wohl-Weise/

Insonders Hochzueh=
rende Herren Patroni, und
Hochwerthe Gönner/

HAben vor Zeiten in
der Jüdischen Kir=
che/ sonderlich die Schrifft=

ge=

gelehrten und Pharisеer/
sich vor Andern des Schlüſ-
ſels der Erkåntnis gerüh-
met/ nach unſers Heilandes
ihnen beschehener Fürhal-
tung/ Luc. XI. 52. auch
hierneben ſich vermeſſen
zu ſeyn Leiter oder Führer
der Blinden/ Liechter
derer die im Finſternis
ſind/ Züchtiger der Thö-
richten/ und Lehrer der
Einfältigen/ als welche die
Auslegungs = Form håt-
ten/ was zu wiſſen und

re

recht ist im Gesetze / wie
der in ihrer Schule zu erst
fleißig gewesene H. Apostel
Paulus redet / Rom. II.
19. seq. Ob wohl Denselben
der rechte Verstand und
Brauch des Gesetzes Got-
tes so wenig bekant war / und
die **Decke Mosis** 2. Cor.
III. 15. dermassen vor den
Augen und Hertzen hienge /
daß sie / ungeachtet der
durch Christum selbst und
seine Apostel erschallenden
Evangelischen Predigt / über

ihre Aufsätze/Matt. XV.
2. seqq. und Ceremonien/
Act. VI. 14. mit blinden Ei=
fer hielten.　So ist sich nicht
groß zu verwundern/warum
im heutigen Pabstthum die
Erfahrung eben　dergleichen
mit sich bringe/indem die Rö=
mische Clerisey/ zumahl aber
die vermeintlich Schrifftge=
lehrtesten Jesuiten / nicht
nur die wahre Auslegung
der Heil. Schrifft/ vermit=
tels des Päbstlichen Schlüs=
sels/alleine zu haben sich rüh=

men/

men/ſondern auch Andere zu
ſolchem blinden Pabſt=Ge=
horſam/ und Seelen=gefähr=
lichſten Irr • Wegen ihres
Zweiffel=Labyrinths zu ver=
leiten/ niemahls unterlaſſen:
Da ſie doch/ bey ſo hellem
Liechte des durch den treuen
Dienſt des hocherleuchten
MannesGottes/H.Luthe=
ri/ von der Anti=chriſtiſchen
Verdunckelung am Welt=A=
bend/Zach. XIV. 6. ſeq.
wieder befreyeten Evange=
lii/ den offenbaren Ungrund

ihrer

ihrer Gott=Trost=Grund=
und Ruch=losen Lehre nicht
erkennen wollen / Zweiffels=
frey / weil / vermöge der Apostolischen Vorher=Verkün-
digung / dafür / daß sie die
Liebe zur Warheit nicht
haben angenommen /
daß sie selig würden / so
hat ihnen Gott / aus ge-
rechtem Zorn=Gerichte ein=
reissende kräfftige Irr=
thum gesendet / daß sie
glauben der Lügen / 2.
Theff. II. 10. seq. Weß=

wei

wegen dann unsere Wieder=
sacher nicht unbillich mit de=
nen in das verdeckte An=
gesicht Mosis sehenden
Jüden/ in unser Augsp.
Confess. Apologie/ F. C.
p. 176. verglichen werden.

Wann nun unter andern/
in des angräntzenden Kö=
nigreichs Böhmen Haubt=
Stadt Prage/ durch die Je=
suiten/ im nechst abgewiche=
nen Jahre/ ein verführisches
Tractätlein/ darinnen die zu
Erhaltung des Pabstthums

bey

bey der heutigen klugen
Welt/ (die sonst den groben
Fabeln nicht mehr so leichte
wil Gehör geben) dem Ge-
gentheil am meisten angele-
gene Stütze/nehmlich Du-
bitatio de certitudine
gratiæ & salutis, die ent-
setzliche Zweiffels = Lehre
von der Gnade Gottes
und ewigen Seligkeit/
ohne Scheu/ sehr hefftig und
gifftig getrieben wird/an das
Liecht kommen/ welches Wi-
derlegungs=werth von Hoch-

ges-

verſtändigen iſt erachtet worden; Als habe dieſe meiner
Wenigkeit	aufgetragene/
und nunmehro auf hohes
Gutachten durch den Druck
ausgehende Refutation-
Schrifft/ unter E. Wohl-
Edl.Groß-Achtb. und Hoch-
Weißh.Nahmen herfür kom-
men/ und Denenſelben ſolche
hiermit dienſtgefliessenſt zu-
ſchreiben wollen : AUſſer
Zweiffel ſtellend/ Sie wer-
den/ als der rein-Evangeli-
ſchen Troſt-Lehre allerſeits

ei-

eiferige Liebhaber und Be-
kenner/ diß mein Zuverficht-
liches Uuterfangen sich nicht
mißfallen lassen/sondern meine Hochgeneigte Förderer
und Gönner seyn und blei-
ben. Welches mit zu Gott
täglich wachendem Gebethe/
für Selbe und meine liebe
Geburths-Stadt/so der Al-
lerhöchste bey itzigen gefähr-
lichen Läufften vor aller See-
len-und Leibes-Infection,
samt andern Unfällen/ferner-
hin unter Seinen Gnaden-
Flü-

Flügeln beschirmen wolle /
möglichst beschulde / verhar-
rend

E. Wohl - Edl. Groß-
Achtb. und Hochweißh.

Plauen den 11. Augusti
Anno 1682.

Dienstbefl.
Fürbitter

M. Georg. Sam. Dörffelius,
SS. Th. Bacc. & Eccl. Patr.
Diaconus,

(1)

I. N. J.
An den nach Gebühr geehrten
Leser.

§. 1.

Leichwie noch nicht zwey Jahre vorbey/ daß durch Göttliche Verhängnis/ die ansteckige Seuche der Peſtilentz/ nechſten Weges von Prag aus/ in dieſe unſere Lande ſich eingeflochten/ vor deroſelben gnädige Befreyhung dem Allerhöchſten wir nochmahls inbrünſtig zu dancken haben; Alſo reget ſich itzund eben daſelbſt die alte Schlange mit einem viel ärgern Giffte/ welcher gar die Seele anſtecket/ und den ewigen Tod verurſachet.

2. Solchen nun auch unter uns zu bringen/ und wo es immer möglich/ (ſo aber der fromme Gott in allen Gnaden ver=

verhüten wird) das lautere oder Luthe=
risch=Evangelische Brünnlein Israelis
damit anzustecken / unterlässet der Sa=
tan nicht / mit seinem Gifft=Hauche / hier=
zu bequeme Werckzeuge anzublasen und
aufzubringen.　Nicht zwar etwan die
Jüden selbiges Orts / welches Gesind=
lein sonst nicht zu fromm dazu / daß sie
wohl ehmals die Brunnen in Teutsch=
land vergifftet / und mehr andere Gifft=
Mordthaten verübet / auch dergleichen
Boßheit wegen Anno 1504. aus hiesi=
ger Gegend vollends gar verjaget wor=
den / daß wir in etlichen Städten zum
Wahrzeichen die von ihnen verlassenen
Jüden=Gassen nur noch zu nennen /
sonst aber ihres verlegenen Jüdischen
Tands halber (GOTT Lob!) itzt keine
sonderbare Seelen=Gefahr zu fürchten
haben.

　　3. Drum ists der höllischen Schlan=
gen=List viel anständiger / dero letzte und
liebste Brut / die so genanten Jesuiten
hierzu abzufertigen / als derer Societät
oder Gesellschafft von einem hochver=
ständigen Manne (*Lanf.* Confult. ed.
nov.

nov. p. 372.) Legitimarum Societatum nocentissima PESTIS, die aller=ſchädlichſte Peſtilentz aller ehrli=chen Geſellſchafften / betitelt wird. Welches Lob auch der berühmte Pa=piſtiſche Hiſtoricus, Königl. Frantzöſ. Rath und Parlaments = Präſident zu Pariß / *J. A. Thuanus*, beſagten Jeſui=ten / in ſeinem auf ſie gerichteten ſchö=nen Carmine, unter andern dergeſtalt giebet:

Si modo relligio ẽt, aiere intra viſcera
tetram,
Quæ jam ſe corpus fundit in omne,
LUEM:
Semina *corrupti ſucci*, lentiǿue VENE-
NI,
Noxia doctrinæ ſemina PESTI-
FERÆ.

Iſt auf teutſch ſo viel:

Mir kömts recht frembde für / aus
Andacht Leute hegen/

So leider! unter uns die böſe
Seuch' erregen:

Wo

Wo ihrer Lehre Gifft man nur
hinſtreuen läſt/
Da find't ſich unvermerckt die
eingeriß'ne Peſt:

4. Der jüngſt-verſpürten Peſt-Art
und Urſprung aus der Natur zu er-
gründen/ wolte denen Herren Medicis
ſchwer fallen; Alleine hier haben ſich
die Gifft-Laboranten (nicht ohne Göttliche Schickung) alsbald ſelbſt verra-
then/ welches Geiſtes Kinder ſie ſeyn/
indem vor weniger Zeit aus der Bra-
giſchen Jeſuiter-Druckerey eine alber
ſtyliſirte Satyriſche Epiſtel Lutheri
aus der Höllen/ zum Wahr-Zeichen/
heraus geflogen; Da zwar/ ſo viel Lutherum anlanget/ nichts als nur meiſt
aus denen von Ihm nie mit Augen-geſe-
henen noch approbirten Tiſch-Reden
und ſonſt verdrehete allegata, Läſterung
und Lügen/ (ſo alles zum öfftern beantwortet worden/) zu befinden; in dieſem
Stück aber nehmen wir es billich vor
eine bekante Warheit an/ daß gewißlich derſelbe Brieff ſeinen anfänglichen
Ur-

Urſprung aus der Hōllen habe/ und
mag der ungenante Poſtilion ſeinem
Principal/ dem Lucifer/ nur vermelden/
es brauche ferner keiner Antwort/ wie
denn dieſer auch ſchon dem Bothen wird
zu lohnen wiſſen.

5. Wie aber der von Prag herüber
nechſthin eingeſchlichene Peſt = Gifft
(nach aller Herren Medicorum Urtheil/
und der tāglichen und klāglichen Erfahrung) von gar ſonderlicher und unge-
meiner Malignitāt war/ worinnen er die
andern ſonſt gewōhnlichen Contagia
weit übertroffen; Ebener maſſen ſuchen/
nach dieſem die Pragiſchen Jeſuiten aus
ihrer ſchādlichen Quackſalberey/ worinnen alle Uſualia mit der Rōmiſch=Baby-
loniſchen Huren Gifft = Weine/ (Apoc.

XIV. 8. Syr. ‏ܐܠܐ ܕܡܨܝ ܠ ‎

vino veneni ſeu venenato,) ſtarck verſe-
tzet/ den allerārgſten Seelen = Gifft her-
für/ nehmlich die Quint = Eſſentz und
künſtlichſten Extract des gantzen Pabſt-
thums/ ſo da heiſſet DUBITATIO,
die

die Zweiffels-Lehre von der Gnade
Gottes und Seelen-Seligkeit.

6. Hiermit vermeinet nun der Jeſuit
Aloyſius Richardus, bey uns ohne Paß
alsbald an- und durchzukommen/ zu welchem Ende er neulichſt eine Schrifft in
offenen Druck zu Prag ausgefertiget/
unter dem Titul: Troſt-Brunn der
Ewangeliſchen/ (wie ſie ſich nennen) aus welchen ſie ihre Tröſtungen ſchöpffen/ durch welche ſie von
ihrer Seelen-Seligkeit gewiß und
verſichert werden; Allen der Ewan-
geliſchen Warheit Liebhabenden/
vorgeſtellt zu erkennen/ ob dieſer
Troſt-Brunn/ dem Quäll des lebendigen Waſſers/ welches ſpringt in
das ewige Leben/ in ſich halte und
begreiffe. Gedruckt zu Prag/ bey
Georg Czernoch/ in Jahr 1681.
Der gantze Plunder dieſes ankommen-
den Vergiffters/ der eine ſonderliche
Probe damit unter uns erweiſen wil/
iſt/ wie er ohne Scheu ausruffet/ faſt einig aus dem Päbſtiſchen Zweiffel præ-
pariret, womit er Vorhabens iſt/ unſere

te Trost-Quellen zu inficiren, und nach
dero Zernichtung uns sämptlich zu seiner
trüben Pfütze zunöthigen.

7. Es soll aber der Autor hiermit
wissen, daß er bey uns unrecht damit
ankomme: Inmassen solche verdächtige
Gesellen / die Land und Wasser umb-
ziehen / (Matth. XXIII. 15.) daß sie etwan hie und dort eine Seele vergifften
und an sich locken / bey uns, un-examini-
ret nicht passiret werden.

8. Zu dem so ist uns auch sein mit-
bringendes Gifft-Wesen schon vorlängst besser massen bekant / als welches
der theure Lehrer / Herr *Lutherus* seli-
ger / zu seiner Zeit Anfangs selbst am
Halse gehabt / und nachdem er es auf
den höchsten Grad probiret; uns die
gantze Beschreibung der Operation in
nachgesetzten Worten treulich commu-
niciret: Monstrum *Dubitationis* est opi-
nio PESTIFERA & PESTILEN-
TISSIMA, quæ doctrinam fidei ob-
ruit, conscientias perturbat, dona & be-
neficia Spiritus S. obscurat, verum DEI
cultum abrogat, idololatriam, contem-

B   tum

tum & blasphemiam DEI in cordibus
erigit, das ist/wie es *Justus Menius* ver-
teutschet; Der gottlose Irrthumb/
darauf das gantze Pabstthumb gegründet ist/ daß niemand gewiß
wissen könne/ ob er in Gnaden oder
Ungnaden sey/ wenn er gleich aufs
allerbeste lebe und wandele/ ist zu
fliehen und dafür Scheu zu haben/
als für der **allergifftigsten und
schädlichsten Pestilentz**/ so
da seyn mag/ damit allerdings
die Lehre des Glaubens unter-
drückt/ der Glaube zerstöret/ die Gewissen verwirret/ Christus aus der
Christenheit weggeraubet/ alle
Wohlthaten und Gaben des Heiligen Geistes verdunckelt und ver-
läugnet/ der rechte wahre Gottes-
dienst abgethan/ dargegen allerley Abgötterey/ eitel Gottes Verachtung und Lästerung in der Menschen Hertzen angerichtet. (in C. IV,
ad Gal. T. VI. Altenb. f. 762. b. seq.)

9. Daß zwar unser anmassender
Ver-

Vergiffter mit ſolchem abſcheulichen Zeu-
ge / rectà auf den rein-Lutheriſchen
Troſt-Brunn zueilet / kan uns ſo ſehr
nicht Wunder nehmen / als denen nicht
unbewuſt / ſo wohl der Jeſuitiſche Neid
gegen die Hertz- und Seelen-vergnü-
gende Evangeliſche Troſt-Lehre / daher
ſie / wie die Philiſter / (Gen. XXVI. 14.
ſeqq.) alle Gelegenheiten / uns die Brunnen zu verſtopffen oder unbrauchbar
zu machen / ablauren; als auch derſelben
Welt-beſchriehener unverſchämter
Frevel / maſſen ſie dieſer ihrer ob ſchon
entdeckter Vergifftungs-Kunſte halben
keine Chambre ardente zu befürchten;
Hingegen ſiehet man / wie die Apoca-
lyptiſchen unreinen Geiſter / ſo gleich
denen Fröſchen / (Apoc. XVI. 13.) wann
ihnen irgendwo eine Sonne (der man
die Beyſchrifft machet: Nec ceſſo, nec
erro) warm ſcheinet / und in einer Gegend ein Wetter auszeucht (wie ſie denn
aus Pharaonis Cabinet vielleicht die
Klugheit zu prognoſticiren weg haben)
ſich frühzeitig in ihren Fröſch-Mützen
und Pfützen aufblehen / mit ihrem greß-
lichen

B 2

lichen βρεκεκεκεξ κοαξ κοαξ ein grosses
Maul machen / und auch endlich gar an
reine Quellen / mit ihren garstigen Leich
und Geister / einen Sprung wagen
dörffen.

10. Wie aber dem allen / so muß doch
Gegentheil dabey uns nicht verdencken /
wenn man unserseits aus gleichgültigem
Rechte / so wir neben einander im heiligen Römischen Reiche (Trotz denen
Dillingern und andern Jesuiten!)
annoch unter Gottes und hoher Obrigkeit Schutz geniessen / ihnen gehöriger
massen begegnet / und mögen sie den un-
annehmlichen Widerschall / ihrer un-
ruhigen plauderhafftigen Zunöthigung
beymessen.

11. Was mich betrifft / dienet meinem
geehrten Leser zu wissen / daß zu gegen-
wärtiger Widerlegung (ob wohl in gemeiner Sache einem ieden / das seine
nach Gelegenheit dabey zu thun / unbe-
nommen / wie auch auf Feinds-Parthey
nicht gesparet wird) mir vor Andern
kein schreibsüchtiger Fürwitz die Feder
in die Hand gereichet; Denn ich gerne

ge-

aß, ſolches von vielen Andern
hätte geſchehen können; Doch
von einer fürnehmen, Hand
ſche Tractätlein mir zugeſchi-

darbey eine Beantwortung
verlanget worden / habe ich
gem Reſpect mich dieſer we-
eit nicht entbrechen / und zu-
ein unwürdiger Lutheriſcher
und Seelen-Wächter / (maß
ſolit gegen meine in Chriſto
vielgeliebten Herren Ampte-
ſehr erhitzt iſt / und uns allen
Volcks zuſchreibet) einige
nen wollen / hierdurch beſon-
befohlenen Zuhörern und lie-
barten / denen an den Gräntz-
Gifft-Schartecken vor An-
den kommen / und wohl gar
eſchicket werden / die zuberei-
Gefahr / nebenſt dem be-
tidoto und Gegen-Giffte /
vor Augen zu ſtellen.

es nunmehro ins Werck
ich / wie es die Eil und Kür-
D / dem Jeſuiten zu gefallen /

B 3   ſti-

ſeiner gehaltenen Ordnung uſm Fuſſe
nachgehen / und in unterſchiedenen Capiteln anfänglich ſeine Vorrede / worinnen er nach dem Eingange / in einer
ſonderbaren Frage von Gewißheit der
Seligkeit / den Grund ſeines Fürha-
bens legen wil / unterſuchen / ferner den
zehen - ſachen Troſt / ſo er denen
Evangeliſchen gedencket zu benehmen /
wie ferne er hierinnen unſere Meinung
verſtanden / das beſte dabey ausgelaſſen /
und dagegen ſeine vielfältige Päbſtiſche
Gewiſſens = Qual betrüglich hinderhal-
ten / nach einander beleuchten / letzlich auch
ſeinem Beſchluſſe / womit er uns alle
zugleich ins falſche Peters = Netz zu ziehen verhoffet / die endliche Abfertigung
geben.

13. Nun ſo gehet hin in Gottes
Friede / und der HErr ſey mit euch /
daß ihr ſie bekehret! Dörffte vielleicht
mancher darzu ſagen / wie der Barbier
zu D. Luthern / als er Anno 1535. den
7. Novembr. (war des Jeſuiter = Ordens Geburths = Jahr /) zum Päbſtlichen
Legaten, *Petro Paulo Vergerio*, auß

Schloß

Schloß zu Wittenberg / zu einer Unter-
redung fahren wolte: Das wil Ich
(war hierauf Lutheri Antwort) nicht
thun / (vielweniger ich/.) Aber das kan
wohl geſchehen / daß ich ihnen ein
gut Capitel leſen werde / und laſſe
ſie fahren. (T. VI. Altenb. L. 492. b.)
Doch will ich gegenwärtigen Adverſa-
rio und ſeinem Anhange es von Hertzen
gönnen und wünſchen / daß ihnen über
unſer Vermuthen / dergleichen Gnade
von Gott / wie hernach ermeldten Ver-
kerio, wiederfahre / welcher / wie ſehr er
auch erſtlich zu Prage das Päbſtliche
Intereſſe bey dort anweſenden Chur-
Fürſten zu Sachſen / Chriſtmild. Ged.
und ander Orten zu ſuchen eifrigſt bemühet geweſen / dennoch endlich Anno
1548. da er wieder die Lutheraner aus
Gottes Wort ſchreiben wollen / und in
Italien das höchſterſetzliche Exempel
des an Gottes Gnade (ungeachtet aller
Päbſtiſchen Tröſtungen) verzweiffelnden
Fr. Spira ſelbſt gegenwärtig angeſehen/
wunderlich erleuchtet worden / und nach

ſei-

feiner Bekehrung zum wahren Evangelischen Trost = Brunn / in Teutschlande
ein gar seliges Ende genommen: (Sleid.
Comment. ed. A. 1559. L. IX. p. 141.
& L. XXI. p. 345.)

Das I. Capitel/
Von der Vorrede P. Richardi,
und deren Eingange.

§. I.

Aß vor allen andern Für=
nehmen unter der Sonnen
das allerfürnehmste sey /
welches der Menschen Se=
ligkeit angehet / und nichts mehr / als
die Seelen = Gefahr / zu vermeiden sey/
welche Erinnerung dieser Jesuit in dem
Schlangen = artigen Eingange seiner
Vorrede erstlich beweisen / und mit An=
drohung des Jüngsten Gerichts und
ewiger Höllen=Pein uns fürstellen wil;
wissen wir aus Math. XVI. 26. &c. oh=
ne diß / und dörffen solches von keinem
Jesuit und Blinden=Leiter erst lernen.

3. Wann

2. Wann er aber hoffet/ denen Evangelischen Lesern hierdurch einzubilden/ wunder! wie treulich es der **Pater** mit ihnen/ in Beförderung dero Seeligkeit/ meine/ weßwegen denn auch billich alles/ was er weiter nur sagen würde/ guten Credit finden müsse; So begehet er hiermit in seinem **Tractat** den ersten Fehl-Tritt. Denn wer solte nicht vielmehr durch diese vorangesetzte Erinnerung aufgemuntert werden/ solche schleichende Geister zu prüfen/ ob sie aus Gott seyn? I. Joh. IV. 1.

3. Besser stünde es/ diese Leute möchten zu erst vor ihrer Thüre kehren/ und wohl zusehen/ daß sie nicht unter der Zahl der Pharisäischen Lehrer gehören/ die uns den Himmel verschliessen wollen/ und doch selbst nicht hinein kommen/ Matth. XXIII. 13. Möchten also ohne unsere Beunruhigung bey dem Wort der Evangelischen Warheit/ in hertzlicher Betrachtung des zukünfftigen Gerichts/ sich selbst in Zeiten recht bedencken/ was sie dermahleins vor dem Richterstul Jesu Christi/ immer und

B 5   ewig

ewig antworten wollen / wann sie ihres
eignen Verhaltens wegen allda sollen
Rechenschafft geben.

4. O wie schwehr wird sichs dort be-
mänteln lassen / wenn der allwissende und
strenge Richter von ihrem gantzen Tre-
del-und Tradition-Wercke fragen wird:
Wer hat solches gefordert von euren Händen? Esa. I. 12. Warumb
habt ihr Gottes Geboth übertre-
ten / umb eurer Aufsätze willen?
Matth. XV. 3. Wer hat euch so frevel-
hafft gemacht / daß / da Ich ausdrücklich
und wohlbedächtig in meinen Testa-
ments-Worten befohlen: Trincket
alle daraus! ihr gerade das Widerspiel geordnet / und mir ins Angesicht
widersprochen: Trincket nicht alle
daraus! Keine Unwissenheit könnet
ihr fürwenden / weil ihr mir einen so
liederlichen und verächtlichen Ausspruch
entgegen gesetzet: Ob gleich Christus
das Sacrament unter zweyerley Gestalt eingesetzet / ob gleich auch die Apostel und erste Kirche solches unter bey-

der-

derley Gestalt ausgetheilet/ des allen
ungeacht/ (HOC NON OBSTANTE.
Consil. Constant. Sess, XIII. Conf. *Trid.*
ead. Sess. XIII.) wollen wir es dennoch
unter einerley Gestalt gebrauchen/ und
die-jenigen verfluchen und in Bann
thun/ die es meiner (Christi) Einsetzung
gemäß würdiglich geniessen? Warumb
habt ihr den gesegneten Kelch/ als ob
er ein schädlicher und mit Gifft ange=
füllter Kelch wäre/ (Vid. Histor. Concil.
Trid. *P. Svav.* L. V. f. 516. & Cardin.
Sforz. Pallavic. L. XXIV.) denen armen
Leyen/ für welche ich mein Blut eben so
wohl vergossen/ weggeraubet?

5. Warumb habt ihr (wird ferner
in der Richterlichen Fragen zu beantwor=
ten seyn) mein Wort/ die H. Schrifft/
die ich doch allen Menschen/ als ein kräff=
tiges Mittel ihrer Seeligkeit/ fleißig zu
lesen/ und nach mir darinnen zu forschen/
geboten/ Joh. V. 39. unter dem Gottes=
lästerlichen Fürwand/ als wenn es ein
ärgerliches und denen armen Seelen
schädliches Wort wäre/ (*Pius IV.* in Ind.
Libb. prohib. Conf. Prohibit. Archiepisc,

B 6   Parif.

Paris. præfix. Sanctuario Profanis oc-
clufo *Nicolai de la Maire.*) verboten/ und
so viel taufend Bibeln verbrannt? (Durch
welchen Bibel-Brand euch Holtz zum
ewigen Feuer getragen worden.) Warumb habt ihr in euren Indidibus Ex-
purgatoriis, was doch der H. Geist ausdrücklich in der Schrifft aufgezeichnet/
(Wer an Christum gläubet/ der wird
in Ewigkeit nicht sterben/ Joh. XI. 26.)
Durch den Glauben werden die Hertzen
gereiniget/ Act. XV. 9. Wir werden
durch den Glauben an Christum ge-
rechtfertiget/ Gal.II.16. Christus ist unsere Gerechtigkeit/ I.Cor.I.30. Für Gott
ist kein Mensch gerecht/ Ps. CXLIII.2.)
außzulöschen befohlen? Wer hat euch
denn Macht gegeben/ mein Testament
zu stümmeln/ Gottes Wort zu verbie-
ten/ und seine Gebothe zu ändern? War
euch denn das göttliche ernstliche Verboth nicht bekant? Ihr solt nichts
darzu und nichts darvon thun/ Deut.
IV. 2. V. 22. XII. 32. Dergleichen Gottes-
vergessenen Frevelern die ewige Ver-
dammnis bereitet ist/ Apoc. XXII. 18. seq.

6. Dieses/ sage ich/ und ander unzeh-
lig wider Gottes Wort lauffendes Be-
ginnen/ gegen Christo an jedem grossen Richt=Tage für allen Auserwehlten und Heiligen Gottes ausfindig zu
beantworten/ mögen dergleichen Leute
im Pabstthumb/ die uns in unserm Glauben und guten Gewissen versuchen irre
zu machen und zu beunruhigen/ lieber
dafür studiren/ und ehe sie dahin fah-
ren/ von dannen sie nicht wiederkom-
men/ weil bevorab der Richter schon für
der Thür ist/ zuförderst sich selbst ihrer
eigenen Seligkeit der Gebühr nach
vergewissern. Welches sie aber bey ihrer Zweiffels=Lehre in Ewigkeit nicht
werden zu Wercke richten.

7. Lasset uns aber gleichwohl hören/
wen eigentlich *P. Richardus* hier beschul-
digen will/ der seiner Seelen Wohlfahrt
in den Wind schlage: Es sind (spricht
er) die Lutherische und andere Ke-
tzer/ welche nicht nur vermeinen/
sondern vestiglich glauben/ daß sie
von ihrer Seligkeit gewiß und versichert seyn. Hieraus ist nun sein un-

B 7   passio-

paßionirt/ ruhig und sittsames Ge-
müth/ so itzt allen Haß/ Wieder-
muth und Hertzens-Bitterkeit hinweg geleget/ dergleichen er in bald
folgenden Worten von uns erfordert/
auch seines Orts zu erkennen/ scilicet
in dem er sich alsbald Anfangs des
schändlichen Ketzer-Tituls gegen die
Lutheraner/ denen er unter allen andern Ketzern den Vorzug und Ober-
Stelle gönnet/ nicht enthalten können.
Zwar daß Ketzer iederzeit in der Welt
gewesen/ sicht uns hier nicht an. Wo/
wie und wenn aber sind die Lutheraner
iemahls gnugsam gehöret/ widerleget/
und überführet worden? Mit was für
Recht kan denn der unbefugte Ketzer-
Meister sie dafür schelten? Er behalte
den Titul für sich/ biß so lange von ihm
solche Bezüchtigung erwiesen/ und die
von allen Haupt-Ketzereyen abgeschäum-
te und aus-distillirte Papisterey aus der
Heiligen Schrifft gegen uns behauptet
werde.

8. Nun es scheinet/ der Jesuit wolle
es wagen/ und von dem höchstwichtigen
Puncte/

Puncte/ die Gewißheit unserer Selig-
keit/ wie ferne solche aus Lutherischen Trost zu schöpffen/ betreffend/ den
Anfang machen. Wäre wohl zu lo-
ben/ wenn er es aufrichtig meinte; Alleine daß es denen Päbstlern in ihrem
Disputiren und Widerlegung der Lutherischen Lehre/kein redlicher Ernst/ sondern
ihre Schartecken (mit denen sie solcher
gestalt lieber möchten daheime bleiben)
nur ein blosses Spiegel-Fechten seyn/
müssen wir mehr als zu gewiß gläuben.
Denn haben sie so eine juste, klare/ offenbare und unwiderlegliche Sache/
warumb verbieten sie denn auf gut Tür-
ckisch ihren Jüngern/ Anhängern und
Gefangenen/ unsere Schrifften? Dergleichen wir unsers Theils/ weil wir das
Liecht nicht scheuen/ (Joh. III. 21.
coll. 20.) nicht zu thun pflegen/ sondern
bey uns iederman aller Jesuiten und
Mönche Schrifften öffentlich lesen und
verkauffen lassen. Bey den Unsrigen
zwar/ woferne sie rechte Lutheraner sind/
und der Unsern Bücher in Teutsch-und
Lateinischer Sprache/ wie es ihnen be-
liebet/

liebet/ lesen wollen/ hat es kein Bedeuten;
Doch kan ein solcher Hohn-sprechen-
der Goliath/ in alt-verlegener lumpich-
ter Rüstung/ seinem blind-gehorsamen
Hauffen/ die unsere Schrifften nicht lesen dörffen/ leichtlich einen blauen Dunst
machen/ und indessen mit allerhand zusammen geraspelten/ obwohl vielmahls
gründlich widerlegten Einwürffen/ es
gantz unverschämter Weise versuchen/ ob
bey einem oder dem andern unschuldigen Hertzen/ so der Jesuiter-Stücklein
nicht sattsam kundig/ der ausgestreute Gifft
hafften möchte.

9. Der Christliche Leser darf auch
aus P. *Richardi* ferner angefügten Er-
bieten/ daß er die Lutherischen Trost-
Gründe nach der Heiligen Schrifft
und den Heiligen Vätern erwegen/
erläutern und einem iedweden verständigen Menschen vor Augen stellen wol-
le/ noch lange nicht gläuben/ daß er sich
etwa besser bequeme/ als seine Brüder/
in dem er gleichwohl zu förderst auf
den Beweiß aus der Heiligen Schrifft
dringe/ da doch sonst denen Papisten/
die

die Bibel unter die Banck zu stecken/
(welch Laster *Tertullianus* Lucifugium Scripturarum nennet/) gar gemein und gleichsam angebohren sey.   Ich versichere einen ieden/ daß es nur Spottweise von
ihm geredet und fürgenommen sey.
Denn wenn nach vielen Rodomonta-
den, es umb und umb kömt/ so heists end-
lich/ die Schrifft gilt anders nicht/
als wie sie der Pabst wil auslegen/
ihr Lutheraner mögt sagen/ was
ihr wolt.   Diß ist in Warheit des
Jesuiten Meinung/ wenn er hernach
(pag. 24. 26. 39.) sich heraus läst/ daß
er und alle Catholischen keinen andern
Verstand und Auslegung der Heiligen Schrifft/ als ihres Haupts/ des
Pabsts/ erkennen/ und nach dessen
Sinn und Willen uns zu verdammen schuldig seyn.   Die Heilige
Schrifft und das liebe Wort Gottes ist
und bleibet noch immer des Pabsts seinen Aposteln (wie sie selber reden) nur
eine wächserne Nase/ (*Canis.* Catech.
p. 44.) und gilt bey ihnen nicht mehr
als die Fabeln Aesopi/ es sey denn daß
                              des

des Pabsts Autorität und Jawort dazu komme. (*Vit. Milet.* Discurf. error.
Heshuf. p. 21. Conf. *Sleid.* L. XXV. p.
423. b.) Was vor einen schönen Beweiß aus Heiliger Schrifft werden wir
denn zu gewarten haben? Man räume
doch dem König in Franckreich dieses
ein/ daß das Münsterische und Niemä-
gische Friedens = Instrument anders
nicht gelte/ als nur nach seinem Sinn
und Auslegung/ (welche Zumuthung itzt
das gantze Römische Reich verpfuiet)
so sind wir schon ohn allen fernern
Beweiß unter dem Frantzösischen Jo-
che. Auf solche Weise hätte der gute
Pater bald ein gewonnen Spiel in Hän-
den/ wenn wir nur so thumm wären/
und köntens in unsere Lutherische Köpf-
fe bringen. Sagen wir/ (die wir bey
dem klaren Buchstaben und Wort-
Verstande der Schrifft bleiben/ oder
Schrifft mit Schrifft wollen erkläret
haben) Woher sie es denn erst be-
weisen/ daß die Schrifft nur allein
nach des Pabsts Auslegung gelte?
So hören wir zur Antwort: Aus der

Heiligen Schrifft/ Matth. XVI. &c. doch mit dem Bedinge/ daß auch dieses nicht anders gelte/ als nach des Pabsts Auslegung. Also muß man die Ketzer bey der Nasen herumb führen! Doch wir wollen auch thun/ als verstünden wir es nicht. Auf die Heilige Schrifft hat sich P. *Richardus* einmal beruffen/ aus der Heiligen Schrifft soll er uns auch Beweiß bringen.

10. Von den Heiligen Vätern/ welche Gegentheil neben der Heiligen Schrifft/ zu seinem Fürhaben wider uns brauchen wil/ ist zu forderst zu wissen/ daß die Kirchen-Väter sambt und sonders/ keine Regel des Glaubens seyn/haben auch nicht Macht/ unsere Gewissen (zumahl wider die Heilige Schrifft) zu binden. Wie nicht alleine der Jesuiten Vorfechter/ *Bellarminus* (L. II. de Concil. c. 12.) gestehet/sondern fürnehmlich auch der Heilige *Augustinus* (dessen Sprüchlein P. *Richard.* vor andern gerne im Munde führet) sich selbst wohl erkläret (Epist. 19.ad Hieron. T.II.f. 44. so auch im Päbstlichen Recht c. Ego

solis

solis dist. 9. zu finden): Ego solis eis
Scripturarum Libris, qui jam Canonici
appellantur, didici hunc timorem ho-
noremque deferre, ut nullum eorum
autorem scribendo aliquid errasse, fir-
missimè credam. Alios autem ita lego,
ut quantâlibet sanctitate doctrináque
præpolleant, non ideò verum putem,
quia ipsi ita senserunt: sed quia mihi
vel per illos autores Canonicos vel pro-
babili ratione, quòd à vero non abhor-
reat, persuadere poterunt. Ich habe so viel gelernet/ daß ich nur alleine den Büchern Heiliger Schrifft/
welche man itzt Canonisch nennet/
diese Reverenz und Ehre beweise/
daß ich aufs allergewisseste gläu-
be/ kein Meister derselbigen Bücher/
habe im Schreiben irgendwo geirret. Andere Bücher aber lese ich
also/ es seyen ihre Meister schon so
heilig und gelehrt gewesen/ als sie
immer mögen/ daß ich es nicht
darumb für die Warheit halte/ dieweil sie es dafür geachtet haben;
Sondern alsdann erst/ wenn mir
ihre

ihre Meinung entweder aus ermeldter Canonischer Schrifft/ oder
aber aus Schrifftmäßigen Ursachen
ist beglaubt gemacht worden. Dieweil auch der alten Kirchen-Lehrer bekante Irrthümer/ wo es nöthig/ könten
beygebracht werden/ und über diß bey
den Päbstlern nichts neues/ daß sie der
Heiligen Väter Schrifften castriren,
verfälschen oder *excogitato commen-*
to commodum sensum ihnen andichten/
(*Duacen.* Cens. Bertrami in Ind. Expurg.
p. 12.) das ist/ alles zum Päbstischen
Verstande mit Haaren ziehen/ so hat
man nicht eben so grosse Noth/ daß man
hierüber den Kopff sehr zerbreche/ welcher gestalt alles/ so aus den Vätern angeführet wird/ aufs genaueste zu beantworten sey.

III. Unserm Jesuiten überlasse ich hierbey diß zu bedencken: Er hält für gewiß/
(wo er anders einige Glaubens-Gewiß-
heit hat) daß die Lehr-Puncte von sieben Sacramenten/ Fegfeuer/ Anruffung der Heiligen/ *Transsubstantiation,*
und dergleichen mehr/ keine Bey-
sätze

säße der Päbstischen Lehre/ sondern
wesentliche und fürnehme Glaubens-Puncte seyn/ welche von Anfang der Christlichen Römisch-Ca-
tholischen Kirchen seyn geglaubet
worden/ und würden noch vest geglaubet von allen Römisch-Catho-
lischen. (pag. 31. seq.) Nun wird er
nimmermehr erweisen/ daß zum wenigsten nur ein einiger seiner Heiligen
Väter/ derer er in allen achte allegiret,
NB. alle und iedwede wesentliche und
fürnehme Glaubens-Puncte der heutigen Päbstischen Lehre geglaubet habe.
Was darff er dann uns dieselben entgegen setzen/ mit denen er sich selbst noch
zu vergleichen hat/ und sie/ wenn sie heuti-
ges Tages leben solten/ vielleicht so gut/
als uns/ verketzern würde.

12. Nichts desto minder/ und nach dem
in der Lutherischen Lehre nichts haupt-
sächliches von denen Papisten noch ge-
tadelt worden/ darinnen wir nicht in
den Schrifften der Väter hin und wieder Beyfall finden solten/ so soll zum U-
berfluß (massen wir diß Principium ei-

gentlich vor kein Fundamentum, auch
nicht secundarium, unsers Glaubens erkennen) dem Jesuiten an gehörigem
Orte schon dargethan werden/ wie un-
geschickt er der Väter Sprüche wider
uns an die Spitze stelle/ und gar nichts
damit bewiesen habe. Der Christliche
Leser wird letzlich selbst urtheilen/ ob die
Göttlichen Schelt-Worte beym Propheten Jeremia (c. II. 13.): Mein
Volck thut eine zwiefache Sünde/
mich/ die lebendige Quelle verlaß-
sen sie/ und machen ihnen hie und
da ausgehauene Brunnen/ die doch
löcherecht sind/ und kein Wasser
geben; auf die Lutherische Kirche
(wie der Jesuit sich übereilet)/ oder
aber auf das von der uhralten Gottes-
Lehre abfällige Pabstthumb/
mit Warheit zu appli-
ciren sey.

Das

Das II. Capitel/

Von der gründlichen Frage:

Ob einiger Mensch in diesem Leben
von seiner Seelen Seligkeit/ ohne
Offenbahrung Gottes/ kan gewiß
versichert seyn? Und ob solches
aus Heiliger Schrifft kan
erwiesen werden?

§. I.

DIese Frage beantwortet der Jesuit
beyderseits mit Nein: sich einbil-
dend/ er könne damit desto eher unsere
Evangelische Trost-Gründe verwerff-
lich/ die Päbstliche Lehre aber uns an-
nehmlich machen. Welches fürwar
recht wunderlich/ und zum wenigsten
gantz imprudent und udweißlich von
ihm gehandelt ist. Der verständige Leser gebe Achtung. Es wil der Jesuit
also schliessen: Die Evangelischen
lehren/ man könne ungezweiffelte
Hoffnung seiner Seligkeit haben
(welches doch die Heilige Schrifft bezeu-
get/ und er/ P. Richard, noch nicht widerleget:)

get); Darumb ist ihre Lehre zu verlaffen. Hingegen lehren die Papiſten / (wie uns denn hier alsbald wird kund gethan) es könne kein Menſch von ſeiner Seligkeit gewiſſe Hofnung haben / ſondern müſſe vielmehr daran zweiffeln; darumb ſoll man der Papiſten Lehre annehmen. Frommer GOTT! was könte närriſcher ſeyn/als ſo die Leute bereden wollen; Lieber / nehmet doch meine Religion an/dadurch kein Menſch ſeiner Seligkeit kan gewiß ſeyn; ſondern immer daran zweiffeln muß! Umbgewandt/ſolls heiſſen: Welche Religion mich meiner Seligkeit nicht verſichern kan / die iſt nicht die rechte. Nun kan mich aber die Päbſtiſche nicht verſichern / wie der Jeſuit mit ſeinen Brüdern beſtändig ausſaget: (Daß keiner gewiß ſey / ſagt er nochmahls im Beſchluſſe p. 113. habe er probiret.) Derowegen iſt die Päbſtiſche nicht die rechte Religion / ſondern muß bey Verluſt der Seligkeit (denn ein Zweiffler erlanget nichts

C   vom

vom Herrn/ was er nehmlich bittet und
hoffet/ Jac. 1. 5. seqq.) vermieden und
verlassen werden. Wie gar bald wei-
set sichs nun aus/ wen der nechst be-
rührte Spruch Jeremiä treffe : Den
Evangelischen Trost mit dem Päbstischen Zweiffel zu vertauschen/ were ja
eben so viel/ als die lebendige Quelle verlassen/ und im löcherichten
Brunnen Wasser hohlen. Kein auf-
tretender Quacksalber und Marckschreyer
ist iemahls so alber gewesen/ daß er
die Leute mit diesen Worten hätte zu
sich locken wollen : Komt her zu mir/
und gehet ja zu keinem Doctore Medi-
cinæ, der gründliche Curen anstellet/
ich wil euch curiren/ ihr müsset euch a-
ber keine Hoffnung machen/ sondern vielmehr zweiffeln/ daß ich euch helffen könne. Dieser Blinden-Leiter aber fället gerade mit der Thür ins Hauß/ und
verschüttet damit seinen gantzen Gifft-
Quarck/ daß er wohl belachens werth/
und sich gar nicht zu beschwehren hat/
warumb er bey uns keinen Platz
finde/ ja vielmehr verachtet werde.

Wir wollen/mit gutem Balsam verwahret / den ausgeschütteten Greuel doch be-
schauen.

2. Der sehr grosse Unterschied zwischen unserer gewissen Evangelischen
Trost-Lehre und der Papistischen
Zweiffels-Lehre erhellet eben noch
nicht gnugsam aus des Jesuiten vorher gesetzter Frage/wie sie lautet. Das
abscheulichste und gifftigste Wesen lieget
noch dahinder verdeckt / und kömt hier
nur das jenige/ so man eher zu beschö-
nen vermeinet/ zum Vorschein. Kurtz
und einfältig davon zu reden : Es ist
zu förderst diß die Frage : (1) Ob ich
gewiß wissen könne / daß ich itzund
(ich lebe nun ausser Todes-Gefahr / o-
der wolle gleich itzt sterben) bey GOtt
in Gnaden stehe / und (so mich mein
lieber GOtt diesen Augenblick abforder-
te) ein Kind der ewigen Seligkeit sey? Hernach aber kan man auch
weiter fragen: (2) Ob ich itzund schon
könne gewiß wissen / daß ich künfftig (an meinem Ende) werde selig
werden ? Denn ein anders ist die Ge-

C 2   wiß-

wißheit der gegenwärtigen Gnade Got=
tes/ein anders aber die Gewißheit der
zukünfftigen Beharrligkeit biß zum seligen
Ende.

3. Wir antworten/aus Gottes Wort/
und können unser Hertz und Gewissen
dergestalt befriedigen : Ein ieder wah=
rer Evangelischer Christ könne/ nach
beyden Fragen/dermassen gewiß seyn/
daß er daran gar nicht zweiffeln
solle: Doch mit diesem Unterschiede/ daß
er eines Theils (1) eine absolute und
unbedingte Gewißheit habe/ daß er
itzund (er sey noch ausser oder schon in To=
des = Nöthen) bey seinem lieben GOtt
in Gnaden stehe/welcher/wo er ihn Au=
genblicklich von hinnen nehmen wolte/
ihn alsbald der Seelen nach in sein him=
lisches Freuden = Reich versetzen würde;
Anders Theils aber könne er hierneben
auch (2) eine zwar unfehlbare/ doch noch
bedingte Gewißheit haben/ daß er/
nach längern Leben/ hinkünfftig werde
selig werden/nehmlich/woferne er einst
an seinem Ende im Stande der Gna=
den wird erfunden werden; An welcher
Be=

Bedingung doch weder an GOttes noch seiner Seite / der gnugsamen Mittel wegen / sich Mangel ereignet / und kan demnach ein gottselig Hertz auch dißfalls keine Ursach zu zweiffeln finden. Dahero saget unser Concordien-Buch / (Edit. Germ. f. 235. b. Conf. Lat. p. 585.) : Wir gläuben / lehren und bekennen / unangesehen / daß den Rechtgläubigen und wahrhafftig Wiedergebohrnen auch noch viel Schwachheit und Gebrechen anhänget biß in die Gruben / daß sie doch der Ursach halben weder an ihrer Gerechtigkeit / so ihnen durch den Glauben zugerechnet / noch an ihrer Seligkeit NB zweiffeln / sondern vor gewiß halten sollen / daß sie umb Christi willen / vermöge der Verheissung und Wort des Heiligen Evangelii / einen gnädigen Gott haben.

4. Der Jesuit / ob er gleich auf die unfehlbare Huld und Gnade des Herrn Jesu / als von dessen vertraulicher Gesellschafft er auf dem Titel seines Büchleins

sich rühmen wil/wo anders ein redliches
Gemüthe in ihme/ billig gar keinen Zweiffel setzen/noch andern solchen beyzubringen
sich bemühen solte: So läst er sich doch
vielmehr die Antichristische Pabst-Pflicht/
als seinen vierdten Glaubens-Artickel/zu
widriger Bezeugung verleiten. Die
Trientische Gifft-Quelle/ daraus er seine Zweiffels-Lehre ursprünglich eingeso-
gen / ist dieses Inhalts (*Conc.* Trident.
Seff. VI. c. 9.): NEQVE illud afferen-
dum est, oportere eos, qui verè justificati sunt, ABSQVE ULLA OMNINO
DUBITATIONE apud semetipsos
statuere, se esse justificatos, neminem-
que à peccatis absolvi ac justificari,
nisi eum, qui certò credat, se absolu-
tum & justificatum esse, das ist / man
soll NB nicht lehren oder bejahen/
daß die warhafftig gerechtfertig-
ten/ NB* ohne allen Zweiffel / (ergò
mit Zweiffel) bey sich selbst wissen und
dafür halten sollen/daß sie gerechtfertigt seyn; noch (lehren) daß iemand von den Sünden loßgespro-
chen und gerechtfertiget werde / es
sey

sey dann / daß ers NB gewiß glaube.
Ferner (c. 12.): Nemo quamdiu in hac
mortalitate vivitur, de arcano divinæ
prædeſtinationis myſterio usque adeò
præſumere debet, ut CERTO ſtatuat, ſe
omnino eſſe in numero prædeſtinato-
rum, Niemand ſo lange er in dieſer
Sterbligkeit lebet (oder / in dieſem
Leben / wie es der Jeſuit verteutſchet:
Ergo auch nicht in der letzten Todes-
Stunde) ſoll in dem verborgenen
Geheimnis der Göttlichen Erwehlung ſo vermeſſen ſeyn / daß er NB gewiß gläube / er ſey in der Zahl der
Auserwehlten. Und abermahls (ibid.):
Niſi ex SPECIALI revelatione ſciri non
poteſt, quos Deus ſibi elegerit, Ohne NB.
ſpecial und beſondere Offenbahrung /
kan niemand wiſſen / wen Gott auserwehlet habe.

5. Unſere ungezweiffelte Gewißheit / ſo wohl der Gnade Gottes / als der
ewigen Seligkeit / ſo glatt abzuſchneiden /
wird fürwar dieſes Pragiſchen Jeſuiten
formirte Frage ſamt dero Erörterung
nimmermehr hinlangen. Daß er zwar /

C 4   nach

nach gewöhnlicher Mengerey/ (der gute
Pater mag vermuthlich Böhmischen
Mischmasch lieben) ohne Unterschied nur
obenhin fraget : **Ob man in diesem
Leben** (ungeachtet/ wie oder wenn?)
der Seligkeit könne gewiß seyn?
Und hernach nichts mehr beweiset/ als
daß die Beharrlichkeit biß ans Ende
nicht gantz blosserdings oder ohne alle
Bedingung gewiß sey : Das machet es
noch lange nicht aus. Mit diesem **Calvinischen Popantz** tantze er herum/ so
lange er wil; was sicht es uns an?

6. Drum vor allen Dingen geschickli-
chen Beweiß her! daß kein Mensch/ weder die vorige Zeit seines Lebens/ noch an
seinem Ende/ ungezweiffelt wissen könne/
daß er bey Gott in Gnaden stehe? Beweiß her! daß der Grund unser Seligkeit so wurmstichig/ und daß die Rechtfertigung und Gnade Gottes auf den un-
vollkommenen und vermeinten guten
Wercken/ und ungewissen innerlichen
Sinn und eusserlicher Salbe der Sa-
crament-Macher/ so zweiffelhafftig sich
steuren müsse? Beweiß her! daß GOtt
nicht

nicht einem iedweden/was zur Gewißheit
seiner Seligkeit von nöthen/ in seinem
Worte geoffenbahret habe? Beweiß her!
daß an denen zu der Göttlichen Gnade
und Seligkeit Erlangung und endlichen
Beharrligkeit verordneten Mitteln/ einiger Zweiffel=bringender Mangel sey? Beweiß her! daß man letzlich/ wenn man alles gethan/ was möglich/ dennoch mit
Zweiffel es in den blossen Willen Gottes
stellen soll/ ob er einen zum Gefässe des
Zorns oder der Gnade/ verdammt o-
der selig haben wolle? Wie endlich der
grosse Jesuit *Bellarminus* (L. II. de amiss.
grat. c. 12. & L. II. de grat. & lib. arb. c.
8. 16.) mit andern Papisten heraus brechen müssen : Daher von jenem alten
Scholastico RICHARDO *Ferrius* (Spec.
Scholast. Orthod. p. 408.) ausruffet:
Moriar, si esset in vivis, nisi Calvinista
censeretur, So wahr ich hier bin/ were der noch am Leben/ er müste ein
Calvinist heissen. Was von unserm
Richardo hierinnen endlich zu halten/ stelle ich dahin; Ihm wäre aber gleichwohl
zukommen/diese und andere hieher gehö-
ri-
C 5

rige Puncte / in der so genanten gründlichen Frage auch gründlich zu erörtern / und so dann / daß seine darauf be-
ruhende oder vielmehr wanckende Zweif-
fels=Lehre von uns gleichmäßig müsse angenommen werden / zuerhärten. Alleine da ist altum silentium, und überall
niemand daheime.

7. Wann nun dem Jesuiten verspro-
chener massen nachzugehen / so müsten
wir die erste Haupt=Frage / von ungezweiffelter Gewißheit der gegenwärtigen
Gnade Gottes (darinnen doch der Kern
des Evangelischen Trosts / vor einen angefochtenen betrübten Sünder / fürnehmlich begriffen /) hier in dieser ange-
stelten gründlichen Frage gar aussetzen /
und etwa biß zum siebenden Trost von
Vergebung der Sünden verschieben.
Die andere Frage / von Gewißheit der
zukünfftigen Seligkeit / hätte im vierdten Trost auch gar geraumen Platz gehabt; Doch kan man ihm seinen Wil-
len / ohne einigen Vorthel / lassen / und soll
demnach in diesem Capitel / damit / dem
Nahmen nach / der Grund vor Augen lie-

ge

ge/die Nothdurfft nach Gelegenheit erinnert und beygebracht werden.

8. Daß aber so bald P. *Richardus* wider uns und nahmentlich (Tit.) Herrn
M. Johann Friemeln in Breßlau (weil
Er in gehaltener Leich-Abdanckung eine
hochbetrübte Mutter / daß sie versichert
sey/ ihren Sohn in der vollkommensten
Herrligkeit des ewigen Lebens anzutreffen / getröstet) herausfähret : Diß sey
vielmehr eine Vermessenheit / als
Sicherheit : Wir sperren den Leuten das Maul auf/ und schicken sie
unterdessen zum Teuffel in Abgrund der Höllen ; das ist eine rechte
Jesuitische Vermessenheit/ und unerwie-
sene διαβολὴ, ja höllische Bezüchtigung.
Wann Evangelische Prediger / ihre
wohlbekante Seelen-Schäflein / nicht
nur nach der Regel Christlicher Liebe/
sondern auch Amptsgebühr/ I. Pet. V. 2.
in derselben Betrübnis/ des wahren Evangelischen Trostes unser zukünfftigen
Seligkeit gebührend erinneren ; So ist
diß keine/ noch weniger aber eine solche
Vermessenheit / als wenn im Pabst-

thum

thum die Meß-Pfaffen/wo sie eine reiche
Vermächtnis und Stifftung erhaschen
können / kein Bedencken nehmen / mit
Brief und Siegel ihre eigne Seelen vor
andere zu verpfänden / diese mögen indeß-
sen hinfahren/wo sie wollen : Oder wenn
Pabst **Clemens** der VI. Anno 1350.bey
dem ersten von ihm zur doppelten Geld-
Fischerey ersonnenen 50. Jährigen Ju-
bilæo , in einer öffentlich publicirten
Bulla , denen H. Engeln höchst vermes-
sener Weise Befehl ertheilet (prorsus
mandamus, lauten die Formalien)daß sie
aller und ieder nach Rom Reisenden und
unter Weges Versterbenden ihre Seelen
alsobald und gerade zu/ ohne einig ver-
pausiren im Fegfeuer/solten in Himmel
tragen. Woher hatte er denn nun die
Special-Offenbahrung/daß unter der un-
zehligen Menge(denn bey so grossen Zu-
lauffe unter tausenden kaum zehen/ wegen eingerissener Pest / wider lebendig
heimgekommen) gar keiner in den Abgrund der Höllen gehöret habe ? Solchen Unflat kehre man erst von seinem
Orte hinweg/ehe man treue Evangelische

sche Prediger in ihrem Ampte reformi-
ren wil. Gott behüte uns indessen vor
dem Päbstischen Zweiffel = Trost/ so der
nechste Weg zur Höllen = Strasse.

9. Zu den Beweiß = Gründen der
gründlichen Frage zu kommen / soll der
förderste und kräfftigste seyn (I.) Pred.
Sal. IX. 2. Der Mensch weiß nicht/
ob er Liebe oder Hasses werth sey/
sondern alles wird als ungewiß/
auf künfftige Zeit verhalten. Man
solte wohl gedencken / daß die Prager
Jesuiten diesen Spruch bißhero sich besser bekant gemachet/ weil von einigen ihrer Societät daselbst gelesen wird / daß
sie hiebevor gegen einem Böhmischen
Herrn / den sie bekehren welten/ den Ort/
wo diß Dictum geschrieben stehet / nicht
anzuführen gewust / und da einer zum
andern gesaget : Ubi extat? Wo stehets ? der andere aber ihn übel berichtet : Nî fallor, ad Timotheum , wo
mir recht ist / an Timotheum / von
diesem also abgefertiget worden: Asine,
tu me salutis viam docere vis, qui tan-
tillum verbum in sacro DEI codice

C 7　　　　igno-

ignoras? Apage à me Satan, & me tentare desine : Du Esel/wilst du den Weg zur Seligkeit mir weisen/ und weist das geringste Wörtlein in Heiliger Schrifft nicht? Heb dich weg von mir Satan/ und versuche mich nicht weiter! (Hist. Persec. Bohem. p. 235.) Nach dem er als durch so närrische Auslegung dieses Spruches/ eben wie unser Jesuit hie thut/ Sie erwehnten Böhmischen Herrn/ den Baron de *Budovva*, wolten Papistisch machen) kurtz zuvor ihnen recht nachdencklich geantwortet hatte : Solte dieses ein Werck der Barmhertzigkeit seyn/ soltet ihr dadurch meine Seele gewinnen ? Vos verò infelices animarum lucratores desperationem mihi instillatis : Erratis autem miseri, nescientes Scripturam : O ihr armseligen Seelen-Fischer/ihr wollet mich vielmehr zur Verzweifflung (und Verdamnüs) bringen. Aber ihr elenden Leute irret/und wisset die Schrifft nicht. Der Leser sehe nun / wie unglücklich auch unser Pragischer Jesuit
nit

mit diesem Spruche / den er gar nicht verstehet/ anlauffen werde.

10. Denn einmahl stehen die Worte nicht in der Bibel / wie er sie setzet. Mit seiner Lateinischen Vulgatâ, weiß er wohl/daß er bey uns nichts ausrichte / und erinnert der Heilige *Hieronymus* (den sie meist für den Urheber derselben halten wollen): Cogimur ad Ebræos recurrere , & scientiæ veritatem de F O N T E magis , quàm de rivulis quærere, (Epist. 135. ad Sun. & Fretel. T. III. f. 80.) Wir müssen zu dem Ebreischen lauffen / und die wahre Wissenschafft mehr aus dem Brunnen (Grund ꞏ Text) selbst/ als aus denen daraus geleiteten Bächlein (den Lateinischen und andern Dolmetschungen) suchen. Welches auch im Päbstlichen Rechte (c. Jejunium dist. 76.) wird angeführet. Nun weise mir doch der Jesuit/wie die Worte/ Alles wird als ungewiß auffs zukünfftige verhalten/ in dem Heiligen Grundꞏ Texte im allergeringsten stehen? Drumb weg mit der Anflickung! Und wo ist drinnen

nen zu lesen das Wort/werth? Es versuche es doch *Rabbi Richard* von Prage/ und analysire mir den Ebreischen Text/ seiner Meinung gemäß/ wo man anders nicht von ihm soll sagen : Asinus ad lyram. Der gelehrte Papist und Parisische Professor *Mercerus* kan ihn eines bessern unterrichten/ wenn er hierüber schreibet (Comment. h. l.) : CAVENDUM est, Lector, ne cum VULGATO Interprete aut ERRES, vel cum SOPHISTIS errandi occasionem sumas, qui docent, NON debere nos esse CERTOS in conscientiâ de amore Dei ; hoc est aperte CONTRA SCRIPTURAS & FIDEI nostræ CAPUT de Remissione peccatorum , Hier magst du/ Leser/ dich hüten/ daß du nicht mit der Lateinischen Dolmetschung NB irrest/ oder mit denen NB Sophisten (arrige aures) Anlaß zum Irrthumb suchest/die da lehren/daß wir nicht sollen im Gewissen der Liebe Gottes gewiß seyn/welches offenbarlich wider die Schrifft und unsern Glaubens-Artickel von Vergebung der Sünden.   II. Doch

11. Doch man lasse endlich diese Worte also stehen: Der Mensch weiß nicht/ ob er Liebe oder Hasses werth sey. Wann nun das sich auf diese Frage reimete/so müste eben so gut/ als der Jesuit eins theils daraus schleust/Ergò weiß niemand gewiß / ob er bey GOtt in Liebe oder Gnaden sey; auch anders theils daraus zu schliessen seyn/Ergò weiß niemand gewiß/ob er bey GOtt Haß oder Zorn verdiene. Wer wolte aber so gottloß und alber seyn / und sprechen: Der Mensch könte nicht wissen/ ob er Hasses werth sey / wenn er auch gleich Gott und Menschen aufs höchste beleidiget/und die grösten Bubenstücke begehet? Ist denn unser Jesuit so gar Gewissen-loß / oder nicht recht bey Gedancken? Da doch die Thorheit seines Beweises so Handgreifflich / daß einer der allerältesten Jesuiten/ *Salmero*, Der auf dem Concilio zu Trient mit gewesen / diesem Neulinge das Capitel liest (Disp. 14. f. 367.) : Hæc sententia aut non est vera, quod asserere nefas est, aut NEQVAQVAM PROBAT, quod

isti

isti inde accipiunt, quia non ait: Nescit homo, utrum amore dignus sit; sed additur, VEL ODIO. &c. At impii propter maxima sua scelera norunt, se maximè dignos esse odio, Dieser Spruch ist entweder nicht wahr/welches zu sagen / eine Sünde ist / oder solcher (arrige iterum aures) NB beweiset mit nichten / was etliche daraus schließ- sen wollen : Denn es wird nicht gesaget : Der Mensch weiß nicht/ob er der Liebe werth sey/sondern es wird darzu gesetzet : NB oder des Hasses/2c. Nun wissen ja die Gottlosen bey ihren groben Lastern / daß sie des Göttlichen Hasses allzuwerth seyn. Das lerne doch der Pragische Jesuit einmahl begreiffen/und dencke ja nicht/daß man seine abgeschmackte albere Possen/womit er Einfältige bethören wil/ nicht mercke.

12. Der rechte Verstand ist klärlich dieser: Etiam amorem, etiam odium non scit homo, Es kennet (weiß) kein Mensch weder die Liebe noch den Haß. Warüm ? Salomo gibt dessen Ur-

Ursach im nechstfolgenden Versickel:
Weil es nehmlich dem Gerechten wie
dem Gottlosen / dem Guten und Reinen
wie dem Unreinen / auf dieser Welt / so
viel das äusserliche Glück und Unglück anlanget / ergehet : Sie haben alle
אֹתָם קׇרׇה einerley Zufälle. Als
wolt er sprechen : Ich kan nicht schließ-
sen / dieser hat grosses äusserliches Glück /
Reichthumb / Ehre / ꝛc. darumb stehet er
bey GOtt wohl / und ist in seinen Gnaden; Jener aber hat viel äusserlich Unglück / derowegen ist er bey GOtt in Ungnaden. Denn / quicunque adversa su-
stinent, utrum per amorem DEI susti-
neant, ut Job ; an per odium, ut pluri-
mi peccatores, nunc habetur incertum,
schreibet der Heilige *Hieronymus,* (in
h. l. Tom. VII. f. 41.) die da Wieder-
wärtigkeit leiden / ob sie solches der
Liebe Gottes wegen leiden / wie Job ;
oder aber seines Hasses wegen / wie der
Gottlose Hauffe / das ist itzund vor ungewiß zu halten.

13. Hieraus läst sich nun gar nicht fol-
gern ; Ich kan nicht schliessen / mein Nech-
ster

ster hat viel Unglück/darum ist er bey
GOtt in Ungnaden/Er hat viel Glück/
darum ist er bey Gott in Gnaden: Ergò
kan ich durchaus nicht wissen/ob ich selbst
bey GOTT in Gnaden oder Ungnaden
bin.   Oder/ich kan aus meinem äusser-
lichen Glücke nicht gewiß wissen/daß ich
einen gnädigen GOtt habe; Ergò kan
ichs sonst gar nicht gewiß wissen.   Aber
geschlossen/übel geschossen! Denn ich kan
es anders woher/nehmlich aus dem Glauben und innerlichen Zeugnis des H. Geistes wissen: Wie der H. *Bernhardus*, den
die Päbstler sonst für sich anziehen/aus-
drücklich bekennet (Serm. V. in Dedic.
Eccles. f. 66. Col. 4.): Quis scit, si est
(an sit) dignus amore an odio ? Hic
jam planè FIDEM nobis subvenire ne-
cesse est: Hic oportet succurrere veritatem : ut quod de nobis latet in corde
Patris, per SPIRITUM ejus reveletur,
& Spiritus ejus TESTIFICANS per-
svadet Spiritui nostro, quod Filii DEI
sumus,&c. Wer weiß/ob er der Liebe
oder Hasses werth sey? hier muß uns
gewißlich der NB. Glaube beyspring-
gen/

gen / und die Warheit zu Hülffe
kommen / damit / was von uns in des
Vaters Hertzen verborgen ist / durch
seinen NB Geist uns geoffenbahret
werde / und sein Geist giebt NB Zeüg-
niß unserm Geist / daß wir GOttes
Kinder sind / 2c. Welches eben der
Paulinische Macht = Spruch ist / der unsern Jesuiten mit seiner gantzen Rotte /
wie das Wort Christi die Jüden-
Schaar / Joh. XVIII. 6. zu Boden schläget : Ihr habt nicht empfahen den
Geist der Knechtschafft / daß ihr euch a-
bermahl förchten müstet / sondern den
Geist der Kindschafft / durch welchen
wir ruffen / Abba / lieber Vater. Dersel-
bige Geist giebt Zeugniß unserm Geist /
daß wir Gottes Kinder sind: Sind
wir denn Kinder / so sind wir auch Erben / nemlich Gottes Erben und Mit-
Erben Christi / Rom. VIII. 15. 16. 17. Wer
derowegen an seiner Seligkeit zweifelt / und
derselben nicht gewiß ist / der ist kein Kind
Gottes / kein Mit-Erbe Christi / und hat das
Zeugnis des H. Geistes nicht bey sich. Nun
aber zweifeln die Papisten an ihrer Seligkeit /

ligkeit / und sind derselben nicht gewiß:
Derowegen sind die Papisten (so lange
sie dergleichen bleiben) keine Kinder Got-
tes/ keine Mit-Erben Christi/ und haben
das Zeugnis des H. Geistes nicht bey sich.
Denn hätten sie solches bey sich/ so wäre
es gewiß oder ungewiß: Ist es gewiß/
so ist es weder ungewiß noch zweifelhafft;
Ist es ungewiß/ so ist es nicht vom heiligen Geiste. Denn dieser ist ein gewisser und warhaffter Geist/ kein ungewis-
ser Lügen-Geist. Welches allhier nur
durch Veranlassung *Bernhardi*, biß zu
bald folgender Behauptung / erinnert
wird.

14. In übrigen giebet unserer Auslegung des Sprüchleins ausm Pred. IX.
Beyfall/ der hochbelobte Cardinal *Cajetanus*, neben andern Papisten. Und
wird unserm Jesuiten sonderlich zu Gemüthe geführet das Exempel des weiland
Käyserlichen Hof-Predigers / *Alfonß
à Castro*, der anfangs/ gleich wie er/ die
Worte nicht recht angesehen / und vor
den stärcksten Beweiß des Päbstischen
Zweiffels geschätzet/ hat aber im letzten

Drucke seiner Schrifft adverſ. Hæreſes hierinnen widerruffen / und ſich ſelbſt aufs Maul geſchlagen / mit Erinnerung zur Nachfolge : Rejecto ergò illo teſtimonio , oportet ut aliunde capiamus teſtimonia , Drumb laſſe man dieſes Zeugniß nur fahren / und ſehe ſich nothwendig nach andern Beweiß umb. Hierzu wird ſich P. Richard ſich unbeſchwehrt bequemen / und ſeinen vorangeſetzten Beweiß / da er ſehr übel beſtanden / mit Schanden wider zurück nehmen müſſen. Der aufrichtige Leſer erkenne daraus die Jeſuitiſche Unwiſſenheit der Schrifft / und ſo unverſchämte Praleren / daß ſolche Geſellen ſich des Schrifft-Beweiſes noch rühmen dörffen. In folgenden wird es nicht beſſer heraus kommen / und vieles der Antwort nicht werth ſeyn.

15. (II.) S. Pauli Ermahnung / Phil. II. 12. Schaffet / daß ihr ſelig werdet mit Furcht und Zittern / meinet der Jeſuit / wäre gar nicht nöthig / wenn einer ſeiner Seligkeit könte gewiß ſeyn. Antwort. Was dieſer Pragiſche Schrifft-

Schrifftgelehrte (pag. 111.) Diesen Evangelischen Leyen / als Idioten / fürwirfft/
sie verstünden ihre gelerneten Sprüchlein nicht / denn sie wusten nicht /
mit was Gelegenheit solche in der
Schrifft fürgebracht / was vorgan-
gen / was nachfolget / wie selbe mit
einem andern Wort oder Spruch
der Heiligen Schrifft zu vergleichen seyn ꝛc. Damit trifft er sich aller
Orten selb= am meisten / wie allhier
klar zu sehen. Es stehet ja nechst dabey/
vers. 14. Thut alles ohne Zweiffel :
Drumb kan durchaus keine Zweiffel=
Furcht allhier gemeinet seyn. Und daß
die Art zu reden / mit Furcht und Zittern / dem Apostel Paulo (der solche
mehrmahls brauchet /) kein so peinliches
Schreck = Wort sey / so des Vertrauens Gewißheit aufhebe / hätte P. Richard
aus Gegenhaltung anderer Orte verstehen sollen. Denn wenn daraus solcher
Zweiffel könte geschlossen werden / so
müste eben dieser Apostel auch die Corinthier dißfalls gerühmet haben / (2.
Cor. VII. 8.) daß sie den Titum mit
Furcht

Furcht und Zittern / das ist / nach solcher Jesuitischen Glosse 7 mit Zweiffel
und lauter Ungewißheit angenommen
hätten / welches ja ein gantz ungereimter Ruhm wäre. König David / deme
S. Paulus diese Worte aus dem Munde
genommen / erfordert zugleich eine Freudigkeit / Ps. II. II. Dienet dem Herrn
mit Furcht / und (גִּילוּ) freuet euch
mit Zittern. (Besiehe Bell. ad h. l.)
Inmassen auch die H. Oster-Matro-
nen / nach gewisser Englischen Versiche-
rung / daß Christus auferstanden / mit
Furcht und Zittern / Marc. XVI. 8. ie-
doch zugleich mit grosser Freude / Matth.
XXVIII. 8. vom Grabe gegangen. Mir
aber der Freude nicht viel / da ich dessen /
was mir Freude geben soll / muß ungewiß seyn / und immer daran zweiffeln!

16. Drumb ist aus der Phrasi, mit
Furcht und Zittern / mehr nicht zu erzwingen / als eine demühige Behut-
samkeit. Demnach / damit ein wahrer Christ seinen lieben Gott nicht muthwillig beleidige / trägt er zwar billich
Sorgfalt / daß er eines Theils mit

Furcht/das ist/ohne Epicurische fleischliche Sicherheit/und anderseits/mit Zit-
tern/das ist/ohne Pharisäische geistliche
Hoffart/In den Schrancken seines Chri-
stenthums beharre/ und doch an der
Gnade Gottes und ewigen Seligkeit
im wenigsten zweifle: Wie ein Kind
sich für dem Vater scheuet und ihn zu
erzürnen fürchtet/indessen aber an der
väterlichen Liebe und Erbschafft keinen
Zweiffel träget. Eine solche kindliche
Furcht erfordert der Apostel hier und
Rom. VIII. 15. Weil wir den Geist
der Kindschafft/nicht der Knecht-
schafft/empfahen haben/daß wir
uns abermahl (wie im alten Testament unter dem Gesetze ; dergleichen
Furcht keine Kinder Gottes machet/sa-
get *Estius* in h. l.) fürchten müssen.
Und wer sich (knechtisch/wie ein Knecht
für seinem tyrannischen Herrn/oder ein
Ubelthäter für dem Scharffrichter)
fürchtet/der ist nicht rechtschaffen
in der Liebe/ja solche knechtische Furcht
ist gar nicht in der Liebe/ I. Joh. IV.
18. Die Papisten aber wollen diese

Furcht haben: Drumb sind sie nicht
rechtschaffen in der Liebe / ja sie haben
gar nicht die rechte Liebe.

17. (III.) Mit dem Spruche S. Pauli / I. Cor. IV. 4. (Ich weiß mich sel-
ber in nichts schuldig / aber darinn
bin ich nicht gerechtfertiget) richtet
der Antagonist eben so wenig aus / und
häuet sich selbst auf die Schnautze. Ist
Paulus (schleust er) nicht gewiß / daß er
gerechtfertiget sey / so kan er auch nicht
versichert seyn der Gnaden Gottes und
seiner Seligkeit. Antwort: Paulus
redet nicht vom nicht Wissen / sondern
vom nicht seyn. Ich bin darinn
nicht gerechtfertiget / saget er: Ist
denn das so viel / als: Ich weiß nicht /
ob ich darinn gerechtfertigt bin?
Folget dann: Ich bin darinnen / daß ich
mir nichts bewust bin / nicht gerechtfertigt / Ergò bin ich durch den Glauben nicht
gerechtfertigt? Wenn ein Ehmann sagte:
Ich bin mir zwar nichts Böses von einigen Frauenzimmer bewust / aber hierinnen bin ich dennoch kein Ehemann:
Wäre es denn so viel gesprochen / er wü-

ste nicht gewiß/ob er ein Ehemann wäre, oder nicht? Und was höre ich? Hat
Paulus nicht gewust/ ob er gerechtfertiget und in der Gnade GOttes sey;
Lieber/ wie hat er sich denn dessen rühmen können? Stamus in gratia, & glo-
riamur sub spe gloriæ Dei, Wir stehen in der Gnade/und rühmen über
der Hofnung der Herrligkeit Gottes/
Rom, V, 2. &c,

18. Hiermit muß nun der Jesuit nicht
nur seine Mit-Brüder Lügen straffen/
welche sagen / S, Paulus hätte wegen
Gewißheit seiner Seligkeit (dieweil er
im dritten Himmel gewesen) eine sonderbare Offenbahrung gehabt(Pistor.im
Weg-Weiser/ p.201, und andere mehr,
Besihe Vasq. in 12. Tom, II. Disp. CC,
c, V. n, 33, wo er Thomam anführet/
und spricht; Es sey die allgemeine Meinung der Schul-Lehrer/daß die Apostel / nach der Sendung des Heiligen
Geistes in der Gnade wären confirmiret worden/ welches Paulo nicht könne
abgesprochen werden); Sondern er ist
auch wider sich selbst/indem er hernach)

(pag,

pag. 3. seqq. 54. 101. &c.) Die Rechtfertigung durch gute Wercke und eigene
Heiligkeit fest setzen wil. Denn war
der Apostel sich nichts Böses bewust/
(oder/wie es der Jesuit Keller/ Tom.
II. p. 123. glossiret, nicht mit einiger
Sünde behafft: so doch falsch ist/wie
anderswo erweißlich. Besihe *Theodoret.*
Tom. II. f. 37. &c.) und dennoch war
er hierinnen nicht gerechtfertiget ; So
war er auch wegen der guten Wercke
nicht gerecht. Sintemahl keine Sünde an sich haben/ und mit innerli-
cher Tugend und Reinigkeit gezie-
ret seyn/ sind *Bellarmino* (L. III. Just.
c. V.) ein Ding. Was wil er nun
endlich daraus schliessen ? *Paulus* saget:
Er sey nicht gerechtfertiget umb der guten Wercke willen: Hieraus folget ja
nicht: Ergo hat er gezweiffelt/ daß er
durch den Glauben gerecht sey. So
wenig/als sich schliessen lässet: Die Mönche sehen nicht durch die Nasen-Löcher/
darumb zweiffeln sie/ob sie mit den Augen sehen. Mag dahero der gelehrte
Jesuit *Vasquez* auftreten/ und/ wie ers

D 3 wohl

wohl Macht hat / *P. Richardum* seiner
Unvorsichtigkeit in dieser kurtzen Lection
(l.c. n.30.) erinnern: Ex hoc loco Pauli efficax argumentum desumi non potest ad probandam incertitudinem gratiæ, cùm contrarium probari possit ex
II. Cor. XII. 2. Aus diesem Paulini-
schen Orte kan NB kein kräfftiger
Beweiß hergenommen werden/ die
Ungewißheit der Gnade darzu-
thun/ weil das Widerspiel aus II.
Cor. XII. 2. zu erweisen.

19. (IV.) Folget eine Jesuitische
Glaubens = Regel: Diß ist die gemeine Lehre der Römisch = Catholischen Theologen. Und alles Volck
soll sagen/Amen! Welche nehmlich der
Trientische Fluch und Donner schrecket:
Doch hat noch immer das Gewissen/un-
ter solchem Zwang/Manche zur Bekänt-
nüß der Warheit getrieben/wie *Bellarminus* (L. III. Just. c. X.) unterschiedli-
che Sorten benennet/und mit dem Bey-
satz/FERE, fast etwas discreter davon
redet. Von denen Widersprechenden
Papisten/*Joh. Gerson* , *Groppero* , *Vel-
dio*,

dio, Caßandro, Fero, Ambroſio, Catharino,
und noch etlichen Trientiſchen Vätern
ſelbſt / iſt unnöthig / viel Worte zu machen. Inzwiſchen hat der Chriſtliche
Leſer dieſes ungemarterte Bekäntnis des
Jeſuiten zu mercken / und muß man / leider! erfahren / wie auch noch heute / bey ſo
hellem Liechte des Heiligen Evangelii / in
dem kräfftig - irrenden (II. Theſſ. II.
II.) Pabſtthumb / die Zweiffels=Lehre
noch in vollem Schwange gehe. Hier
läſſet der Satan recht ſeine Klauen
ſehen.

20. Die hernach geſetzte Beſchönung
thut nichts bey der Sache / daß die jenigen / ſo in dem alten wahren (Römiſchen) allein ſeligmachenden Glauben fromm und Gottfürchtig leben /
in GOTTES Geboten wandeln /
ſich in guten Wercken und Tugenden üben / wenn ſie alſo NB beſtändig biß ans Ende fortfahren / gewiſſe Zeichen haben / daß ſie ſeyn aus
den auserwehlten Kindern Gottes.
Denn was er mit einer Hand ſcheinet zu
geben / nimmt er mit der andern alsbald

D 4 wi-

wider/sagend: Aber versichert seyn
sie nicht. Ein Christen-Mensch/
spricht er widerumb/ habe NB eine
zweiffelhaffte Sicherheit/ ob schon
einer getaufft ist/recht gläubet/auch
fromm lebet. Verstehet er die erforderte Beständigkeit in der Gottes-
Furcht/ ohne Abweichen/so schneidet
er seinen Brüdern selbst alle Hofnung
zur Seligkeit glatt ab: Denn weil kein
Mensch ist/ der nicht sündiget/ Eccles. VII. 21. so ist auch niemand/der ohne alles Abweichen durchaus beständig
in der Frömmigkeit bleibet. Und würde dergestalt David selbst/weil er Ehe-
bruch und Meuchelmord begangen/nach
denen Jesuitischen Regeln/seiner Seligkeit nie haben können versichert seyn.
O Blindheit/und verkehrter Sinn!

21. (V.) Der versprochene Beweiß
aus denen Kirchen-Vätern ist hier in
der gründlichen Frage sehr kurtz gefasset.
Es fallen bey die Heiligen Väter:
Viel anderer zu geschweigen/
(Nichts ohne Ursach/) spricht der
Heilige Kirchen-Lehrer *Gregorius,*
homil.

homil. 3 8. supra c. 22. Matth. Quia vo=
cati sumus, novimus : Si sumus electi,
nescimus , daß wir beruffen seyn/
wissen wir/ ob wir auserwehlet
seyn / das wissen wir nicht : Ant=
wort. Gregorius redet gar nicht vom
Zweiffel an der Gnade Gottes/(welches
der Jesuit nirgend aus den Vätern kan
beybringen /) saget auch mit keinem
Worte/ daß wir an der Seligkeit zweif=
feln sollen/ sondern ist vielmehr compa-
rativè zu verstehen/ daß wir nemlich nicht
so absolut und ohne Bedingung wissen/
ob wir erwählet/ als wir wissen/ daß wir
beruffen seyn; Massen der Beruff uni-
versal und allgemein/ die Erwählung a=
ber particular und nicht allgemein. Endlich ist Gregorius nicht eben einer von
denen ältesten Kirchen = Lehrern / und
etlichen Papisten selbst verdächtig. Ma-
gni autores labuntur interdum & one-
ri cedunt, quod ego de Gregorio & Beda jure fortasse dicere possum, schreibet
der Canarische Bischoff/ Melch. Canus,
(LL. Theol. L. XI. c. VI. f. 337.) Grosse
Scribenten fehlen und irren bißwei-

D 5   len/

len/und wird ihnen zu viel/welches
ich vom *Gregorio* und *Beda* vielleicht
billig sagen mag. So urtheilet auch
von ihm *Durandus* (Sent. dist. VII. 4. 9.):
Cùm non fuerit Deus, errare potuit ut
homo, Weil er (*Gregorius M.*) kein
Gott gewesen/ so hat er auch irren
können/ als ein Mensch. Und warumb
gilt bey denen heutigen Päbsten / seinen
Stul-Erben/ nicht mehr/ was dieser ihr
Antecessor wider den Päbstlichen Primat und allgemeine Ober-Hauptmann-
schafft/ so eifrig/ als wider den Anti-Christ
selbst/ geschrieben? (Vid. L. IV. Epist.
34. 36. 38. L. VI. Ep. 30.)

22. Obschon P. *Richard* bessern Beweiß aus denen Vätern mit Stillschwei-
gen übergehet und uns mißgönnet/ wil
ich doch hingegen eine Anzahl von schönen Formulen und Redens-Arten/ (denn
die gantzen Sententien auszuschreiben/
würde zu viel werden) welche die für-
nehmsten Heiligen Väter in dem Puncte
von Gewißheit der Gnade Gottes und
Seligkeit/ hin und wider gebrauchen/
und hiermit der Lutherischen Lehre bey-

pflichten/hinbey setzen. Als/certum es-
se(cum Paulo), non opinari, gewiß
seyn (mit Paulo)/nicht nur einen
Wahn haben/(*August.*Tom.IV.f.852)
præsumere de gratiâ, auf Gnade trau-
en/(*Id.*de Verb.Dom. Serm. XXVIII.
f.76.) confidendum esse, fundatum esse
in Christo, eine Zuversicht zu haben/
auf Christum gegründet seyn/(*Am-*
*bros.*inPf.XXXIX.T.IV.f.536.)firmum
esse, fest seyn/(*Cyprian.*de Mortal.f.52.)
securum esse, sicher seyn/(*Id.*l.c.*Tertull.*
de Resurr. carn. c.LI. T.I.f.702.) inte-
gram habere securitatem salutis, eine
gäntzliche Sicherheit der Seligkeit haben/(*Id.*L.deBapt.)Non dubita-
re, (*Cyprian.*l. c. *Chrysoft.* homil. XIV.
in c.VIII.Rom. *Leo* Serm.II. F. Pasch.)
non ambigere, (*Origen.* T. I. in Jerem.
hom.XI.f.604.) non hæsitare, διακρι-
νεσθ(*Basilius M.*inSumm.Moral.)nicht
zweiffeln/ indubitatum , indubitabile,
ungezweifelt/(*Bernhard.*Serm.l.deAsc.
Dom.& Serm. I.Septuag.) Nullum an-
xietatis & follicitudinis locum esse, daß
Angst und Sorge keinen Platz fin-
den/

den/ (*Cyprian*. l. c.) sine aliquâ incertæ
voluntatis ambiguitate, ohne einige
Zweiffelhafftigkeit eines ungewissen
Willens/ (*Hilar.* in Matth. f. 261.) τὸ μὴ
μεͅαμέλειν ἐν τῇ πίςει, absq; sollicitudi-
ne fidei, ohne Besorgligkeit im Glau-
ben/ (*Eusebius L.* IV. de vitâ Constant.)
non fluctuare, nicht wancken/ (*Cyprian.*
l. c.) non aliquâ levitate mutari, neque
nutare, neq; fluctuare, nicht leichtsin-
nig sich ändern/ noch weichen oder
wancken/ (*Ambros.* l. c.) non licere prorsus ambigere, man dörffe gar nicht
zweiffeln/ (*Chrysost.* in I. Timoth hom.
VIII. f. 239.) non relinqui ambiguita-
tem, es bleibe nichts vom Zweiffel ü-
brig/ (*Idem* hom. XIV. ad Rom. VIII.)
&c. Ist vor dißmahl/ gegen eins/ genug.

23. (VI.) Zu mehrer Bestärckung seiner Meinung/ berufft sich der Jesuit darauf: Wir könten unsern Gegensatz aus
der Schrifft nicht beweisen/ und zwar insonderheit aus Marc. XVI. 16. Wer da
gläubet und getaufft wird/ der wird
selig werden. Widerspricht den klaren
Wort-Verstande dieses güldenen Spru-
ches:

ches: Wann derowegen ein Mensch
diese zwey Stücke hat/daß er glaube
und getaufft ist/so ist er ja nach dem
Ausspruch und Worten Christi ver=
sichert von seiner Seligkeit. Aber
das (spricht er) probierte gar zu viel.
Antwort. Sind denn die hellen Wor=
te Christi falsch? Heist das nicht/die
Warheit selbst Lügen straffen?

24. Solches von sich abzulehnen/brau=
chet er gantz kahle Ursachen.(1) Es stür=
ben Viel/so getaufft sind und geglau=
bet haben/ und würden verdammt.
Antwort. Darumb werden sie verdamt/
weil sie vom Glauben abgefallen/und in
Unglauben gestorben sind. Daß aber
sonst die Päbstler einen solchen abscheuli=
chen Glauben lehren/der zugleich Tod=
Sünden neben sich leiden könne/(besage
folgenden Capitels/)benimmt den Wor=
ten Christi nichts.

25. (2) Christus erfordert anders=
wo mehr/ als den Glauben und die
Tauffe/(so beyde zwar nöthig zur Se=
ligkeit/Ebr. XI. 1. 6. Joh. III. 5.) nemlich
die Geboth halten/Matth. XIX. 17.

Buß=

Busse thun/Luc. XV. 3. daß auch die
Reichen schwerlich ins Himmelreich
kommen/Matth. XIX. 23. Antwort. Es
ist an deme/daß Christus wil haben/man
soll gute Wercke thun/welches wir in allen Predigten unsern Zuhörern einschär-
fen; Alleine Er saget nicht/daß sie nöthig
seyn/dadurch die Seligkeit zu erlangen/
gleichwie von der Tauffe und Glauben
hier und anderswo stehet. Wie der Jüngling fragt/(Was soll ich thun?)so wird
er beantwortet/nehmlich Beschämungs-
Weise. Hunc ex lege insolentem, spricht
S. Hilarius, (in h. l.)sollicitum de salute,
remittit Christus ad Legem: ut in eâ
ipsâ, in quâ gloriaretur, intelligeret, nihil se exinde recti operis fecisse, Diesen/
weil er so hochmüthig ausm Gesetze
nach der Seligkeit fragte/wies Christus wider zum Gesetze/daß er eben
darinnen/wo er Ruhm haben wolte/
lernen solte/wie ers in der That noch
nie recht gehalten hätte. In übri-
gen/wer keine wahre Busse thut und gottloß lebet/(wie sonderlich ein Reicher
durch Wollust und Geld-Liebe/Marc. X.

24. Luc. VIII. 14. leicht von Gott abge-
wendet wird /) der hat so dann keinen
Glauben / und kan sofern des Spruchs
Christi sich nicht rühmen.

26. Nachdem uns der Jesuit auf diesen Haupt-Spruch / Marc. XVI. 16.
Wer da gläubet und getaufft
wird / der wird selig werden / geführ-
ret / wiewohl es uns an mehr klaren Zeug-
nissen der H. Schrifft nicht ermangelt /
so ist mit wenigen zu zeigen / ob und welcher Gestalt ein Evangelischer oder
Papist sich daraus trösten könne? Ein
ieder wahrer Evangelischer Christ
kan zu aller Zeit schliessen: Wer gläubet und getauff wird / der ist selig;
(Dieser Vor-Satz ist göttlicher Offenbahrung.) Ich (N. N.) gläube und bin
getaufft: (Diesen Nach-Satz machet
mein eigen Wissen und Gewissen / samt
beystimmenden Zeugnis des H. Geistes /
Rom. VIII. &c.) Darumb bin ich selig. (Die Gewißheit ist so unfehlbar / als
vorige beyden Sätze.)

27. Insonderheit kan diese Theologi-
sche Demonstration auf beyderley Casus

oder Fragen (§.2.) gezogen/und folgender massen eingerichtet werden. Und
zwar erstlich/Ob ich itzund (da ich noch
gesund/oder da schon mein Ende vor-
handen/)der gegenwärtigen Gnade Gottes gewiß sey? Hier schliesse ich also:

Welcher getauffter Christ den wahren Glauben hat/der ist zu solcher Zeit
der Gnade Gottes/und (so er itzt in solchem Stande sterben solte/)der Seligkeit gantz gewiß.

Ich (der ich itzt lebe/oder itzt sterben
wil/)bin ein getauffter gläubiger Christ:

Darumb bin ich itzund der Gnade
Gottes/und (wenn mich Gott in solchem
Stande/ diesen Augenblick abforderte/)
meiner Seligkeit gantz gewiß.

Der Vor-Satz ist Christi Worten
durchaus gemäß. Den Nach-Satz
kan ein Jeder machen/der sich selbst prü-
fet/daß er im Glauben sey/2.Cor. XIII.5.
also daß er sein Vertrauen zur Gnade
Gottes alleine auf das theure Verdienst

Liebe Gottes Des Vaters / Joh. III. 18.
1.Tim. II. 4. der allgemeinen Erlösung
des Sohnes/1.Tim. IV. 10. 1. Joh. I. 7.
des allgemeinen Beruffes/Matth.XI.28.
Act.XVII.30. und Erleuchtung des H.
Geistes/Ebr. VI. 4. seqq. vermittels des
Predig-Ampts/Rom.X.17. sich zueignet
und ergreiffet / Gal. II. 20. Dahero er
sagen kan: Ich gläube gewiß und ohne
Zweiffel / denn ich gläube der gewissen
Verheissung Gottes / der nicht wie
Menschen falsch seyn kan/ Rom. III. 4.
und einen theuren Eyd gethan / Ezech.
XXXIII. 11. Ebr. VI. 17. Ich gläube
durch gewisse Krafft und Stärckung der
hochwürdigen Sacramenten / Rom.
IV. 11. 1.Petr. III. 21. 1. Joh. V. 8. Ich
gläube/ vermöge des gewissen innerlichen Zeugnis des H. Geistes/ Rom.
VIII. 16. 1. Joh. V. 12. als des Versig-
lung-Pfandes der Seligkeit / Eph.V. 13.
seq. 2.Cor. V. 5. und wahren Trösters
(der also heist/ quod credentes certifi-
cat, daß er die Gläubigen gewiß machet/
Joh. Ferus in c. XIV. Joh. p. 359.) Ich
gläube/ in meinem gewissen Gebethe/ so
mit

mit dem Amen und ohne Zweifel geschehen muß/1.Tim.II.8.Jac.I.6.Matth.
VI. 13. (Conf. *Chrysost.* in 1. Tim. hom.
VIII.) Ich gläube/bey gewisser Vergebung aller meiner Sünden/die mir an
der Gnade Gottes und Seligkeit nicht
mehr schädlich/ seyn können/Rom.VIII. 1.
Ich gläube / in gewisser Freudigkeit
meines mit Gott vereinigten Hertzens und
befriedigten Gewissens/ Rom. XIV. 17.
Ps. LI. 14. Ich gläube auch deßwegen
gewiß/weil der ungewisse Zweiffel meiner gläubigen Zuversicht zu wider/Ebr.
XI. 1. ja eine grosse Sünde ist/ wider
die erste Tafel der Heiligen Zehen Gebothe / herrührend aus böser Zuneigung
des verderbten Fleisches/ so von GOtt
fleucht und weicht/und ihn zum Lügner
machen wil/1.Joh.V.10.und ist demnach
keine Demuth/ (*Bellarm.* L.III. Just. c.
IIX.) welche nicht im Glauben/sondern
guten Wercken zu suchen/Phil. III. 8.
Darumb folget hieraus der allerdings
gewisse Schluß/ daß ich itzund an der
Gnade Gottes und Hoffnung der Seligkeit gar nicht zweiffle/so wenig als der
Va-

Vater aller Gläubigen/ Abraham/ ge-
zweifelt/ Rom. IV. 20.

28. Hierwider kan im Gewissen nichts
aufkommen/ als daß ie zu weilen die
Schwachheit des Glaubens dem
Zweifel fast ähnlich scheinen wil. Alleine weil der schwache Glaube dennoch ein
Glaube/ der dem Zweiffel noch wider-
streitet/ und den starcken Seligmacher
ergreiffet/ hierneben aber die Gläubigen/
in Beseuffzung ihrer Schwachheit/ die
starckenden Gnaden-Mittel zu brauchen nicht unterlassen/ so wird auch bey
ihnen dem Zweiffel nicht Platz gegeben/
sondern mit allen Anfechtungen über-
wunden/ Rom. IIX. 37. (ὑπερνικῶμεν,
wir überwinden mehr und noch weit
drüber/) 1. Joh. III. 20. V. 4.

29. Die andere Frage belangend/
ob ich auch an meiner Erwehlung und
zukünfftigen Seligkeit Ursach zu zweiffeln habe? da kan ein wahrer Evangelischer Christ abermahl schliessen:

Welcher getauffter Christ den wahren Glauben an Christum hat/ und daß
er solchen an seinem Ende auch haben

wer-

werde/weder auf Gottes noch seiner
Seite Ursach zu zweiffeln findet/Der kan
eine ungezweiffelte gewisse Hoffnung seiner zukünfftigen Seligkeit haben.

Ich (der ich/ nach Gottes Willen/
noch länger zu leben habe/) bin getaufft
und gläube an Christum/habe auch nicht
Ursach zu zweiffeln/ daß ich künfftig an
meinem Ende den Glauben ebenmäßig
haben werde:

Darumb kan ich schon itzt eine gewisse
ungezweiffelte Hoffnung meiner zukünfftigen Seligkeit haben.

Der Vor = Satz fleust aus denen
Worte Christi/und der vorigen Schluß-
Rede. Denn da ist schon erwiesen/daß
ein getauffter Christ/so an seinem Ende
den wahren seligmachenden Glauben
hat/ein Kind der Seligkeit/ und dessen
in seinem Hertzen alsdenn gewiß sey.
Wann ich nun itzund (noch vorher) den
wahren Glauben habe/mit der beding-
ten Versicherung/(so aus gegenwärtigen Spruche erhellet/) wofern ich in solchem Glauben auch am Ende des Lebens
erfunden werde/daß ich die Seligkeit

würcklich erlangen/und dergestalt unter
die Zahl der Auserwehlten gehören soll;
So liegt es nur daran/ob ich denn itzund
Ursach zuzweiffeln habe/daß ich werde/
wie itzt/also auch zu letzt/im Stande der
Gnaden seyn. Demnach müste es entweder GOtt nach freyen blossen Willen anders ordnen/oder ich besorge Mangel an ordentlichen Mitteln/zu verhüten/
damit ich nicht muthwillig der Gnade
Gottes mich verlustig mache.

30. Den Nach-Satz machet sich ein
ieder gläubiger Christ also: Ich/der ich
gläube und getaufft bin(ob ich zwar weiß/
daß ich sündlich Fleisch und Blut an mir/
Rom. VII. 18. auch den listigen Satan
und verführische Welt umb mich habe/
und dahero wann ich diesen beharrlich
folgte/durch Sünden in Verdamniß fallen könte; dennoch)habe nicht Ursach/itzt
und immer im steten Zweiffel zu leben/
daß ich nicht zu letzt abfällig und unselig
sterben werde. Denn die Ursach solches
Zweiffels findet sich nicht auf GOttes
Seite; Der wil nach seiner liebrei-
chen Gütigkeit/ Phil. II. 14. Rom. VIII.

38.

38. kan nach seiner Allmacht/ 1. Tim. I.
12. Eph. I. 19. und wird nach seiner treuen
Zusage / 1. Cor. I. 9. X. 13. (so daß nirgend an ihm einiger Mangel / 1. Cor. I.
7.) mich wohl erhalten; wo ich nur nicht
muthwillig abweiche : Dessen ich auch
nicht Ursach finde auf meiner Seite/
weil ich denen Hindernissen meiner Seligkeit zuwiderstehen/ gnugsame Mittel
habe/und hierzu nicht eine göttliche un-
mittelbare Offenbarung à priori, be-
darff/sondern kan meiner Erwehlung
doch gewiß seyn durch die mittelbare göttliche Offenbahrung der heil. Schrifft/
(Darinnen Christus als das Buch des Le-
bens/in welchem unsere Nahmen/ehe der
Welt Grund geleget worden / einge-
schrieben / Eph. I. 3. seqq. mir gleich of-
fen stehet/)die lehret mich/wie ich nicht
nur meinen Beruff/sondern auch Er-
wehlung/ à posteriori könne gewiß machen; Und dieser Anweisung kan und wil
ich durch Gottes Gnade solcher massen
nachleben/daß ich der unfehlbaren Ver-
h: iss ng meines Seligmachers ohne einigen Zweiffel traue/Joh. X. 28. Ebr. XIII 5.
Phil.

Phil. II. 14. die Glaubens-stärckende
und erhaltende von GOtt geordnete
Gnaden-Mittel zubrauchen fortfahre/
Joh. IIX. 31. VI. 56. meinen hertzlichen
Fürsatz/dem werthen Heil. Geiste nicht zu
widerstreben / wissentlich nicht ändere/
1. Cor. VI. 19. 20. und zu dem Ende im
geistlichen Streite / Rom. IIX. 13. Eph.
VI. 23. Tugend-Ubung / 2. Pet. I. 5. Ge-
dult/ Rom. V. 3. Jac. V. 8. Wachsamkeit/
1. Cor. X. 12. 1. Pet. V. 8. seqq. nechst fleiß-
sigen Gebethe/(so hier ohne Bedingung
erhörlich ist /) Matth. XXVI. 41. Ps.
XXVII. 9. mein Christenthum führe :
Welche Stücke desselben/ich/so lieb mir
meine Seligkeit/täglich vor Augen habe.
Darumb kan und soll ich mir den Schluß
einer gewissen Hoffnung der Seligkeit
machen/und habe daran um so viel weniger selbst zu zweiffeln/weil mich auch die
Heil. Schrifft heisset/an meines Neben-
Christen Seligkeit/aus Christlicher Liebe / nicht zu zweiffeln / 1. Thess. 4. 1.
Cor. XIII. 7.

31. Hierwider kan mein Gewissen
mit nichts beunruhiget werden/als durch

die

Die Einbildung/ man könne so wohl/ als
viel andere/in Sünden fallen/und in Un-
bußfertigkeit verdammt werden. Alleine können und werden sind weit von
einander. Folge ich andern Unbußfer-
tigen nicht nach/ so darff ich mit ihnen
nicht verdamt werden/1.Cor. X. 32. Und
gesetzt/mein Hertz wolte mir bange werden und mich selbst verdammen/daß ich
mich schwehrlich versündiget/ und auch
keinen rechten Glauben hätte: So versichert mich doch Gott in seinem Worte/
daß er allezeit/so lang es heute heisset/Ebr.
III.13. bereit und willig ist/ mich zubekeh-
ren und gnädig anzunehmen: Wer demnach seine Sünde erkennet und bereuet/
und den Glauben verlanget/dem ist schon
gerathen/Matth. V. 6. Joh. VI. 37. coll.
Pl. XXXI. 23. Weil solch Verlangen
nach dem seligmachenden Glauben eintzig
und allein von dem Heiligen Geiste her-
komt/ der da fertig ist/ denselben wider
anzuzünden/ woraus der Mensch versichert wird/Gott wolle seinen Schwur/
Ezech. XXXIII.11.Ebr. VI. 17. seq. so ge-
wiß/ als er lebe und Gott sey/ halten/

und ihn wider zu Gnaden willig annehmen. Ja so auch bey jemand Klage entstehet: Er könne kein recht Verlangen be y
sich finden/und das Gebeth wolle durchaus nicht fort; Wenn er sich darob be-
trübet/ und in seiner Seelen über di ese
Kaltsinnigkeit geängstet wird/so ist es a-
bermahl eine Anzeigung göttlicher Gnade: Denn diß ist eine unfehlbare Wirckung des H. Geistes/der eine solche
göttliche Traurigkeit zur ewigen
Seligkeit/ 2. Cor. VII. 9. seqq. bey
dem Menschen wircket/und daher allerdings geschäfftig ist/den seligmachenden
Glauben wider zu erwecken. Und wer
hieran zweiffeln wolte / der würde sich
gröblich versündigen/Gott selbst ins Angesicht Lügen straffen/und seinen werthen
Geist muthwillig betrüben und von sich
treiben / sich selbst aber verzweiffelter
Weise ins ewige Verderben stürtzen.

32. Im Gegentheil kan kein einiger
rechter David/ so lange er sich nicht von

noch denselben in geringsten auf sich ziehen.   Das beweise ich unwidersprech-
lich:

Wer da nicht gewiß weiß/daß er gläube und getaufft sey/ der hat sich dieses
Trost-Spruchs/Marc.XVI.16. (Wer
da gläubet und getaufft wird/ der wird
selig werden/)nicht zu getrösten/noch die
Seligkeit zu hoffen.

Kein Papist aber ist dessen gewiß/daß
er gläube und getaufft sey:

Darumb geht einen Papisten der
Trost-Spruch gar nicht an/und hat keine Seligkeit zu hoffen.

Den Vor-Satz wird niemand läugnen: Massen der Jesuit geständig/ daß
Glaube und Taufe nothwendige
Grund-Stücke zu dem ewigen Leben seyn.   Den Nach-Satz wird ein
aufrichtiger Papist/dem der blinde Gehorsam nicht gar die Gemüths-Augen
beschlossen/nicht in Abrede seyn können/
daß er nehmlich nicht gewiß sey/ ob er
den Glauben habe/weil er (itzt zuge-
schweigen/daß die Päbstler ihren Glauben gantz anders/als hier Christus/ver-

stehen / besage des folgenden Capitels/)
nach ihrer Lehre niemahls gewiß ist/ob er
itzund (auch am letzten Ende) bey Gott in
Gnaden und gerechtfertiget sey/wie unser Jesuit nicht nur gestehet / sondern
mit Händen und Füssen dafür streitet.
So ist auch kein Papist gewiß/daß er
recht getaufft sey / theils weil er ungewiß ist/ob sein Tauff-Pfaff damahls die
rechte Intention oder innerlichen Sinn
und Meinung (so nach bekänter Päbst-
icher Lehre/ zum Sacrament/wann es
soll gültig seyn / nothwendig erfordert
wird/ *Concil. Trid.* Seff. VII. de Sacr. in
gen. can. XI.) bey sich geführet habe/des-
sen ihn kein Mensch wird versichern können: Theils/weil er auch eben so ungewiß ist/ob derselbe Pfaff ein recht gewei-
eter Priester sey/ indem er nicht gewiß
weiß/ob dieser von einem recht verordneten Bischoff geweihet/massen er endlich
auch ungewiß ist/ob dieser Bischoff von
einem rechtmäßig erwehlten Pabste sey
gesetzet und confirmiret worden. Denn
ein Papist/ *certitudine, cui non possit*
subesse falsum, mit unfehlbarer Gewiß-

heit sich versichern kan/ob der itzige Pabst *Innocentius XI.* (auf welchen alle itzt lebende Päbstler ihren Glauben/Sacrament und gantzen Pomp/in ultimâ analysi, gründen sollen /) rechtmäßiger Weise erwehlet sey. Sintemal es gar nichts neues/ und aus Papistischen Geschicht-Schreibern bekant/daß vielmahls selbst-aufgeworffene/ eingedrungene/ eingezauberte/hochst-lasterhaffte / ketzerische/ einander widersprechende / auch offt zugleich zweene / oder eine lange Zeit gar keine Päbste gewesen seyn. Kurtz: Wen der Päbstische Zweiffel besessen hat/der kan freylich weder à priori, noch posteriori, seiner Seligkeit Gewißheit haben. Ein Christlich Hertz betrachte doch diesen Abgrund des verzweiffelten trostlosen Pabstthums / und lerne sich hüten.

33. Wir müssen nun zum Ende der Frage eilen/und was uns der Jesuit noch nachpelfert/kürtzlich abweisen. Er bringet/seiner schönen Ordnung nach/wiederumb neuen Beweiß auf/und w (VII.) mit den Worten Christi Matth.

X. 22. Wer verharret biß an das Ende/ wird selig werden; uns (wie er redet) eine Furcht einjagen/ und unsere Sicherheit zweiffelhafft machen. Antwort. Den Spruch wissen wir vorlängst wohl. Trotz aber/daß er uns daraus einigen Zweiffel und Ungewißheit beweise. Ich möchte gerne die Schluß-Rede hören!

34. (IIX.) Eccl. IX. 12. Der Mensch weiß sein Ende nicht. Daraus soll folgen: Der Mensch wäre ungewiß/und solte zweiffeln/ob er selig werde. Antwort: Ist eben/als wolte man also schliessen: P. Richard weiß sein Ende nicht; Darumb ist er ungewiß/daß er eines reinen Todes sterben werde/und Darumb muß er zweiffeln/ob er nicht (wie schon manchen Jesuiten widerfahren) gehangen werde. Ein Narr würde solche Schlüsse gut heissen.

35. (IX.) Ezech. XIIX. 26. Wenn der Gerechte von seiner Gerechtigkeit sich abwendet/und Sünde begehet/so wird er in denselben sterben. Ergo, kan der Gerechte sich ab-

C 3   wen-

wenden ; Woher ist er versichert/ daß
nachdem er in Sünde gefallen/ von
Gott wird aufgenommen werden? Wer
hat ihm dieses offenbahret? Antwort.
Daß ein Gerechter von Gott abfallen
könne/ läugnen die Calvinisten/ nicht wir
Lutheraner. Unsere fernere Erklärung ist
aus obigen §. 28. zu widerholen. Hier
kömt der Jesuit widerumb mit seinen son-
derbahren Offenbahrungen / auch bald
darauf und pag. 71. noch mehrmahl auf-
gezogen/ nicht ohne sonderbaren Ver-
dacht/ daß er mit denen Quackern und
Enthusiasten in geheimer Correspon-
denz leben müsse. Hat der Gott dieser
Welt der Ungläubigen Sinne ver-
blendet/ daß sie nicht sehen das helle
Licht des Evangelii/ 2. Cor. IV. 4.
Uns aber hat es Gott offenbahret/
1. Cor. II. 30. und in seinem geoffenbah-
ten Wort/ uns nichts verhalten/ und
allen seinen Rath verkündigen lassen/
Act. XX. 27. welchen die Phariseer (und
ihres gleichen) verachten/ Luc. VII. 30.
36. (X.) 1. Cor. X. 12. Wer sich be-
düncken lässet/ daß er stehe/ der sehe

zu/daß er nicht falle. Drumb kan
man fallen / und ist ungewiß / seiner
Beständigkeit Antwort. Der Apostel heist die Gefallenen auch wider auf-
stehen/ Eph. V. 14. Vielmehr folget aus
der Apostolischen Erinnerung/man könne zusehen/daß man nicht falle : Und hat
also die Gewißheit der zukünfftigen Seligkeit eine Bedingung/ doch aber keinen
Zweiffel. Die Nothwendigkeit / daß
man sich vor Fallen und endlichen Liegen-
bleiben hüten müsse/machet einem Stehenden / der es verhüten kan / keinen
Zweiffel/ob er itzt stehe/oder hernach stehen werde. Besihe in dieser Epistel
das folgende Cap. XV. L seqq.

37. (XI.) Man habe gnugsame Exem-
pel derer/die gefallen : Als *Nicolai*, Act.
VI. 6. *Hymenæi* und *Alexandri*, 1.Tim.I.
20. Antwort : Deßwegen haben *Innocentius* und *Aloysius* hohe Zeit/itzt vom Falle wieder aufzustehen/und sodann an Gottes Gnade und ihrer Seligkeit nicht
mehr zu zweiffeln.

38. Hiermit/meinet nun schließlich P.
Richard, habe er schon allen Evangeli-

E 4   schen

schen Trost von Gewißheit der Seligkeit
gnugsam widerleget. (Denn wenn
gar keine solche Gewißheit zu erlangen/
so müste freylich die Lutherische Lehre
falsch seyn.) Doch wil er noch so liberal
seyn/und zu mehrer Erleuchtung des
Verstandes/unsere Tröstungen insonderheit nach einander erforschen. Der
Christlich = verständige Leser aber wird
aus bißherigen Discurs beobachten/wie
der Jesuit wider die Evangelischen keines
weges habe erweißlich gemacht/daß nirgends eine unzweiffelhaffte Gewißheit der
göttlichen Gnade und Seligkeit zu haben
sey. Und bleibet es demnach bey den Worten der Apologie unser Augspurg.
Confeßion (p. 82.): Oportet in Ecclesiâ
extare doctrinam, ex quâ concipiant
pii certam spem salutis, das ist/ (nach der
teutschen Edition, fol. XLII.) Soll eine
Christliche Kirche und Glaube seyn/
so muß je eine Predigt und Lehre
drinnen seyn/dadurch die Gewissen
auf keinen Wahn noch Sandgrund
gebauet werden/sondern darauf sie
sich gewiß verlassen und vertrauen
mö-

mögen. Zwar der Jesuit gestehet gerne
von seiner Päbstischen Religion/ daß
vermöge derselben kein gewisser Trost
wegen der Seligkeit zu erlangen/ sondern
das Gewissen immer in Zweiffel gelassen
werde/ (welches Bekäntniß wohl zu
mercken/ und vor sich alleine schon ieden
frommen Hertzen einen Christlichen Abscheu vor der Päbstischen Zweiffels-
Lehre/ als den ärgsten Seelen-Gifft und
Teuffels-Strick/ erwecken soll) Nun
wird sichs aber in folgenden Capiteln
weisen/ ob er gleichsals unsere Evangelische Trost-Gründe (die er/ eignen Belieben nach/ unrichtig gnug fürträget/ wird
können umbstossen? Welches/ ob GOtt
wil/ weder er/ noch alle andere Teuffel/
werden zuwege bringen. Dieses soll/
indem man sich bereits hier hat nothwendig auffhalten müssen/ in möglichst-einge-
schränckter Kürtze abgehandelt werden.

Das III. Capitel/
Vom ersten Trost des allein
gerecht- und seligmachenden
Glaubens.

E 5   I. Den

nicht eine Salbe. Er braucht zwar das
Wort Glaube/ aber nur die Einfältigen zu betrügen und irre zu machen. Wie
die ärgſten Ketzer/die neuen Arianer o-
der Socinianer/(zu welchen der Jeſuit pag. 42. 90. uns wil geſellen/und
doch ſelbſt ihnen nach-artet/) auch den
Glauben immer rühmen/ doch allezeit
ihren bloſſen Gehorſam im Sinne verſtehen; Alſo wird hier der Chriſtliche
Leſer wohl mercken/daß der Jeſuit uber-
all nur von einem ſolchen Glauben her-
ſchwatzet/der nicht mehr in ſich begreifft/
als daß man bloßhin die Hiſtoria von
Chriſto weiß/und für wahr halt. Dieſer Glaube aber macht freylich vor ſich
(wo nicht das Special-Vertrauen dazu
kömt/) weder gerecht noch ſelig/ iſt bey
vielen Gottloſen und den Teuffeln ſelbſt
(welche vielleicht mehr von Chriſto warhafftig gläuben/als manche Jeſuiter in
ihren Hertzen/)zu finden/ und kan nimmermehr wahre Früchte der Buſſe bringen: wie ſolten denn wir Evangeliſchen
unſern Troſt darauf gründen? Hat demnach der Jeſuit hier des Haupt-Zwecks
gefehlet.   4. Wel-

4. Welches er doch/ mit allem Fleisse
thut/ damit er Andere von dem gemeinen
historischen Glauben/ nicht gerade zu/ auf
das gläubige Vertrauen und Zueignung
des Verdiensts Christi / wodurch wir
alleine (ohne zuthun eigener Wercke /
welche hernach / doch nothwendig / folgen /) einen gewissen freudigen Zutrit
zu Gott erlangen/ anfuhren wil/ sondern
vorbey und neben weg/ auf den Trub-
Sand eingebildeter Werck heiligkeit (so
den Päbstischen Glauben die Forme geben soll/) zu verleiten gedencket/ auf welchem ungewissen Grund dann nichts an-
ders/ als Ungewißheit und Zweiffel/ kan
gebauet werden. Nach diesem Vorbe-
richt wird allen seinen Einwürffen desto
kurtzer zu begegnen seyn.

5. Er beschuldigt (I.) Evangelische
Lehrer/ die er Ohren-Kratzer nen-
net/ daß die Evangelische Glaubens-Zu-
versicht nur Ihre ungegründete Ein-
schwatzung sey. (p.1.) Antwort. Von solchem blinden Gehorsam wissen wir unsers
Theils nichts/ wie im Pabstthum üblich/
sondern weisen die Zuhörer treulich in
die

die Schrifft/darinnen diesen Trost noch
kein Teuffel hat auskratzen können. Das
ausgestossene Schmäh = Wort/so Christum und die H. Apostel nothwendig mit
betreffen muß/ wird dermahleinst dem
Lästerer schwehre Rechenschafft bringen.

6. (II.) *Hieronymus* redet (Comment.
Os. IV.) nichts wider uns/(p.2.)sondern
nur von denen/welche sich einbilden/man
dürffte sich nur auf den wahren Glauben
mit Worten beruffen/ob man gleich seine Krafft verläugnet/und lebet/wie man
nur wil. Dergleichen Leute/ die das
lehren und thun/ sind wir nicht/ sondern
sprechen mit Paulo: Wie nun? sollen
wir sündigen/dieweil wir nicht unter dem Gesetze/ sondern unter der
Gnade sind? μὴ γένοιτο, das sey fer-
ne/ Rom. VI. 15. Denn wir wissen gar
wohl/und warnen iederman/daß wer sich
des Glaubens rühmet/und thut doch keine gute Wercke/ein Lügner sey/und keinen rechten Glauben habe/ Jac. II. 17.
seqq. Ob aber *Hieronymus* daselbst
nicht vielmehr die jenigen abmahle/wel-
che die Sünde des Volcks fressen/ und

durch

durch süsse Worte die Häuser der Witt-
wen/(welche/sie zu Erben einzusetzen/be-
redet werden/) bedencke der Jesuit da-
bey/und sehe sich in seinem Orden nach
dergleichen Gesellen umb/ so bey uns
nicht anzutreffen. Sonst gehet *Hiero-*
nymus in unserm Streit = Puncte die
Papisten gar nichts an/ sondern lehret
mit uns; Omnes qui credunt, sunt filii
Abrahæ, dum illis SOLA FIDES ad justitiam IMPUTATUR, (in Rom. IV.)
Alle Gläubigen sind Abrahams
Kinder/in dem ihnen NB allein der
Glaube zur Gerechtigkeit wird NB
zugerechn.t, Viel schöner beschreibet unsern Jesuiten und seines gleichen
Leo M. (Epist. 86. f. 154. 6.) Hoc sibi
totâ ARTE FALLENDI, nisi intelli-
gantur, excipiunt isti, ut Gratia Dei se-
cundùm merita dari accipientium sen-
tiatur. At nisi gratia detur, non est gratia, sed merces retributioq; meritorum,
dicente B. Apostolo, gratiâ salvi facti e-
stis per fidem, & hoc non ex vobis, sed
Dei donum est: non ex operibus, ne
quis forte glorietur, Das nehmen ihnen

nen dieſe Geſellen für/mit lauter NB
künſtlichen Betruge Andern beyzu-
bringen/ wo man ihre Liſt nicht
merckte/ daß man gläuben ſoll/ die
Gnade Gottes werde nach Verdienſt
gegeben. Alleine wo die Gnade nicht
unverdient gegeben wird/ ſo iſt es keine Gnade/ ſondern ein Lohn und
Wider-Vergeltung/ wie der h. A-
poſtel ſaget: Aus Gnaden ſeyd Ihr
ſelig worden durch den Glauben/ und
das nicht aus euch/ ſondern es iſt
Gottes Gabe/ nicht aus den Wer-
cken/ auf daß ſich nicht iemand
rühme.

17. (III.) Daß wir uns nicht allein auf
den Glauben/ ſondern vielmehr auf gute
Wercke ſollen verlaſſen (p. 2.)/ lehret
die h. Schrifft (die nirgends mit ſich
ſelbſt ſtritig)keines weges/iſt auch der h.
Väter Meinung nicht. Matth. XXV. 41.
ſeqq. Verdammet Chriſtus die jenigen/
die keine gute Wercke gethan haben (p.
3.): Daraus folget gar nicht/ daß die
guten Wercke ſelig machen. Wir
lehren eben alſo / daß alle / die nicht
gute

gute Wercke thun/verdammet werden/
weil daraus zu erkennen/daß sie keinen
seligmachenden Glauben haben : als
welcher ohne Früchte todt und kein wahrer Glaube ist. Drumb urtheilet der
allgemeine Richter aus den notorischen
Qualitäten und offenbahren Kennzei-
chen/und überzeuget damit die Gottlosen ihres Unglaubens : Gleichwie er auch
den Frommen/nachdem ihr Glaube aus
den Wercken sich erwiesen/das Himmelreich nicht umb Verdienst der Wercke
willen/sondern als Gottes Glaubens-
Kindern und Erben / Joh. I. 12. Rom.
VIII.17.(wie auch das richterliche Adju-
dications - Wort/κληρονομήσατε ererb-
bet/gnug beweiset/ Conf. *Bellarm. L. V.
Just. c. V.* da er das Erb-Recht dem
Verdienste entgegen setzet/) zutheilet.
Augustinus (L. de fide & oper.) spricht
gar recht: Ad vitam perveniri non potest per solam fidem, quæ sine operibus
mortua est, Man könne das ewige
Leben nicht erlangen durch den (vermeinten) Glauben/ der alleine und
ohne gute Wercke todt ist (p. 3.)·

Denn

Denn das ist falsch : Fides salvifica est absque B.O. Der seligmachende Glaube kan ohne gute Wercke seyn; Und muß dennoch dieses wahr bleiben: Fides est salvifica absque B. O. Der Glaube machet selig ohne Zuthun der guten Wercke. Denn es bleibet darbey/nicht dem/der mit den Wercken umbgehet/ sondern der gläubet/ wird sein Glaube(und zwar SOLA FIDES,allein der Glaube/ wie *Hieronymus* glossiret) gerechnet zur Gerechtigkeit/ Rom.IV.5.

8. (IV.) Matth.XX.8. soll der Lohn/ so den Arbeitern im Weinberge gegeben wird/das durch eigen Verdienst erlangte ewige Leben seyn. (p. 4.) Antwort : Lohn ist in H. Schrifft zweyerley/ Verdienst = und Gnaden-Lohn : Wie *S. Paulus* Rom. IV. 4. (man sehe nur den Text recht an/)selbst distingviret.   Dahero/was Matth. V. 46.Lohn heist/das heist Luc. VI. 32.χά-ϛις, Gnade.   Inmassen nach Art der Ebreischen Sprache/ שָׂכָר, Lohn/ eigentlich bedeutet / extremum operis, was auß Werck folget/es geschehe nun

nun umb Verdienſts willen / oder aus
unverdienter Zuſage oder bloſſer Gnade.
Weil nun der Letzte ſo viel bekomt als der
Erſte / wie die Parabel lautet / ſo iſts von
keinem Verdienſt-Lohn / ſo allwege nach
Proportion der Arbeit gereichet wird /
zu verſtehen. Aus Gnaden werden
wir ſelig / nicht aus den Wercken
Eph. II. 8. 9. noch umb der Wercke
willen / Tit. III. 5. &c. Uberdiß wenn
der Groſche allhier das ewige Leben
bedeutet / ſo ſage der Jeſuit / ob es denn
auch im Himmel murrende Neidhemmel
(als welche den Groſchen auch empfangen / v. 9.) geben werde. Einen ſolchen
Himmel / wo der Teuffels-Neid (Sap.
II. 24.) hingehöret / mag er vor ſich behalten. Wil er ja ein Tag-Löhner ſeyn /
und den Himmel auf der Welt / als einen
Lohn / mit Wercken verdienen / ſo ſehe er
nur zu / daß er nicht unter den jenigen ſey /
die ihren Lohn ſchon dahin haben /
Matth. VI. 2. Luc. XVI. 25.

9. (V.) Unſere Tage ſind freylich / wie
eines Tag-Löhners / Job. XIV. 6. (p.
4.) nemlich wegen der Mühe und Arbeit /

beit/ Pf. XC. 11. nicht aber wegen eines
Verdienst-Lohns.   Denn/ wenn wir
schon alles gethan hätten/ wären wir
doch unnütze Knechte/ Luc. XVII. 10.

10. (VI.) Der Spruch Rom. IV. 14.
wird (p. 4.) gantz unbesonnen angeführet/
wie §. 8 schon erinnert worden.   Denn
daraus schleust ja der Apostel: Nun aber
wird keinem Menschen in der Rechtfertigung der Lohn aus Schuldigkeit / sondern aus Gnaden zugerechnet; Darumb
wird kein Mensch durch die Wercke/ sondern durch den Glauben gerecht.

11. (VII.) *Augustinus* erweiset am allegir-
ten Orte (p. 5.) (L. de grat. & lib. arb. c.
VIII.) der Apostel hätte nicht sagen wol-
len/ Stipendium justitiæ est vita æterna,
daß das ewige Leben eine Besol-
dung der Gerechtigkeit sey / sondern
Gratia Dei, es wäre eine Gnade Got-
tes/ und dahero nicht aus den Wercken
Rom. XI. 6. Zwar der Tod ist der Sünden Sold/ aber die Gabe (χάρισμα
Gnaden-Gabe) Gottes ist das ewige
Leben in (durch den Glauben an) Christo Jesu unsern Herrn/ ç. VI. 23. Da-
wi   wi-

wider kein *Auguſtinus* , viel weniger *Aloyſius*, etwas zu ſprechen hat.

12. (IIX.) Rom. II. 6. ſeq. Gott wird einem ieglichen geben nach ſeinen Wercken. Daraus ſoll folgen; Man werde nicht ſelig durch den Glauben/ſondern aus Verdienſte der Wercke. (p. 5.) Wo bleibet aber der Beweiß/daß nach den Wercken/ſo viel ſey/als nach Verdienſt der Wercke / oder / umb der Wercke willen? Aliud eſt ſecundùm opera reddere, aliud ſecundùm merita operum, ſeu propter opera reddere, ſchreibet der von Jeſuiten oben geprieſene *Gregurius* (in Pſ. Pœnitent. VII.) Wenn dem Jeſuiten die Kappe nach der Ellen gemachet wird / iſt denn die Kappe durch die Schneider-Elle verdient worden? Thorheit! Nach den Wercken geben/heiſt/ wie eines ieden Wercke ſeyn werden/Apoc. XXII. II. Auf Gute wird Gutes aus Gnaden/auf Böſe Böſes aus Verdienſt folgen. Daß dabey ſtehet/das ewige Leben ſey zu ſuchen/mit Gedult in guten Wercken / bringet nochmahls kein Verdienſt

der

der Wercke mit sich/sondern nur die Be-
ständigkeit/(Permanentiam, wie das
Wort ἐπομενη Ar. Móntánus allhier
wol l gegeben/massen es dem Weg-
werffen des Vertrauens entgegen ste-
het/Ebr. X. 35. seq.) auf dem Wege der
Geboten Gottes/worinnen der wahre
Glaube alhier wandelt/Eph II.10. Denn
die guten Wercke sind (nach) Bernhardi
Worten/(Tr. de grat. & lib. arb. sob
fin.) viaRegni, non causa regnandi, der
Weg/darauf wir zum Himmelreich
gehen/nicht aber die Ursach/ dadurch wir den Himmel verdienen.
Dawider Augustinus (Serm. 28. de sanctis, wie der Jesuit allegiret,) nicht ist/son-
dern den todten Glauben / der ohne
Werck ist/(davon hier keine Frage/) ver-
wirfft/zumahl auch der wahre Glaube/
als ein Werck betrachtet/nicht verdienstlich ist: Zu dem/so wird nicht Beatitudo
essentialis, das selige Anschauen Got-
tes/so allen Auserwehlten gemein/und
ewig durch den Glauben erlanget wird/
Joh. XIX. 25. 27. 1. Pet. I. 19. sondern
nur accidentalis, die gewissen Grade

sondern

der Verklärung oder Ehren=Stuf=
fen/1. Cor. XV. 41. nach denen guten
Wercken gegeben/ Dan. XII. 3. Matth.
X. 42. Auch *Bellarminus* verstehet den
gleich=lautenden Ort/1 Cor. III. 8. von de=
nen ungleichen Stuffen der himlischen
Herrligkeit. (L. V. Just. C. III.) Hier ist a=
ber die Frage/wodurch man in den Him=
mel komme? und nicht/ weßwegen einer
mehr Ehre im Himmel haben werde/als
der andere? Dieses geschieht in Betrach=
tung der guten Wercke / jenes keines
weges.

13. (IX. *Jacobus*,c. II. 20. saget (p. 6. 7.)
nur/daß der Maul=Glaube/ der keine
gute Wercke wircket/kein rechter Glau=
be und todt sey. (Dergleichen auch *Au-*
gustinus spricht/in denen vom Jesuiten (p.
7.)angezogenen Worten:Si sic teneret fi-
dē Abraham,& diceret apud se ipsom,
NON FACIO,& tamen CREDO,quia
etiam me CONTEMNENTEM jussa
sua liberat DEUS,FIDES SINE OPE-
RIBUS MORTUA esset, Wenn auch
Abraham einen solchen Glauben
gehabt hätte/und nur bey sich ge=
spro=

sprochen./ NB. ich thue das Werck
nicht /iedoch glaube ich/ Gott wird
mich schon befreyen /ob ich gleich
seinen Befehl verachte/so wäre ein
NB solcher Glaube ohne Wercke
todt.) Daraus folget nicht/daß der wahre Glaube durch die Wercke selig mache.　Er sagt ferner/vers. 21. daß Abraham durch die Wercke gerecht wor-
den/aber/nicht vor Gott/ Rom. IV. 2.
sondern vor pen Menschen/wie aus dem
gantzen 2. Capitel Jacobi/sonderlich
v. 18. ertheilet. Und weil der Apostel Jacobus mit solchen Leuten redet/die schon
verstunden/wie und wodurch man vor
Gott gerecht würde/liessen es aber nicht
gegen ihren Nechsten im Wercke sehen/
da hingegen S. Paulus die jenigen/ so
die rechten Ursachen der Rechtfertigung
noch nicht innen hatten/ unterrichtet ; so
lasse doch der Jesuit die Epistel Jacobi
so lange liegen/und gehe zu förderst zu
Paulo in die Schule/der wird ihm sonderlich im 4. Cap. an die Römer/ Abrahams und unsere Rechtfertigung vor Gott/
durch den Glauben ohne die Wercke/
Sonnen-klar fürlegen.　14. So

14. So dann wird er(p.7.)beſſer verſtehen / daß auch (X.) Jacob daſelbſt verſ. 14. weder S. Paulo/noch uns/widerſpricht: So iemand ſaget/(ſich äuſſerlich rühmet/)er habe den Glauben/ und hat aber (deſſelben Zeugniſſe/) die Wercke nicht/kan ihn auch der (ein ſolcher) Glaube (ſo nur in bloſſen äuſſerlichen-Ruhm beſtehet/und nicht/ nach Art des wahren ſeligmachenden Glaubens/durch das Zeugnis der Wercke/gegen den Nechſten ſich gebührend erweiſet/) ſelig machen? In übrigen irret der Jeſuit/wenn er meinet/die Lutheraner verwerffen die Epiſtel Jacobi.   Was hätten wir vor Urſach/ indem Jacobus im geringſten nicht wider uns iſt?

15. In dem bißhero *P. Richard* mit etlichen Sprüchen/doch daß es weder gehauen noch geſtochen/umb ſich geworffen/bildet er ſich ein/er ſey ſchon gar Hahn im Korbe/und läſt ſich den unverſchämten Fürwitz dahin anſpornen/daß er(p.8. ſeqq.)einen hochgelehrten Theologum an einem fürnehmen Evangeliſchen Orte/

F   nicht

nicht unbegeiffert laſſen kan. Es hatte
(Salvo Tit. hon.) Herr D. Georg Leh-
mann/Hochverdienter Profeſſor Theo-
logiæ, Superintendens und Aſſeſſor des
Chur = und Hoch = Fürſtlichen Sächſi-
ſchen Conſiſtorii zu Leipzig/ꝛc. mein hochgeehrter Superior und Patron, in einer
Anno 1676. Herrn Friedrich Conrad
Jägern/gehaltenen Leich-Predigt/über
den Spruch S. Pauli/Rom. III. 24. 25.
ſeine Zuhörer gantz treulich/gründlich und
nervosè auf den in Noth und Tod kräfftigen Evangeliſchen Troſt des ſeligmachenden Glaubens gewieſen. Dem un-
terfängt ſich der Pragiſche Jeſuit entgegen zu treten/ und ſolches/ als einen fal-
ſchen/betrüglichen/greulichen/ſchäd-
lichen und hölliſchen Troſt/(p. 9. 11.)
umbzuſtoſſen/mit ſo grober Unbeſcheiden-
heit/daß er ſchreiben darff: Der irrende
D. Lehmann (p. 9.) hat ſchändlich
und unbeſonnen wider die Lehre
Chriſti/((p. 10.) ſeiner Zuhörer Ohren gekratzet und gekützelt/(p. 65.)
und es ihnen durch ein betrügliches
Horn eingeblaſen. (p. 96.) Er thut
falſch

falsch und lügenhafft die Catholischen bezüchtigen. (p. 57.) Wer hat
diesem Doctori also befohlen zu lügen? er muß ein grosser Jdiot seyn/
(p. 58.)&c. Ob nun ein solch ungewa-
schen Schand-Maul nicht ein härter
Tractament, als man Jhm widerfahren lässet/verdienet habe/stelle ich in des
discreten Lesers Ausspruch.

16. Indessen ehe wir seine anderweitige Argumenta anhören/ist dieser Inci-
dent - Punct kürtzlich zu erörtern: Ob P.
Richard zu Prag nicht ein grosser Ertz-
Jdiot und Bacchant / auch dahero
nicht werth sey/daß ein fürnehmer
Theologus ihm ein Wörtlein antworte? Er rufft selbst aus (p. 9.):
Ah hier bitte ich einen iedweden ver-
nünfftigen Menschen/ daß er doch
wolle die Augen aufthun ! Nun so
sehe doch ein ieder mit offenen Augen an/
wie dieser Jesuit/ in zweyen gar gemel-
nen Griechischen Wörtlein/deren keines
über zwo oder drey Sylben lang/welche
in Herrn D. Lehmanns Leichen-Pre-
digt ihm vor der Nase stunden/und er

F 2   hat

hat viermahl nur nach mahlen wollen/
zum wenigſten funffzehen Ertz-Bac-
chantiſche Schnitzer gemachet/ indem
er ſchreibet: διὰ πίστεως, διὰ πίσιν, p. 9.
und widerumb/ διὰ πίστεως, διὰ πίσιν,
p. 12. Daß es keine Druck-Fehler ſeyn/
iſt aus dem hinden angefügten Verzeich-
nis der NB. mercklichen Fehler zu beweiſen / worinnen geringe unnöthige
Dinge gezeichnet/dieſe ſo offt widerhol-
te vitia aber nicht angegeben werden/und
alſo vom Autore nicht gemercket worden : Drumb laſſe er ſich doch die Augen
aufthun/ und ſehe/ ob nicht die funffzehen groben Schnitzer durch richtigen
Calculum heraus kommen.

Zahl der Schnitzer.

διὰ $\left\{\vphantom{\begin{array}{l}a\\b\\c\\d\\e\end{array}}\right.$	(1) Accent. gravis pro a-cuto, ex hypoth. quòd penultima tonum habeat. (2) Paroxytonon pro Oxytono.	$\left.\vphantom{\begin{array}{l}a\\b\\c\\d\\e\end{array}}\right\}$ p. 9.-2.

Item/

Item / noch zweymahl / p. 9. 12. - - 4.

$$\kappa\alpha\left\{\begin{array}{l}\text{(1) Grav. pro Acuto, ex}\\\text{hypth.}\\\text{(2)Parox. pro Oxytono.}\\\text{(3) Asperata pro me-}\\\text{diâ.}\end{array}\right\}\text{p.12.3.}$$

πιον (1) Simplex σ', pro duplici ς.

Zweymahl / p. 9. 12. - - - - - 2.

$$\pi\iota\sigma\omega\sigma\left\{\begin{array}{l}\text{(1)In medio simpl. σ.}\\\text{pro dupl. ς. me-}\\\text{diano.}\\\text{(2)In fine σ pro ς fi-}\\\text{nali, more nunc}\\\text{recepto.}\end{array}\right\}\text{p. 9, 2.}$$

Item / noch einmahl / p. 12. - - - 2.

Summa derer Schnitzer / 15.

17. Da tretet nun her / Bozi, Eugubi-
ne, Gretser, Tanner und andere Groß-
Sprecher / die Ihr unsere Lehrer in Kirchen / hohen und nidrigen Schulen /
der Unerfahrenheit in Sprachen und
Grund = Stücken der Gelehrsamkeit beschuldiget / euren Jesuiten aber alle Ge-

O 1   schick-

ſchickligkeit alleine zuſchreibet: Kommet/
und laſt mir dieſen bardum Richardum
mit funffzehen Pedantereyen in
zweyen Griechiſchen Wörtlein paſ-
ſiren! Unſern Schul = Jungen wůrde
bey Aufweiſung ſolcher Dinge/die Exe-
cution des Finger-Klopffens/ohne langen Proceſs, ſtracks widerfahren. Ihr
redlichen Lutheraner aber/merckt den
Betrug an dieſer Probe/ob eure Kinder
in Jeſuiter-Schulen gründlich unterrichtet werden: Iſt denn keine Salbe
in Gilead/Jerem. IIX. 22. daß man zu
ſolchen Quackſalbern/ die zugleich mit
Seelen = Giffte anſtecken/ (nach *Thuani*
oben berührten Carmine,)lauffen müſſe?
Ein ſolcher Beanus Beanorum darff in
die Welt ſchreiben/ es ſtünden in des
Herrn Superint. zu Leipzig Predigt dieſe
geradbrechten Griechiſchen Worte/ die
er auch repetiret,und noch dazu exagiti-
ret, διὰ πίστως hin διὰ πίστιν her! Wer
ſolte nicht meinen/ der die Predigt nicht
geſehen/man hätte zu Leipzig nicht beſſer
Griechiſch gelernet? So aber vielleicht in
der Pragiſchen Jeſuiter Bibliothec ſo ra-

re Manuſcripta vom Griechiſchen Teſta-
mente/mit ſolchen unerhörten und noch
gantz unbekanten variis Lectionibus,
verwahrlich vorhanden/möchten ſie doch
ſelbe der gelehrten Welt nicht länger ver-
halten/welches man in den Leipzigſchen
Actis Eruditorum, doch der Gebühr
nach/würde zu rühmen wiſſen. Immit-
telſt verwundere man ſich über die Jeſuitiſche Vermeſſenheit/daß ein ſolcher Idiot/
in der Grund-Sprache Neues Teſta-
ments/wie mus in pice, fortkömt/und im
Beweiße des Alten Teſtaments wider
den Ebreiſchen Text (Cap. II. §. 10.) heßlich anlaufft/noch gleichwohl anderswo
(p. 98.) den Griechiſchen Text vor
ſich allegiren, etliche verkehrte Buchſta-
ben den Unwiſſenden fürmahlen / die
Græcismos, die er nicht einmahl ſchreiben kan/examiniren, Theologiſche Con-
troverſien nach dem Grunde Heiliger
Schrifft tractiren, und noch gar einen
Hochgelehrten und in Grund-Sprachen beſt-erfahrnen Theologum hierinnen vernichten wil. Ein ſolcher Geſell/
der aus dem heiligen und nicht ohne An-

F 4   dacht

dacht zubetrachtenden Original-Texte
nicht beſſer aufkommen kan/als mit ſeinem ungeſchickten δ'ια πιϲεωϲ hin. Ϟα
πιϲιν her! der wäre am tüchtigſten/ei-
ne Böhmiſche Compagnie zu comman-
diren, wo die gebräuchlichſte Ordre iſt/
Bergle hin/Sützle her! Sed ad rem!

18. Es beweiſet hochernannter Herr
D. Lehmann in allegirter Predigt/den
allein gerecht-und ſeligmachenden Glau-
ben/ (ohne Zuthun der Wercke/) neben
andern feſten Gründen/aus der Apoſtoliſchen Redens-Art/daß S. Paulus in
ſeiner Sprache nicht ſaget/ Δ̕α πιϲιν,
wegen des Glaubens/ neuͤlich wegen
ſeiner (oder andern Tugenden und
Wercke) Würde und Verdienſts; ſondern vielmehr Δ̕α πιϲεωϲ, durch den
Glauben/als durch das Organon und
Mittel unſerſeits / womit wir/ als durch
die geiſtliche Hand/ Chriſti Verdienſt
und Gerechtigkeit / in denen Evangeliſchen Gnaden-Verheiſſungen/ergreiffen.
Maſſen eben dieſe Phraſin,in vorhergehenden v. 22. der alte Syriſche Interpres
nach ſeiner Art/ (wann das Werckzeug

zu beschreiben/) es gar schön gegeben/

ܡܫܝܚܐ ܗ݇ܘ ܒܝܕ ܗܝܡܢܘܬܐ

mit der Hand des Glaubens. Das
sind aber dem Jesuiten befrembdliche
neue Wunder=Dinge/ (p. 10.) und kan
er diesen Spruch gar nicht in seinen Kopf
bringen: Aber/ (damit ich anderer alten
Ausleger Beystimmung übergehe/) er
lasse sich doch des Italiäners *Gio. Fran-
cesco Verginio Bresciano* Buch/ so er an
die Hertzogin von Ferrara, *Renatam,* ge-
schrieben/von Venedig/da es Anno 1555.
in öffentlichen Druck kommen/mitbrin-
gen/und lese desselben *Autoris* Auslegung
über diesen Text/Rom. III. 25. da er unter andern auf gut Evangelisch schreibet:
Io ho vi fatto chiaramente vedere, che
non *per la osservatione della legge , ma*
SOLA PER LA FIDUCIA nei meriti
di Giesu Christo, potete giustificarvi
presso à Dio, e salvarvi, Ich hab euchs
klar gezeiget/ daß ihr nicht durch
Haltung des Gesetzes/sondern NB
allein durch das Vertrauen auf das
Verdienst Jesu Christi könnet bey

§ 5   Gott

Gott gerecht und ſelig werden.
Was bringet nun unſer Werck-Heiliger
wider Herrn D. Lehmann vor Einwürffe? So kahle/ daß es wenige Antwort brauchet.

19. (XI.) Matth. VII. 22. Nicht
alle/die ſagen/Herr/Herr/werden in
Himmel kommen / ſondern die den
Willen thun des Vaters.(p.9.) Antwort. Freylich liegts nicht am Sagen/
ohne Thun. Wer nur mit dem Heu-
chel-Munde ſaget/Herr/Herr! im Hertzen aber dencket/ Harr / Harr ! Eſa.
XXVIII, 10. der hat keinen wahren noch
ſeligmachenden Glauben. Der Wille Gottes iſt zwar vor ſich und nach
dem Geſetze/unſere Heiligung und U-
bung in guten Wercken/ 1. Theſſ. IV. 3.
Aber ſein Göttlicher Wille zu unſer.
Seligkeit / iſt / nach dem Evangelio/
daß/wer den Sohn ſiehet/und gläubet an Ihn/habe das ewige Leben/
durch den Glauben in ſeinem Nahmen. Joh. VI. 40. XX. 31.

20. (XII.) Luc. XII. 46. Der
Knecht / der ſeines Herrn Willen
weiß/

weiß/ und thut ihn nicht/ wird viel
Streiche leiden. (p. 10.) Wie anders?
Daraus folget aber nicht/ daß der Glaube uns unserer Rechtfertigung und Seligkeit nicht könne versichern. Ein böser
Knecht wird gestrafft: Ergò macht der
Glaube nicht selig und getrost. O Jesuitische Alberkeit! Ist eben/ als wolte ich
sagen: Die Gottlosen werden verdamt/
darum werden die Gerechten nicht selig.

21. (XIII.) Es folgen daraus schäd-
liche Consequentzen/ als Lust zu sün-
digen/ Verachtung der Gebothe
Gottes/ ja Verzweifflung solche zu
halten/ ohne Furcht GOTTES/ in
Lastern leben/ und allein auf den
Glauben sich verlassen. (p. 11.)
Gesetzt/ es geschehe/ zufälliger Weise/
aus Schuld der Lehrer oder Zuhörer/
was hat man deßwegen unsere Lehre/
und deren rechten Gebrauch/ zu lästern? Wie können aus dem Evangelischen Glaubens-Trost solche Untugen-
den erwachsen/ da wir doch aus Gottes Worte/ iederman fürhalten/ daß die-
jenigen/ die keine gute Wercke thun/

　　　　　son-

ſondern im fürſaͤtzlichen Suͤnden leben/
verdammt werden / und den ſeligmachenden Glauben alsdenn nicht haben:
Und daß hingegen die (von Gott befohlenen) guten Wercke allerdings noͤ-
thig ſeyn. Aber nicht die Seligkeit
damit zu verdienen; Sondern umb vieler
hochwichtigen Urſachen willen/nehmlich/
daß wir Gott gehorchen/ 1. Theſſ. IV. 13.
ſeqq. und Ihn dadurch preiſen/ Matth.
V. 16. 1. Pet. II. 12. III. 15. Eph. I. 4. 6. 12.
den Nechſten lieben / Matth. XXII. 39.
2. Theſſ. I. 3. ihn nicht aͤrgern/ 1. Cor.
X. 32. Die Boͤſen und unſere Wiederſa-
cher ſchamroth machen/ Tit. II. 8. 1. Pet.
II. 12. III. 16. unſere Rechtfertigung aͤuſ-
ſerlich erweiſen/ Jac. II. 18. Matth. V. 16.
(weil die guten Wercke nicht vor der
Rechtfertigung hergehen / ſondern auf
ſelbe folgen/ wie *Auguſtinus* ſpricht / de
Fid. & oper. c. XIV. allwo er die boͤſe
Conſequenz aus des Apoſtels Lehre zugleich verwirfft/ non hoc agit, ut perce-
ptâ ac profeſsâ fide opera juſtitiæ con-
temnantur,) unſern Beruff und Erwehl-
lung/ wie oben erwehnet/ à poſteriori gewiß

wiß machen/ 2. Pet. I. 10. 11. 1. Joh. III. 14.
seqq. und daß wir den H. Geist nicht be-
trüben/ Eph. IV. 30. ja daß wir nicht verdammt werden/ Deut. XXVII. 26. Gal. III.
10. Rom. VI. ult. Nur allein/ daß wir mit
unsern Wercken und ihren Verdienste/
nicht vor die Gnaden = und Himmels=
Thüre treten/ allwo sich allzustarcke Oppositiones finden: Denn es werden diß=
falls durchgehends in H. Schrifft die
Wercke entgegen gesetzt der Gnade/
Dan. IX. 18. Rom. IX. 16. Tit. III. 5. Dem
Evangelio/ so vom Gesetze unterschieden/
Rom. III. 20. seq. Gal. II. ult. dem Glau=
ben/ Rom. III. 38. Gal. II. 16. der Gerech=
tigkeit Christi/ Rom. X. 4. Phil. III. 9.
und dem Zwecke der Rechtfertigung/
Eph. II. 8. Gal. V. 4. seq. Der Jesuit hät=
te aber hier zuvor in seinen Busen riechen/
und wohl behertzigen mögen/ was aus sei=
ner Päbstischen Zweiffels=Lehre und un=
gewissen Werck=Tand vor unsäglicher
Seelen = Jammer/ Unglaube/ falscher
Gottesdienst/ geistliche Blindheit/ heu=
chel = Wesen/ Unchristenthumb/ Unruhe
des murrenden und zagenden Gewissens/

F 7　　　　auch

auch gar ein Ende mit Schrecken/noth-
wendig entſtehe.

22. (XIV.) *Heinricus VIII.* Rönig in
Engeland bezeuget es in ſeinem
Schreiben Anno 1523. an Churfürſt
Friedrichen und Herrn Johann zu
Sachſen/Gebrüdern: LuthersLeh-
re ſey ſo böß/daß der Teuffel nie
keine ſchändlichere auf Erden gebracht. Da haben die Lutheraner
ihres Glaubens Lob und Ruhm.
(p. 11. 12.|) Antwort: Daß es Rönig
Heintz und der Jeſuiter-Mönch zu Prag
ſagen/iſt nicht genug.   Beweiſe es/und
widerlege/wenn du kanſt/das Büchlein
Lutheri: Wider das Pabſtthum zu
Rom vom Teuffel geſtifftet. (Tom.
VIII. Altenb. f.418. ſeqq.) Deſſen Be-
ſchluß lautet: Die Teuffliſche Päbſte-
rey iſt das letzte Unglück auf Erden/
und das nechſte/ſo alle Teuffel thun
können mit alle ihrer Macht.   Da
haben die Papiſten ihr Lob und Ruhm.

23. (XV.) Der Spruch *Auguſtini:*
(ſuper Pſ. XXXI. (Si bona opera non
habuero &c. (p.12.) gehet uns nicht an.

Der Jesuit bringe Beweiß/daß wir also
lehren. Ein anders ist/keine Wercke haben ; ein anders / durch keine gute
Wercke selig werden. Das berste-
het P. *Richard* nicht/so wenig er das Biß-
gen Griechisch Διὰ πίςεως verstehet. Ich
muß ihm aber doch noch eine andere
Sententz aus den berühmten Griechischen Kirchen-Vater *Chrysostomo* fürgeben : Ταῦτα ὑμῶν ἐπὶ συνεπικὰ τῆς
σωτηρίας, ὐδαμῦ ἀπὸ ἔργων, ὐδαμῦ
ἀπὸ κατορθωμάτων, ἀλλὰ NB Διὰ πίςεως (nicht / διὰ πίσεως,) ἀληθείας,
(Homil. IV. in poster. ad Thessal.) Darauf beruhet unsere Seligkeit / nirgends auf den Wercken / nirgends
auf Wohlthun / sondern durch den
wahren Glauben.

23. Itzt laufft der Jesuit gleichsam in
Wüterey fort/und zwacket (p. 13.) Herrn
M. Friemeeln in Breßlau an/von dem
es Ihm verdreust/daß er in einer Ab-
danckungs-Rede die purlautere Warheit geredet : Daß man im Pabstthum alles durch Werck oder Ver-
diensten erlangen wolle. Er wil
uns

uns aber bereden/daß die Papisten den
Glauben nicht verachten/sondern es
zugeben/daß an den Glauben NB das
meiste gelegen. (p. 14.) Welches bey-
des/mit Ehren zu melden/eine Jesuitische Warheit ist. Mit was vor Päbstischen Gewissen/kan er doch besahen/an
dem Glauben sey das meiste gelegen?
Denn man lehret ja ihrerseits/daß der
Glaube in seiner Unform nur der Anfang unter den sieben Vorbereitungen
zur Gerechtmachung sey/und wenn denselben endlich die Liebe förmlich gema-
chet/so heists/à formâ capitur perfectio
& denominatio, (*Alfonſ. à Caſtro*, C. VII.
adv. hæreſes, hær. 2.) Daß also/nach der
Päbstler eigentlichen Meinung/nun das
meiste nicht am Glauben/sondern an der
Liebe gelegen.

25. Und was wird doch im Pabstthum
mehr verachtet/als der liebe seligmachende Glaube? Man beraubet denselben erstlich von oben/der Fiduciæ oder
Zuversicht auf Christum und sein heiliges Verdienst/und dann von unten/der
deutlichen Wissenschafft/so bleibet seine
Ge-

Gestalt(der eingewickelte Beyfall)nicht
so gut/als bey den Teuffeln und Gottlosen.(Denn die ärgsten Schelme und Diebe können im Pabstthum eben so wohl
gläubig seyn/*Concil. Trid.* Sess. VI. cap.
XV.) Dieses Glaubens Bild und Muster soll jener Köhler auf der Brücken zu
Prag gewesen seyn/der einem Doctor ge-
antwortet/Er glaube/was die Kirche
glaubet: (Vid. *Luther.* T. 6. Altenb. f.
114. b.) Daher der berühmte Köhler-
Glaube in Beruff kommen. Ferner stöst
man den Glauben nicht nur aus der Bus-
se/dero Seele er doch gleichsam ist/sondern
auch vom Gebrauche der H. Sacramen-
te/als welche ex opere operato, sine bo-
no motu utentis, ohne gläubige Andacht
sollen fruchtbarlich zu geniessen seyn. Man
tritt den wahren Glauben unter die Füs-
se/und muß (von dem Wörtlein SOLA)
nur ein Solen-Glauben heissen. Man
kratzt sein Gedächtnis aus/durch die In-
dices Expurgatorios. (Cap. I. §. 5.)
Man macht gar ein Non - ens daraus/
massen in der Schrifft der Päbstische
Glaube nicht befindlich. Ja noch geringer;

ger: Denn χείρων ἡ κακοπιϛία τῆς ἀπι-
ϛίας, ſpricht *Epiphanius*, (in Orat. Ancor.)
Ein böſer Glaube iſt ärger/als kein
Glaube. Dagegen hebet man/ dem
wahren Glauben zum Schimpffe/die guten Wercke empor/und zwar nicht ſo
wohl was Gottes Geboth iſt/ſo ſie doch
unrecht auslegen/als was im Evangelio
nur ſoll gerathen ſeyn/was die Kirche
ſetzet/und was man aus eigener Andacht
ſich erwehlet/ob gleich Chriſtus rufft:
Vergeblich dienen ſie mir mit nichts
als Menſchen = Geboth / Matth. XV.
9. Und GOtt der HErr beym Propheten (welches ſich unſer Jeſuit wohl
möchte in ſein Stammbuch ſchreiben):
Wer fordert ſolches von euren Händen? Eſ. I. 12. Gleichwohl ſoll darinnen
noch die Vollkommenheit ſtecken: Womit
der perfecte Phariſeer mit ſeinem Trebel-
marckt/ Luc. XVIII. 11. ſich auf führet.

26. Der Jeſuit meinet aber/er habe
ſich tapffer verantwortet/wenn er nur mit
etwas beſcheinige/ daß die guten Wercke/
nach Päbſtiſcher Lehre/ nicht ohne dem

Glauben seyn/doch daß jenen der Ruhm
bleibe: Denn (XVI.) I.Cor.XIII.13. Es
bleiben Glaub / Hoffnung / Liebe/
diese drey: Aber die Liebe ist die
grösseste unter ihnen. (p. 14.) Antwort. Ein Päbstler hat nicht S. Pauli
Glauben/und demnach auch keine rechte
Liebe/so des wahren Glaubens Frucht
ist. Der Apostel saget nicht/daß die Liebe
neben dem Glauben gerecht mache/(deñ
die Liebe ist aus dem Gesetze/ Rom.XIII.
10. Die Rechtfertigung aber nicht aus
dem Gesetze / c. III. 21.) sondern sie heist
darumb die gröste / weil sie alleine im
ewigen Leben bleibet. *Bellarminus* (L. I.
Justif. c. VIII.) verstehet hier nur Fidem
miraculorum , den Wunder-Glau-
ben/dadurch man nehmlich Berge versetzen könne. Der Jesuit sage nun/ wie
er hier damit wider unsern seligmachenden Glauben wolle aufkommen?

27. (XVII.) *Augustinus* (præf. in
Ps. XXXI.) spricht gar recht/ daß die
scheinbarlich guten Wercke/die ohne und vor den Glauben gethan
werden/ keine gute Wercke zu nennen

nen seyn. (p. 14.) Daraus folget gar
nicht/ daß die guten Wercke/ so mit/
aus und nach dem Glauben geschehen/
sollen gerecht und selig machen. Hingegen ist sehr wohl daraus zu schliessen : Der Papisten scheinbare guten
Wercke geschehen vor (wie sie von
Allmosen und andern /wider *Augustini*
Vermahnung / rühmen /) und ohne
Glauben (weil sie/ erwiesener massen/
keinen wahren Glauben haben); Darumb sind der Papisten Wercke keine gute Wercke zu nennen.

28. (XVIII.) Daß die Papisten den
Glauben vor die Wurtzel der Rechtfertigung und guter Wercke halten/ (p. 15.)
ist sehr weit gesuchet/ und weil sie demselben die gerecht = und seligmachende
Krafft formaliter benehmen/ kein Trost
Darinnen zu finden.

29. (XIX.) Der Spruch Matth. XIX.
17. (p. 15.) ist droben (Cap. II. §. 25.) beantwortet. Dem Jüngling und Allen/ so
aus dem Gesetze wollen selig werden/
ist nöthig/ aber nach den Falle nicht mö-
glich/ die Gebothe zuhalten. Wenn aber
Durc

dort der Kercker-Meister auf gut Evangelisch wil selig werden/so sagten Paulus
und Silas : Glaube an den Herrn
Jesum/so wirst du selig/Act. XVI.
v. 30.

30. (XX.) Die Evangelischen (sagt
endlich der Jesuit) thun wider ihren eignen Nahmen/daß sie sich des Evangelii
und Lehre Christi rühmen/und doch am
meisten darwider handeln. (p. 16.)
Antwort: Ist eine höhnische/unerwie-
sene und Grund-falsche Beschuldigung:
Wir schämen uns des Evangelii
nicht/so da ist eine Krafft Gottes
selig zu machen/die daran gläuben/
Rom. I. 16. Welches ewige Evange-
lium/ Lutherus durch den Kirchen-
Himmel wider ausgebreitet / Apoc.
XIV. 6. Die Engel erfreuen sich die Evangelische Lehre zu verkündigen/Luc.
II. 10. (εὐαγγελίζομαι,) wie hingegen allen Teuffeln dieser Nahme verdrießlich.
Der Geist/der die gottlosen Jüden rei-
tzet/daß sie das heilige Evangelium/ wider
bessers Wissen/ (denn ihnen nicht unbe-
kant/daß es בשורה טובה, eine gute

te Bothſchafft heiſſe/)verkehrter Weiſe
אך בליון, Avengiljon, oder עון בליון
Avongiljoñ, die Boßheits = Offen=
bahrung nennen. (*Buxt.* L. T. col. 8.
42.); derſelbe Geiſt hat auch Zweiffels=
frey den Jeſuiten regieret/ daß er alsbald
aufin Titel=Blat unſern Evangeliſchen
Nahmen/ der uns mit allem Rechte auch
im Käyſerlichen Cammer = Gerichte zu=
kommt/ aus Jeſuitiſcher Läſter = Sucht/
verſtümelt/ und dafür zweymahl Evan=
geliſche geſchrieben. Soll es aber gel=
ten/ in die Nahmen/ wo man wil/ das w
einzurücken/ und nach Jeſuitiſcher Recht=
Schreibung/ ein weich d oder hart ϑ,
(p. 12.) nach Belieben zu ſchreiben / ſo
werden Krafft deſſen/ hinführo die Her=
ren Jeſuiter vor recht und billig erken=
nen müſſen/ daß man ſie gleichfalls/(wie
ſie auch ins gemein genennet werden/ und
in der That ſich erweiſen) Jeſuwider
ſchreiben möge. Daß aber wir Evan=
geliſche dem Evangelio zu wider
handeln / glaubet man keinem Jeſuiten
ohne beſtändigen Beweiße. Lieber! was
kan mehr Evangeliſch ſeyn/ als ohne ver=

dienstliche Werck = Heiligkeit GOttes
Gnade suchen? Worinnen das Gesetz
und Evangelium einander gerade ent=
gegen stehen. Der Jesuit glaube doch
seines offt = belobten *Augustini* Worten:
(ad Simplic. L. I. q. 2. ſ. 444.) Gratia
EVANGELICA eo ipſo, quòd talis eſt,
operibus non debetur, Die NB. Ev=
angeliſche Gnade gebühret denen
Wercken nicht/eben deßwegen/weil
ſie Evangeliſch iſt. Noch eines hat
der Pragiſche Jeſuit wohl zu bedencken/
was (Tit.) Herr D. *Val. Alberti*, P. P.
zu Leipzig/mein Hochzuehrender Patron,
wider den albern Hiſtoricum , *Flor. de
Remond*, dem ein Jeſuit die Feder ge=
führet/und die Groß = Glogauiſchen Je=
ſuiten Anno 1676. wider aufgewärmet/
erinnert(Gründl. Gutacht. p. 146. ſeq.):
daß die falſchen Apoſtel/zu Simonis
des Zauberers Zeiten/die erſten gewe=
ſen/welche nicht zulaſſen wolten/daß der
Glaube allein gerecht und ſelig machen
ſolte / Act. XV. 1. ſeqq. Gal. IV. 9.
ſq. &c. Iſt alſo nun behauptet/daß der
wahre Glaube rechten Troſt und Siche=
run

rung der Seligkeit giebet / der Jesuit
aber wider die heilige Schrifft / aus einem falschen Trost/uns den zubrechlichen
Pharisæischen Rohr-Stab in die Hand
habe geben wollen.

Das IV. Capitel/
Vom andern Trost / der
Schrifftmäßigen Religion.

§. I.

Daß ein ieder in seinem Glauben
könne selig werden/wie P. Richard den Inhalt dieses Trosts formiret,
wird von rechtschaffenen Lutheranern
vor keinen Trost angenommen. Er lese
der Unserigen Bücher/da sie wider solchen Allermanns-Glauben und Syn-
cretistische Phantasey gründlich geschrieben. Warumb giebt er denn solches vor
einen Evangelischen Trost mit an?

2. Dergleichen falsche Einbildung an
vielen seinen Brüdern und genannten
Catholischen(p.17.18.19.)zu straffen/läst
man ihm gerne zu; Die angeflickte Jesuitische Consequentz aber taug im Grunde nichts/daß er also schleust: Ein Päbsti-

cher Ehmann / und seine Evangelische
Frau und Kinder / können nicht zugleich
beiderseits selig werden / Ergò soll jener
diese nöthigen und zwingen / ihre Religion zu verläugnen / ungeachtet in den
Eh-Pacten ein anders versprochen und
geschworen werden. Fragt man / wie
das folget? So hätte gar leicht können
geantwortet werden / aus der bekanten
und wider alles Göttliche und Völcker-
Recht offt practicirte Päbstische Maxim:
Hæretico non est servanda fides, Man
soll denen Ketzern nicht Glauben
halten. Allein die Jesuiter wollen nicht
so plump seyn / und treiben in ihren Schulen die hochberühmte Lehre der Æquivo-
cationum & Reservationum mentáli-
um, daß man mit gutem (ach!) vielmehr In-
nern-)Gewissen eine Sache könne bejahen / und eydlich betheuren / und doch / ver-
mittelst zweydeutiger Reden und Sinn-
Behaltung / ein anders im Hertzen den-
ken und hernach thun. Also soll ein Papist
ein ehlich Versprechen nicht anders lei-
sten / als mit dem Vorbehalt / woferne es
NB. nach Päbstischer Meinung / seinem

G Wei-

Weibe und Kindern zuträglich wäre.
Denn (p. 17.) du sollt deinen Näch-
sten lieben / als dich selbst / Matth.
XXII.40. das ist/ zur Päbstischen Religion
zwingen. So wils der Ehrwürdige Herr
Pc Richard haben. Sind auch solche Gesellen werth / daß sie unter ehrlichen auf-
richtigen Bieder-Leuthen (die entweder
ihr Wort halten/ oder/ was sie nicht halten wollen oder können / zuvorher nicht
zusagen/) gedultet werden?

3. Nachdem nun P. Richard seinen
Zorn über Eheleute ungleicher Religion
außgelassen/ und zwischen ihnen den Saamen der Zwietracht sträuen wollen/ fängt
er an von der Schrifftmäßigen Glau-
bens-Einigkeit zu schwatzen. Und ist
freylich diß die einige wahre Religion
und Glaube / Eph. IV. 5. so der Heil.
Schrifft gemäß ist/ welche sonst auf-
hörte eine Regel des Glaubens zu-
seyn. (p. 20.) Ist unnöthig/ wider eigen-
sinnige Köpffe/ die sich in Glaubens-Sachen der H. Schrifft nicht unterwerffen
wollen/ aus 1. Tim. VI. 21. Ebr. XI. 1. Sirac.
III. 25. und Augustino, fernern Beweiß
(En-

(Ep. 21.) zuſammen zuſuchen. Nun
kommen wir zur Haupt-Frage / ob die
Lutheriſche Religion dieſer einzi-
ge Glaube ſey: ſo der H. Schrifft gemäß iſt? Wir ſprechen / ja: Und ſuchen darinnen eben einen ſtarcken Troſt-
Grund / weil wir durch Troſt der
Schrifft Hoffnung haben ſollen /
Rom. XV. 4. Und dieſes feſte Wort /
1. Pet. I. 16. und Grund / Eph. II. 20. läſt
uns nicht wancken noch zweiffeln. Gegentheil erkeñet ſich obligat, mit folgenden Einwenden zu erweiſen / daß die
Päbſtiſche Religion alleine (nicht a-
ber die Lutheriſche) Schrifftmäßig
ſey. (p. 22.)

4. (I.) Wo die Einigkeit in Auslegung
der ſchrifft iſt / da iſt die wahre Religion:
Dieſelbe iſt aber nicht bey den Lutheranern / da man unter Hunderten nicht
zweene in Glaubens-Sachen einſtimmend
finde; Sondern bey der Päbſtiſchen
Kirchen / da ſey ein Hertz uñ eine Seele / Act. IV. 32. denn ſie haben einen Richter in Auslegung der Schrifft / ſonſt könte auch die Einigkeit nicht beſtehen. (p. 23.

24.) **Antwort.** Admiranda cánit, sed vix credenda, Suita. Woher wiſſen es doch die Jeſuiten/ daß die **Lutheraner** hundert-fältige Secten unter ſich hegen? Ein anders bezeugen unſere öffentlichen Bekäntnüſſe und Kirchen-Bücher/ da wider unter uns kein Streit gehöret/ ſondern einmüthig darnach gelehret wird/ ũ ſind wir im Worte und Sinne Chriſti einiger/ als denen Papiſten lieb iſt.

5. Die Päbſtler aber gehet der Ruhm der erſten Apoſtoliſchen Kirchen nichts an/ weil חומץ בן יין, aus dem beſten Wein der ſchlimſte Eßig worden. Was vor Uneinigkeit nicht nur in Studir-Sachen/ (wie der Jeſuit p. 24. wider ſein Gewiſſen/ denen Unwiſſenden wil weiß machen) ſondern in nöthigen Glaubens-Artickeln/ unter den Päbſtlern ſey/ und wie läſterlich das auf Schrauben geſtelte Trientiſche *Oraculum* hin und her gezerret werde/ iſt von unſern Theologis vielfältig an den Tag geleget/ bevorab was *D. Hunnius* (in Pelle ovina, à §. 119. f. 115. ſeqq.) wider ſolche gerühmte Einigkeit unwidertreiblich geſchrieben/ Das

ſtoſſe

stoße der Jesuit um/ hat er Lust/ eines zu
wagen. Man sihet ja im Pabstum so
viel Pfaffen/ so viel Kutten/ Kappen und
Blatten/ und wil immer ein Orden bes=
ser/ und näher zum Himmel seyn/ als der
andere. Es haben wohl ehe die Sperlinge wider die untreuen Schwal-
ben/ und diese wieder die Galgen-die-
bische Sperlinge geprediget. Der Jesuit wird nach seiner hohen Nasen wohl
riechen/ was das gesagt sey. Er greiffe in
einen Bosen/ und lese/ wie schön seine Lo-
joliten durch ihren *Crusium* und *Maseni-*
um mit *Romano Hay* dem Ochsenhäuser
Abte/ ja dem gantzen Benedictiner=
Orden umgangen/ und kan er in den
öffentlichen Schrifften / *Horto Crusia-*
no und *Taftro HortiHayani,* schöne Eh-
ren= Titel und Katzbalgereyen antreffen.
Sind nicht in der Römischen Kirchen
die grösten Schismata und Spaltun=
gen entstanden (deren die Papisten selbst
fünff und zwantzig gestehen / dar-
unter die 18. und 19. zwantzig; die 24.
viertzig; sie alle sammt aber bey 125. Jahre gewähret/) und wohl ehe drey Päb=

ste

ste gewesen/da man nicht gewust / welches der rechte / dessen Ausspruch gültig sey./weil ein ieder die gelehrtesten Patronos für sich hatte / wie *Bellarminus* (L. IV. R P. c. XIV.) redet. Es vergleiche doch der Jesuit/wenn er kan und ist **ein Mann** nur die Sorbonam zu **Paris** mit der **Römischen Clerisey /** ja den Pabst selbst mit dem nur vor wenig Wochen/den 23.Mart. dieses 1682. Jahres/im Parlament publicirtem Königl. Edict,und der gantzen Frantzös. Clerisey wieder des Pabstes Unfehlbarkeit und angemaste Souverainität über die Concilia &c. Conciliarische Declaration, welche von 8. Ertz-und 26. Bischöffen/ anderer Prälaten zugeschwiegen/ ist unterschrieben worden; so wird er sich ums Pabstthum hoch verdienen. Was sol man von den Streittigkeiten der Scholasticorum sagen? Der **Pabst** selbst hat sich biß dato nicht getrauet/die **Franciscaner** uñ **Dominicaner**/im Streit von der Empfängnus der H. Mutter Gottes/ zuentscheiden / ob schon Spanien so viel und bewegliche Instantien deswegen ge

than. Was pralet man deñ mit einem solchen Haupte / welches seine Glieder in
zwiespalt lässet? Drum ist die Glaubens-
Einigkeit / die ein sichtbares Haupt erhalten soll / nichts werth : Welche auch
Christus nicht leiden wollen / Luc. XXII.
26. Matth. XX. 26. seq. noch die Papisten
bißher darthun köñen / sondern vielmehr
durch angeregte 125. Jährige Spaltung
vorlängst zu Boden geworffen ist.

6. Und was wil der elende Pabst mit
seiner Biblischen Erklärung vor Einigkeit stifften ? Hat doch keiner / nach
so viel hundert - Jährigen Sitzen und
Brüten / eine infallible Glossa (dergle-
chen andere Päbstische Scribenten / als
die nicht unfehlbar / wie der Pabst seyn
wil / nicht schreiben können / über die heil.
Schrifft ans Liecht gebracht. Doch was
vor eine Mißgeburth vom Römischen
Stuhle zugewarten / und wie schrecklich
schön der Pabst die Bibel erklären könne / geben die Muster an den Tag. Worunter die Decretis *Innocent. III. C. Solitæ.*
extr. de Majorit. & obed. den Preiß
hat / ibi : GOtt schuff die Sonne
(Das

(das iſt/ den Pabſt)und den Mond/
(das iſt/den Käyſer.)ꝛc.Idem c. cum ex
injuncto 12.de Hæret.Die Leyen(weltliche Fürſten/Könige/Käyſer) ſollen nicht
in der Bibel leſen/weil geſchrieben ſtehet:
Das Thier / welches an den Berg
kommen wird/ ſoll geſteiniget wer-
den.Bileam iſt gar recht geſcholten worden von ſeiner Eſelin/weil Matth.XVIII.
ſtehet:Straffe deinen Bruder zwiſchen dir und ihm allein.Id.c.Matthæ
VI.de Celebrat.Miſſar. Man muß den
heiligen Kelch mit Waſſer miſchen/ weil
die Offenbahrung Johannis ſagt:Viel
Waſſer bedeutet viel Volck : O der
herzlichen Gloſſen und närriſchen Poſſen!

7. Geſetzt nun auch /(welches doch
falſch/) alle Papiſten wären einig ; Des
Teuffels Reich iſt auch einig / wie wo
es ſonſt beſtehen / Luc.XI.18.Der Gottloſen Factiones ſind einig und halten feſt
zuſammen/ Pſ.II. 2. Eſ.V.15. Und iſt doch
der keines Gottes Reich und Chriſti Kirche.　Der Chriſtliche Leſer nehme wohl
in acht / worinnen aller Päbſtler Einigkeit beſtehe : Sie haben eigentlich nicht
/w-
mehr/

mehr / als einen einigen Glaubens-
Artickel / (si modo digitus totus est ar-
ticulus. d heist: des Pabsts Ober-Rich
ter-Ambt / wie der Jesuit selbst deutlich
genug zu verstehen gibt; welches mein
Hochgeehrter Vater in Christo (Tit.)
Herr D. Scherzer / Theologus Pri-
marius & Senior, Dom-Probst und
Consist. Assessor &c. zu Leipzig / in seinem
Anno 1681. publicirten ANTIBELLAR-
MINO, Disp. IV. p. 272. seq. gründlich
erörtert: Der Jesuit und seine Spieß-
Gesellen zu Prag / denen dieses Buch
nicht weniger / als die Leipzigschen Leich-
Predigten / bekant seyn wird / thun doch
ihrem hochgepriesenen Vorfechter die
Ehre / und lassen ihre Kunst sehen / ob sie
(wil nicht sagen / den gantzen Antibellar-
num, sondern) die einige vierde Disput.
vom Pabst / können widerlegen! Indessen sihet / mercket und greiffet ein ieder /
warum es unserm Jesuiten zu thun sey:
Da er soll aus der Schrifft beweisen /
welche Religion derselben gemäß sey / so
gedenckt er uns fein unvermerckt gantz
und gar von der Schrifft abzuführen.
Denn /

Denn/ gilt des Pabſts Ausſpruch
über alles/ ſo muß die Schrifft mit allen Sonnen-klaren Sprüchen weichen/
und wird alsdenn keine Schrifft-ſon-
dern Pabſt-mäßige Religion draus.
Warum ich aber nicht ſo wohl dem
Mufti zu Conſtantinopel/ als nur dem
Pabſt zu Rom/mich unterwerffen ſolle/
kan der Jeſuit ſolchergeſtalt nimmermehr beweiſen. (Beſihe Cap I. §. 9.)
Pfuy ! des ſchönen Jeſuitiſchen
Schrifft-Beweiſes.

8. (II.) Aus *Auguſtini* Proceß wider
die Donatiſten wil *P. Richard* ſchlieſſen:
Weil die Vorfahren die Heil. Schrifft
ſo treulich an uns gebracht/ ſo haben ſie
uns auch die reche Auslegung eben ſo
treulich verwahret/und müſſe man dahe-
ro/ ſo wohl nach/ als vor Luthero/ ſich
an die Päbſtiſch Auslegung der Schrifft
halten.   Wir ſollen Ihm nur ſagen:
woher und von wem wir die Schrifft
haben? (p. 25. ſeq.) Antwort. Dieſe Frage iſt läppiſch.   Gnug/ daß wir
die Schrifft ſo gut/ wo nicht beſſer ha-
ben/ als die Papiſten.   Woher haben

ben sie das alte Testament ursprünglich?
Nicht von den Jüden? Und das scha-
det uns Christen nichts. Ist aber deßwegen des Mosis und der Propheten
unfehlbare Auslegung in der Jüdischen Synagog zu hohlen? Keines
weges. Christus mit seinen Aposteln
haben die Prophetischen Schrifften von
den Pharisäern/wie sie dieselbe von den
Alten hergehabt/ angenommen/warum
deñ nicht auch ihre Aufsätze und falschen
Pharisäischen Auslegungen? Matth. V.
Denn da stehet der Göttliche Befehl:
Ihr solt nach eurer Väter Geboth
nicht leben/deñ ich bin der Herr eu-
er Gott/ nach meinen Gebothen
solt ihr leben. Ezech. XX. 18. seq.
Auf hergebrachte Auslegungen und
Traditiones sich beruffen/ ist der alten
Ketzer Art/ wie von dem *Mar-
tione*, *Valentino*, *Cerintho*, *Tannerus*;
(Dioptt. L. II. q. IV. c. XX.) und von
den Arianern und Quartadeci-
manern/*Gretserus*(Defens. 1.Controv.
L. IV. c. VIII. XI.) bezeugen. Weiß man
nun nicht/ welches wahre Apostolische
Tra-

Traditiones seyn oder nicht/ (wie deñ *Cyprianus* dißfalls betrogen worden / *P. à Soto*, Defens. Cath. Conf. c. LVI.) Wer sagt mirs denn ? Die Kirche/ das ist / der Pabst/ sprechen die Papisten/ (*Gr. de Valent.* L. VIII. Anal. c. VI.) auf deßen Außspruch alles soll hinaus lauffen. Ist eines so gewiß / als das andere. Obwm hat der zu uns bekehrte Jesuit / D. *Jac. Reihing*; als er diesen Zweiffels-Strick zerrissen / freudig ausgeruffen (*Laqv. Pontif. contrit* p. 22.) In Scriptura securitas, in Traditione laqueus, In der Schrifft finde ich Sicherheit / in Menschen-Lehre Stricke!

9. Auf *Augustinum* (de utilit. cred. contra Manich.) berufft sich der Jesuit allhier gantz unvorsichtig. Denn der Discurs, welchen dieser sich vorgebildet/ ist theils auf solche Maße vom *Augustino* gar nicht eingerichtet/theils reimet er sich nicht auf die zwischen uns und denen Papisten schwebende Strittigkeiten. Es disputiret dort *Augustinus* wieder die Manichäer /welche das alte Testament

ment verwarffen / und so einer grössen
Menge der Catholischen Christen nicht
gläuben wolten/da man doch ihren Per-
sicis fabellis und nugis gläuben solte. Er
redet zwar von der Autorität und hohen
Ansehen; sagt aber/solche bewege die NB
Narren.　Und weil sie vermittels der
Wunder-Wercke und Menge der An-
fänger pflege zubewegen / nihil horum
esse necessariũ SAPIENTI, so wäre einem verständigen deren keines nöthig: Dahero auch die Wunder-Wercke (welches der Jesuit mercken wolle/)
heut nicht mehr geschehen/ damit sie solcher Gestalt nicht aufhöreten Wunder-
Wercke zu seyn.　Wiewohl er auch sa-
get/ man fange von der Kirchen an; so
wil er doch/daß solches ohne Præjudiz ge-
schehe/nur als ein bequemer Anfang/und
zwar also/ne verus Dei cultus, quasi nul-
lo proprio robore innixus ab eis, quos
fulcire debeat, FULCIENDUS esse vi-
deatur, daß es durchaus das Ansehen nicht gewinne/ als ob die wahre Religion nicht in und an sich
selbst gnugsam gegründet wäre/
uñ

und müſſe erſt von denen/ die ſich
doch ſelbſt drauf gründen ſollen/
unterſtützet werden. Nun iſt ja diß
der Papiſten ungereimtes Fürgeben:
Der rechte Schrifft-Verſtand (welchem
die wahre Religion gemäß) müſſe/ weil
er vor ſich nicht gültig und kräfftig genug/
unſere Hertzen zubewegen/ von dem Römiſchen Pabſte unterſtützet werden/ da
doch der Pabſt ſelbſt auf die Schrifft und
dero klaren Verſtande ſich gründen ſoll.
Dafür wir mit *Auguſtino* billich die Ohren verſtopffen.

10. Wer auch die Sache zwiſchen denen alt-Catholiſchen und **Donatiſten**-recht anſihet/ wird ohnſchwehr be-
finden/ daß ſich ſolches/ nicht wie der Jeſuit wil/ſondern gantz umgewendet/ auf
gegenwertigen Streit ſchicke. Denn
ſo ſchreibet *Auguſtinus* (L. de unit. Eccleſ.
c. II.): Inter nos & Donatiſtas quæſtio eſt,
ubinam ſit Eccleſia? Quid ergo facturi
ſumus? in verbis Donati eam quæſituri,
an in verbis capitis ſui Domini Jeſu Chri
ſti? puto, quòd in illius verbis eam quærere debeamus, qui veritas eſt, & opti-
mè

mè novit corpus suum: novit enim qui
sunt ejus, zwischen uns (Evangelischen)
uñ denen Donatisten (Päbstlern) ent=
stehet die Frage/ wo die rechte Kir=
che anzutreffen sey? Was ist nun zu
thun? sollen wir dieselbe in des Do=
nati (Römischen Pabsts) Worten
(Schrifft=Auslegung) suchen oder in
denen Worten (heil. Schrifft) ihres
Hauptes/ des Herrn Jesu Christi?
Ich meine ja/ man müsse sie suchen
in dessen (Christi/ und nicht des Pabsts)
Worten/ der die Warheit ist/ und sei=
nen (geistlichen) Leib (die wahre Kir=
che) am besten erkennet : denn Er
*** net die Seinen.   Und abermahls
sagt er (l. c.): Ipsum caput, Christum,
in Scripturis sanctis Canonicis debemus
agnoscere, non in variis hominum rumoribus, & opinionibus, & factis, & dictis,
& visis inquirere, Christum/ als das
Haupt der Kirchen selbst/ (vom Rö=
mischen Pabst weiß der H. Vater nichts
zu sagen/) müssen wir in der NB. heili=
gen Canonischen Schrifft erkennen
und nicht in der Menschen (derglei=

chen ulla

chen ja auch der Pabſt ſeyn mag/)man-
cherley Geſchrey-Meinungen-Ge-
ſchichten / Reden und Geſichten
(Päbſtiſchen Menſchen-Satzung / Fabeln / Erſcheinungen &c.) nach Ihm
forſchen. Vergnüget diß den Jeſuiten noch nicht/ſo wolle er auf freundliche
Bitte die Mühe nehmen / und des ſel.
H. D. *Dorſchei* hauptſächliche Diſſerta-
tion,de autoritate Eccleſiæ behertzigen.

11. Doch kan ich nicht unterlaſſen/(damit der Jeſuit kurtz berichtet ſey/ was *S.*
Auguſtinus und andere Recht-Catholi-
ſche/ſelbiger Zeit/von der Schrifft/ Kirchen oder Pabſts Autorität gehalten ha-
ben/)noch hierbey zuſetzen / was der berühmte Milevitaniſche Biſchoff *O-*
ptatus,wie der Streit zwiſchen den Donatiſten und Catholicis beyzulegen ſey/
vor 1300. Jahren geſchrieben : Nemo
vobis credat, nemo nobis : omnes con-
tentioſi homines ſumus. Quærendi ſunt
judices. Si Chriſtiani, de utrâque parte
dari non poſſunt : quia ſtudiis veritas
impeditur. De foris quærendus eſt Ju-
dex. Si paganus, non poteſt noviſſe
Chri-

Christiana secreta : Si Judæus, inimicus
est Christiani Baptismatis. Ergò IN TER-
RIS de hâc re nullum poterit reperiri
judicium, de COELO quærendus est Ju-
dex. Sed ut quid pulsamus ad Cœlum,
cum habemus hîc in EVANGELIO?
Testamentum inquam : quia hoc loco
rectè possunt terrena Cœlestibus com-
parari. Tale est, quod quivis hominum
habens numerosos filios. His, quamdiu
Pater præsens est, ipse imperat singularis;
non est adhuc necessarium Testamentum. Sic & Christus, quamdiu præsens
in terris fuit, (quamvis nec modò desit)
pro tempore quicquid necessarium erat,
Apostolis imperavit. Sed quomodo ter-
renus Pater, dum se in confinio senserit
mortis, timens, ne post mortem suam,
ruptâ pace, litigent fratres, adhibitis te-
stibus, voluntatem suam de pectore mo-
rituro, transfert in tabulas diu duraturas.
Et si fuerit inter fratres CONTENTIO
nata, non itur ad tumulum, sed quæritur
testamentum : & qui tumulo quiescit, ta-
citus de tabulis loquitur. VIVUS, cu-
jus est testamentum, in Cœlo est. Ergò
voluntatem

voluntas ejus velut in Testamento, sic
IN EVANGELIO INQVIRATUR.
Niemand soll euch/(Donatisten/)
niemand uns glauben: Last uns
beyde für zänckische Leuthe geach=
tet werdē.Wir müssen andere Rich=
ter suchen. Sollen diese aber Chri=
sten seyn/so können sie von beyden
Seiten nicht genommen werden/
denn die Partheyligkeit verhindert
die Warheit. So müste ein aus=
wertiger Richter gesuchet werden.
Soll es ein Heyde seyn so verstehet
er die Christlichen Geheimnüsse
nicht: Solls aber ein Jüde/so ist er
ein Feind der getaufften Christen.
Drum kan auf Erden hierüber nie=
mand richten/(NB. Ergo hat man zu
der Zeit von keinem Richter zu Rom ge=
wust:)man müste also einen Rich=
ter von Himmel begehren. Aber
was dürffen wir deßwegen am
Himmel anklopffen/indem wir es
schon haben NB.im Evangelio?Das
Testament meine ich: Denn es las=
sen sich dißfalls irdische Dinge gar
wohl

wohl mit den Himmlischen vergleichen. Als / es sey einer der viel
Söhne hat. Diesen kan der Vater /
so lange er da ist / selbst vor sich befehlen : So dann ist noch kein Testament von nöthen. Also hat auch
Christus / so lange er auf Erden war /
(wiewohl itzund auch nicht abwe-
send) was nöthig / als denn seinen
Aposteln befohlen. Gleichwie a-
ber der irdische Vater / wenn er bey
herannahenden Ende befürchtet / es
dürffte nach seinem Tode der Brü-
derliche Friede gebrochen und Streit
erreget werden / so läst er in beyseyn
der Zeugen / seinen Willen / aus dem
bald sterbenden Hertzen in ein beständig Instrument bringen. Wann
nun NB. Streit unter den Brüdern
entstehet / gehet man nicht hin zum
Grabe / sondern sucht das Testament hersür / dadurch der im Grabe
liegende gleichsam stillschweigend
redet. Nun der jenige / dessen unser Testament ist / der lebet und ist im
Himmel : Darum muß sein Wille /
NB.

NB. im Evangelio / als im Testa=
ment / (Ergo, nicht aus dem Scrinio
Pectoris des Römischen Pabsts/) gesu=
chet werden.

12. (III.) Matth. XVIII. 18. Wer die
Kirche nicht höret, der ist wie ein
Heyde/ (p. 26.) Das ist/er gehöret nicht
mehr zur Kirche (*Lyran. hic.*) Was gehet
das die Römische Kirche alleine an?
Die ist so wohl eine Particular=Kirche/
als die Africanische / Spanische/
Französische/Teutsche/ꝛc Der Jesuit
offenbahre es uns doch/wer es den Pa-
,,pisten weiß gemacht/daß/wo in der Bi-
,,bel der Kirche gedacht wird/ die Rö-
,,mische überal zu verstehen sey? Dieser
,,Spruch aber schickt sich hieher auf gut
Jesuitisch: Denn er handelt gar nicht
von strittigen Glaubens=Artickeln/
(davon unter uns hier die Frage/) sondern nur von Privat=Offensen und
Injurien-Sachen / und dannenhero
nicht von d' allgemeinen/sondern Par-
ticular=Kirchen. Hierinnen wird
P. *Richard* seinem Obermeister/dem Jesuiten uñ Cardinal *Bellarmino*, nicht wi-
der-

Versprechen/der da sagt (L. III. V. D. C.
V.): Loquitur Dominus de injuriis, quas
unus ab aliquo patitur, der Herr redet
von den Beleidigungen/ so einem
von dem andern zugefüget werden.
Wer wolte deßwegen allezeit ein Concilium beruffen? Jedwede Kirche hat ihre
Disciplin und Kirchen-Zucht/ ist aber
deßwegen in Glaubens-Sachen nicht
infallibel und unfehlbar. Und wie dem
allen/ so darff ich auch der Kirche (sie sey
groß oder klein) nicht gläuben/ wenn sie
etwas wider Gottes Wort sagte/ Gal. I.
8. 2. Joh. vers. 10. Sondern sie ist allerdings an das geschriebene Wort gebun-
den/ Eph. II. 20. 2. Pet. I. 19. &c. Laufft
es demnach endlich auf die H. Schrifft
hinaus. Und da kommen nur die Jesuiter an!

13. (IV.) Die Kirche kan nicht irren/
wie eines ieden Privat-Geist. Denn
Christus hat seiner Kirche den Geist
der Warheit versprochen/ Joh. XIV. 16.
45. und gesendet/ Act. II. 7. (p. 2627.) Antwort. Daß die allgemeine (nicht a-
ber particular-Kirchen: Denn derer
viel/

im Texte leſen kan.　So iſt es demnach
eine Jeſuitiſche Lüge/ das Petrus des
Concilii zu Jeruſalem/ oder gar der A-
poſtel und gantzen Chriſtlichen Kirche
Haupt geweſen: Dieſes XV. Cap. der
Apoſtel-Geſchichte gibt klare Maſſe/ daß
nicht Petrus/ (der des ſonderbahren/
doch nicht allerhöchſten Anſehens we-
gen/ ſeine Stimme zwar auch hören
laſſen/) ſondern vielmehr *Jacobus*, als
Ordinarius loci und Biſchoff deſſelben
Orts/ hat/ da die andern alle ſtill ge-
ſchwiegen/ zu letzt geredet/ und geſaget:
ἐγώ κρίνω, EGO JUDICO, Ich be-
ſchlieſſe/ verſ. 13. 19.　Und eben dieſem
Jacobo wurde von dem Römiſchen Biſchoff *Clemente* ſelbſt in ſeiner Decre-
tali die Ehre gegönnet/ und gar genen-
net/ Epiſcopus Epiſcoporum, ein Biſchoff aller Biſchoffe/ und zwar NB.
omnium, quæ ubiq; fundatæ ſunt, Eccle-
ſiarum, das iſt: aller und ietzer Kirchen überall in der gantzee Welt.
Und wie muß es doch kommen/ wenn
Petrus ein ſolcher Pabſt geweſen wäre/
daß Ihn Paulus unter Augen wider-

ſtan-

standen / und einen derben Filtz gegeben /
Gal. II. 11. 14. worüber / ob es in Schimpf
oder Ernst geschehen? sich *Augustinus*
(Epist. XIX. T. II. f. 70. seqq.) gewißlich
mit *Hieronymo* nicht so sehr würde ge-
zweyet haben / wenn sie alle beyde Pe-
trum für ein solch Haupt gehalten hätten: wovon daselbst keine Sylbe zufin-
den. Man hätte ja nur sagen dörffen:
Petrus ist das Oberhaupt gewesen / darumb hat ihn Paulus nicht mit Ernst aus-
filtzen dörffen. Auch hätte Paulus nicht
mit Warheit von sich sagen können: Er
sey in keinem Dinge geringer als die
höhesten Apostel / (Jacobus / Petrus und
Johannes; Besiehe *Estium* h. l.) 2. Cor.
XI. 5. XII. 11. Gal. II. 9. Ist nun Paulus in keiner Sache geringer als Petrus /
so kan auch Petrus in keiner Sache höher als Paulus / und also nicht desselben
und der Kirchen Pabst gewesen seyn.
Der Jesuit antworte seinen Arnoldisten
in denen Büchern De l' authorité de S.
Pierre & de S. Paul. &c. und La Gran-
deur de l' Eglise Romaine sur l' authorité
de S. Pierre & de S. Paul. &c. Endlich

H mag

mag er sich auch bespiegeln / wie der Römischen Kirchen Schaf = Peltz. D. Nic. Hunnit, p. 646. seqq. Ihm anstehe , 15. (VI.) Act. IX. 7. Christus hat Paulum zum Anania in die Schule geschickt / und diesen zu desselben Information gebraucht. Ergo, hat Er der Kirchen ein sichtbar Haupt / das nicht irren kan / geordnet; Wer anders saget / der begehet dem Jesuiten einen groben Irrthum. (p. 28. 29.) O elende Subtilität dieses Jesuitischen Schlusses / so nicht Widerlegens werth ist! Der Papisten Haupt muß noch in dicker Finsternüs stecken / weil es in der Schrifft so gar unsichtbar ist. Ob aber iedweder Jesuit sich allezeit ein sichtbar Haupt oder Leib wünsche / ist nicht zu gläuben. Sonderlich da Garnettus und seines gleichen den Kopf nicht kunten aus des Henckers Schlingen ziehen.

16. (VII.) Die Kirche ist zwar ein Pfeiler und Grund=Veste der Wahrheit 1. Tim. III. 15. (p. 30.) Aber nicht die Römische Kirche / welche Besage der kurtz hernach folgenden Worte / c. IV. 1. 2. 3. der Teuffels=Lehren sich theilhafft gemachet /

machet/von dem Wort der Warheit sich
abgewendet/Tit. I. 14. und Christo/dem
Mund und Grunde der Warheit/(als
Joh. V. 39. Matth. XXVI. 27. &c.) ins
Angesicht widerspricht.   Die wahre
Kirche aber ist ein Pfeiler und Grund-
Veste der Warheit/nicht weil die Göttliche Warheit durch sie befestiget/son-
dern weil sie durch die Göttliche Warheit in H. Schrifft/(die an Ihr/als einer
Seilen/wie grosser Herren Manifest und
Mandata/ gleichsam angeschlagen und
publiciret wird/) gegründet ist/Eph. II.
20. Solte diß gleich von der Römischen
Kirchen gesaget seyn/würde es dennoch
dem Jesuiten nichts helffen.   Denn
daraus noch lange nicht zuerzwingen/
daß sie nicht irren könne. Gestaltsam
Paulus die Kirche zu Epheso/ wo
Timotheus Bischoff war/und alhier/wie
er in demselben Hause Gottes wandeln solte/ vom Apostel erinnert wird/
mit diesen Ehren-Nahmen damahls betitelt ; nichts minder hat selbige Kirche
doch/wie der Ausgang gewiesen/geirret:
welches Cornel. à Lapide gestehet/ und

H 2   an

an sich selbst aus Act. XX. 19. Apoc. II. 4.
Sonnen-klar ist.

17. Was schließlich die Person zu
Hirßberg/ als (p. 31.) der Jesuit refe-
riret, soll gesagt haben/ man könte in beyderley Religionen selig werden/ gehet
uns nicht an/ gläubens auch nicht: und
sind mit Ihme (p. 30. 31. 32. 33.) gerne hierinnen einig/ daß die Papisten mit den Lutheranern in den Fundamental-Pun-
cten des Glaubens (doch daß der Päbstler Corruptelen und Lehr-Verfälschungen
keines weges von Anfang der Christlichen
Kirchen seyn gegläubet worden/ wie schon
Cap. I. §. 10. erinnert ist/) nicht überein-
kommen. Weg demnach mit diesem falsch
eingebildeten Cretensischen Trost!

Das V. Capitel
Vom dritten Trost/ des eini-
gen rechten Wegs zur Se-
ligkeit.

§. 1.

Aber gnug ist der Trost abgefasset/ wie
der Jesuit (p. 34.) in seiner Uberschrifft
setzet:

setzet: Es können nicht alle verlohren
werden/ die im Lutherischen Glauben
sterben. Denn niemand unter uns
tröstet sich damit/ daß nicht alle im
Lutherthum können verdammt werden; sondern also sagen wir/ mit ge-
trosten und freudigen Hertzen: Keiner
kan durch die Lutherisch-Evange-
lische Lehre verdammt werden/ als
welche uns den einigen rechten Weg
zur Seligkeit zeiget. Wie es denen
Reisenden einen Muth machet/ wenn
sie gewiß sind/ daß sie auf keinen gefähr-
lichen Irrwegen/ sondern auf der richtigen und sichern Strasse nach den ver-
langten Vaterlanden sich befinden; So
machet uns die Gewißheit unser seligmachenden Lehre einen standhafften Muth/
in aller begegnende Wiederwertigkeit
und Anfechtung/ und werden hierdurch
unsere Seelen gestärcket/ daß wir/
ob schon durch viel Trübsal/ doch in
das Reich Gottes gehen/ Act. XIV.
22. Und trotz dem/ der diesen Trost umb-
stosse!

2. Wie kan aber ein Papist/ der in dem

Zwei-

Zweifels = Labyrinth / durch verführi-
sche Irrwische und Planeten / Ep. Jud.
vers. 13. verleitet worden/ daß er stets im
Finstern tappen / und endlich / nicht wis-
send / wohin? abfahren muß / iemahls
ein ruhig und frölich Gewissen haben?
Wohin soll er sich wenden/ wann Ihm
S. Paulus zwar mit der Beyschrifft:
Per hunc itur ad Christum, Der hat den
Weg zu Christo angewiesen / wird
fürgemahlet / gleich darneben aber des
Groß Vaters der Prediger = Mönche/
Dominici, Bildnüs / mit den beygefügten
Worten: Sed faciliùs per istum, Doch
gehet man viel eher hin durch diesen.
(Nun wessen Weg soll man sich denn er-
kiesen?) Einen leidigen Trost geben die
ärgerlichen Closter-Gemählde zu Pojotiers
in Franckreich und zu Padua in Welsch-
Lande/ da beym Crucifix stehet: Hinc
sanguine pascor. Hier laß ich mich mit
diesem Blute träncken. Bey dem daneben mit entblösten Brüsten gemahlten
Marien = Bilde/ liest man: Hinc ybere
lactor, Hier kan mir auch die Milch-
Brust Nahrung schencken. Zum
Nun-

Munde aber eines dabey stehenden Mi-
noriten-Mönche/ist geschrieben: Quo me
vertam, nescio, Hier weiß ich nicht/
wohin ich mich soll lencken? (Viel-
leicht/Narr! mit dem Zweiffels-Strick
erhencken.) So wird auch manchem seyn
unruhig Gewissen bezeugen/daß er nicht-
nur am seligen Zwecke zu zweiffeln/sondern
gar gewiß auf verdammlichen Wege sich
befinde: massen aus gegenwertiger wenigen Schrifft bereits so viel erhellet/
daß ein Papist/so ferne er ein rechter
Papist/in seinem Irrglauben nicht könne selig werden. Niemand/niemand
wird (zum Exempel) durch die Päbst-
schen Menschen-Tande selig. Niemand
kan ja selig werden in der Widersetz-
lichkeit/da man Christo in seinem Testament muthwillig ins Angesicht wider-
spricht/ (NON OBSTANTE) und dem
Leyen den Kelch raubet/in welcher Tod-
Sünde alle/alle Papisten (NB. merckets
wohl ihr armen Leute!) sterben müssen/
weil auch kein Geistlicher/ja der Pabst
selbst nicht/ das H. Sacrament unter
beyderley Gestalt an seinem letzten Ende
be-

bekömt. Der höchstverdammlichen Ab-
götterey/ Aberglaubens/ Lügen-und Sün-
den-Greuels/ darinnen ein Papist lebet
und stecket/ hier nicht zu gedencken.

3. Hierwider aber setzet sich P. Ri-
chard/ und wil im Gegentheil darthun/
die Lutherische Lehre sey ein verdammli-
cher Weg. (I.) Marc. XVI. 16. 17. Wer
nicht gläubet/ wird verdammt werden. Die Zeichen aber/ die folgen
werden/ denen/ die da gläuben/ sind
diese/ rc. Nun aber haben diese Zeichen
die Römisch-Catholischen/ nicht aber
die Lutherischen. Darumb haben diese nicht den wahren Glauben/ und werden also verdammt. (p. 35. 36.) Antwort.
Mit den fürgewandten neuen Wun-
der-Zeichen (womit die Pabst-Rotte/
der ersten Kirchen/ wie die Egyptischen
Zäuberer dem Mann Gottes Mose/
Exod. VII. seqq. nachäffen wollen) hat
es viel eine andere Gelegenheit/ als wie
mit den alten/ welche in der ersten Kirchen zum Zeichen den Ungläubigen
1. Cor. XIV. 22. geschehen/ davon beym
Marco geredet wird. Lutherus aber
hat

hat keine neue Kirche gepflantzt / sondern
die eingerissene Mißbräuche / wie zu allen Zeiten ohne Wunder - Werck nöthig / abgeschaffet. Es ist bekant / wie
der H. *Augustinus* wider die Mirabiliarios,
Zeichen = und Wunder = Affen / geei-
fert / (Tr. XIII. in Joh.) wegen der Warnung Christi / Matth. XXIV. 25. Es
werden falsche Propheten grosse
Zeichen und Wunder thun / daß ver-
führet werden in Jrrthum &c. Und
anders wo / (L. XXII. C. D. c. VIII)
spricht er: Quisquis adhuc PRODI-
GIA, UT CREDAT, quærit, magnum
est ipse prodigium, qui mundo creden-
te non credit, Wer nunmehro noch
Wunder = Zeichen zum Glauben erfordert / mag wohl selbst ein Wunder = Thier seyn / weil er nicht gläubet /
was in aller Welt gegläubet wird.
Wunder = Wercke wären Sapienti, einem der wohl klug / nicht nöthig / sagt er
wiederumb. (Cap. IV. §. 9.)

4. Daß aber die Päbstler Wunder
rühmen / ist kein Wunder / sondern eine
Antichristische Eigenschafft. Wie

H 5

klar

klar zuſehen / 2. Theſſ. II. 9. 10. 11. Man
ſtelle ihre Lügenden / und was durch des
Satans Wirckung geſchehen mag / auch
beyſeits / ſo kan es doch ihnen nichts beytragen. Denn Wunder können vor
ſich und ohne Probe nichts beweiſen / maſſen denn bey den Ketzern / als dem Simo-
ne *Mago, Macedonio* und den Nova-
tianern / (wie Bellarm. L. IV. Not. Eccl. c.
XIV. nicht in Abrede/) ja wohl bey den
Ungläubigen / Wunder geſchehen. Wer
approbiret nun die rechten Wunder?
Nicht der Römiſche Stubl / denn das
ware ein Narren-Circkel / weil das
Pabſtthum ſelbſt durch Wunder wil be-
wieſen ſeyn: Zu dem kennet der Pabſt
die rechten Wunder nicht / und hat ſich
die Zauberin Magdalenam *de la Cruz*
heßlich bethören laſſen. Drumb muß
man nothwendig nach der Richtſchnur
der H. Schrifft davon urtheilen. Demnach muß zuforderſt die Schrifftmäſſige
Lehre vorhanden ſeyn: Dieſe haben die
Pabſtler nicht / wie in vorhergehenden
Capitel erwieſen / was gehen ſie denn
die Wunder an? Man lencke doch! Der

Je-

Jesuit und andere Pabst-Knechte ver-
sechten die Zweiffels-Lehre / daß kein
Mensch seiner Seligkeit gewiß sey / sondern in allen zum Grunde derselben gehörigen Stücken müssen ungewiß leben;
und geben doch für / sie würden in ihrem
Glauben durch gewisse Zeichen und
Wunder bekräfftiget. Alleine solche
Wunderthäter / derer Lehre voll böser
Früchte / werden dermahleinst / als Ubelthäter / abgewiesen werden / Matth. VII.
19. 22. 23. Drumb sey ihnen gesagt / was
Augustinus wider die hierinnen Päb-
stisch-gesinnten Donatisten geschrieben (L.
I. de unit. Eccl.):Ecclesiam suam demon-
strent Donatistæ, si possunt, non in sermonibus & rumoribus Africorum, non
in Conciliis Episcoporum suorum, non
in literis quorumlibet disputatorum,
NON IN SIGNIS ET PRODIGIIS
FALLACIBUS, quoniam etiam contra
ista VERBO DOMINI præparati &
cauti redditi sumus ; sed in præscripto
Legis, in Prophetarum prædictis, in Psal-
morum cantibus, in ipsis Pastoris voci-
bus, in Evangelistarum prædicationibus

H 6 &

& laboribus, hoc est, in omnibus CANO-
NICIS SANCTORUM LIBRORUM
AUTORITATIBUS, Die Donatisten/
(Papisten/) können sie anders/ mögen
uns beweisen/ daß ihre Kirche die
rechte Kirche sey/ nicht mit Land-
sagen und Mähren aus Africa (von
Rom)/ nicht mit Concilien ihrer
Bischöffe/ (zu Trient/) nicht mit
Schrifften ihrer Disputirer/ wer sie
auch seyn/ (Schul-Lehrer/ Jesuiten/)
auch NB. nicht mit Wundern und
Zeichen/ dadurch man kan NB. betrogen werden. Denn eben hierwider hat uns Gottes Wort wohl
verwarnet und verwahret; Sondern sie müssens beweisen aus dem
Gesetze/ Propheten/ Psalmen/ Christi Predigten und denen Evangelisten/
das ist/ aus ganzer heiliger und Göttlicher Canonischer Schrifft.

5. Was uns Lutheraner betrifft/ wissen wir wohl/ daß wenn schon bey und
unter uns warhaffte Wunder und Zeichen (derer wir uns doch so frech nicht
rühmen) geschehen/ der Jesuit und seine
(Der.)
en) geb.
　　　　　　　　　　　Rot-

Rotte würden schon fertig seyn / zu antworten / was die Jüden zu Christo sagten:
Er treibet die Teuffel aus durch Be-
elzebub / Luc. XI. 15. Daß aber sonst
ein recht = gläubiger Lutheraner wahre
Kennzeichen seines seligmachenden
Glaubens an sich habe und haben könne /
ist droben (Cap. II. §. 26. seqq.) ausgeführet. In übrigen geschehen doch / ohne des Jesuiten Danck / dieselben Zeichen /
so Christus Marc. XVI. 17. seq. benah-
met / geistlicher Weise unter uns / wann
wir zum Exempel / die Teuffels = Ge-
spenste der erscheinenden Seelen aus-
getrieben / mit neuen Zungen der bißher unter den faulen Mönchen unbekanten heiligen Sprachen / nebst Abschaf-
fung des alt = gewohnten Mißbrauchs
zu gottslästerlicher Anruffung der Heiligen / reden / die Jesuitischen Schlangen
vertreiben / und so wir etwas tödtli-
ches von ihrem ausgestreuten Seelen-
Giffte müssen gleichsam trincken / hören /
lesen / und manche mördliche Lästerung
verschlucken / wirds uns durch Gebrauch
des kräfftigen Wider = Giffts göttliches
Worts /

Worts/nicht schaden/noch wir dadurch
verführt werden/auf die krancken/be-
trübten und angefochtenen Hertzen/und
Gewissen/können wir in der H. Absolution und mit gewissen heilsamen Trost
des einigen vollgültigen Verdiensts und
Blut-Wunden unsers Seelen-Artzes
Jesu Christi/die Hände legen/und sie
im Glauben stärcken/so wirds besser
(als durch alle Päbstische Quacksalbery
und Zweiffels-Mittel geschehen kan) mit
ihnen/daß sie Ruhe im Gewissen em-
pfinden/in Creutz gedultig und getröst
seyn/und endlich ohne Verzweifflungs-
Angst und Fegfeuers-Furcht/in gewisser Hoffnung der himmlischen Ehren-
Crone/frolig und selig sterben können:
Welches alles Wercke sind/so anders
nicht/als durch Gottes Finger/geschehen
können.

6. Nachdem der Jesuit seinen Wun-
der-Plunder vergeblich ausgeruffen/und
hierauf (p. 37.) noch was/so uns nicht
touchiret, in den Wind geredet/auch
dabey (p. 38.) die lieben Evangelischen
Herren Schlesier/(welche aber der
Herr

Herr/ der unter seinen Feinden herr-
schet/Ps. CX. 2. wird vollbereiten/stär-
cken / kräfftigen / gründen / 1. Pet. V.
10. auf daß sie ohne Tadel/ als lautere (reine Lutherische) Gottes-Kinder/
mitten unter dem unschlachtigen
und verkehrten Geschlechte / als
Liechter in der Welt scheinen / damit / daß sie halten ob dem Wort
des Lebens/ Phil. II. 15. seq. und nicht
gehen den alten unsteten Zweiffel-Weg
Cains (Ep, Jud. v. 11.) nicht ohne Beunruhigung lassen kan / so bringt er nun
einmahl widerumb ein schrecklich Ar-
gument, daß die Lutherische Lehre ver-
dammlich sey : (II.) 1. Corinth. VI,
10. Verdammet der h. Apostel die
grossen Laster / als Abgötterey und
dergleichen. Darumb sey P. Richard
schuldig / daß er N B. aus dem Sinn
oder nach dem Willen der Catholischen Kirchen und ihres Haupts / die Lutheraner als Ketzer verdammet : Und
dürfften diese nicht einmahl darwider sich
beschweren / noch sagen : Verdammet
nicht/Luc. VI. 37. (p. 38. 39.) Antwort.

Der

Der Pater muß wissen/ daß wir hier Protestanten heissen/ und gläuben/ daß die
Päbstliche Bulla Cœnæ Domini eine
Wasser-Bulle sey. Diese Thorheit/ daß
der Pabst nach seinem eigenen Sinn und
Willen mit uns zu handeln sich freye
Macht einbildet/ haben auch die wilden
Indianer aus gemeinem Sinne und
natürl. Rechte wohl verstanden/ und als
An. 1509. der Spanier *Alfonsus Hojeda* denen am Fluß Zenu wohnenden an-
sagen liese: Unser allerheiligster Va-
ter/ der Pabst zu Rom und Gottes ViceRoy in der gantzen Welt/ in
dessen Hand alle Seelen sind/ hat
euch und diese Lande unserm groß-
mächtigsten König von Castilien
geschencket/ in dessen Nahmen wir
kommen/ das Unsrige in Besitz zu
nehmen; (Solche Bulla ist von *Alexan-
dro VI.* der/ nach bekanten Versen/
vendit Alexander sacramenta, altaria,
Christum, *alles umbs Geld verkauff-
te/* Anno 1493. den 4. Maji/ de Apo-
stolicæ potestatis plenitudine, *aus völ-
liger Apostolischer Macht/* ertheilet. T. L.
Bul-

(Bullar. Const. II. f. 467.) Haben die Indianer nicht unvernünfftig geantwortet: Der heilige Vater/ auf den sie sich beruffen/ müste entweder NB. ein Narr seyn/ der weggebe/ was nicht sein wäre/ und denen drohen liese/ die er nicht gesehen; Oder müste voll Ungerechtigkeit seyn/ der Sie von dem ihrigen vertreiben/ und ihnen Unruhe auf den Hals laden wolle. (*Benzo* Hist. N. O. L. III. c. III. *Wolff.* Memorab. T. II. f. 441) Die Application wird der Jesuit leichtlich hieher machen können. Wir sind/ Gott Lob/ des Pabsts Seel - und Leibeigne Sclaven nicht/ daß er uns dem Teuffel schencken könne. Wenn die Papisten uns umb solcher Lehr = Puncten willen verdammen/ welche weder Christus/ noch ein Apostel/ weder ein allgemein Concilium in denen ersten vier hundert Jahren iemahls verdammet hat; So erinnern wir uns dessen/ was unser Heyland/ damit wir uns nicht ärgerten/ zuvor gesagt/ und wenn die Zeit kömmt/ daran zu gedencken befohlen hat: Sie werden euch in den

Bann

Bann thun rc. Joh. XVI. 1. seqq! Endlich möchte der Jesuit den Spruch S.
Pauli wohl ansehen/ in welchem sein abgöttisches Laster-volles Pabsthum / mehr
als einmahl/ verdammt ist/ und daher andere zu verdammen untüchtig worden.

7. Jedoch einen Einwurff bringt der
Lojolit zu Marckt : (III.) Keiner kan
selig werden ausserhalb der wahren
Catholischen Kirchen: Wie *Augustinus*,
(Ep. L. ad Bonif.) *Cyprianus*, (L. de
unit. Eccl.) *Fulgentius*, (ap. August. l.
de Fid. ad Petr. C. XXXVIII.) und *Gregorius* (L. XIV, Moral c. H.) einhel-
lig lehren. Drumb thun die Lutheraner / die es nicht mit dem Pabst halten / mit ihrer Lehre verdammt. (p. 39.
40. 41.) Antwort. Sachte/Meister Pater! das probierete gar zu viel: Moch-
te man Ihm billig widersagen/ wie er in
der Vorrede (davon Cap. II. §. 23.) gesprochen. Daß niemand welcher weder
mit dem Leibe/ noch mit dem
Wunsch und Gemüthe in der Allgemeinen Christlichen Kirchen ist/ könne selig werden / haben wir gewust/

ehe

ehe wir von diesem Jesuiten etwas gehöret haben. Es ist aber eine Dona-
tistische Reyerey/wenn er dafür hält/
die alleinige Römische Kirche sey es e-
ben dieselbe allgemeine und wahre Catholische Kirche. Da muß man sagen: Si Christus in solâ Româ habitat,
nimis pauper factus est, wenn Christus nur allein zu Rom (wie sonst denen Donatisten ihr Sardinien ist für-
geworffen worden) Seinen Sitz und
Wohnung hat/so müste er sehr arm
worden seyn. Verdammet/ihr Her-
ren/denn die gantze Griechische Kirche?
Und diese erkennet euern Pabst keines weges für ihr Oberhaupt. Was machet
ihr mit denen Abyßinern und andern
Christen in der Welt? Der heutigen
Päbstler hoher Artickel/Subesse Romanæ,
Ecclesiæ, esse de necessitate salutis, Wer
sich nicht der Römischen Kirche un-
terwirfft / müsse nothwendig ver-
damint seyn; ist bey der Christenheit
innerhalb mehr denn gantzer tausend
Jahre nach Christi Geburth/eine gantz
unerhörte Sache gewesen: Worauf der
Je-

Jesuit/ wie hiebevor *Cutsemius*, wird ver-
stummen müssen. Solte der angezogene *Gregorius* wiederkommen/ er würde
de das neu-entstandene antichristische
Pabstthum nochmahls verdammen/ wie
er denn schon zuvor gethan/ (besiehe
Cap. II. §. 21.) und dahero eine solche
Kirche/ die einem allgemeinen sichtbaren
Haupt antichristischer Weise anhäng/
niemahls gemeinet hat.

8. Also bleibet uns auch dieser Trost
unumbgestossen. Und sind wir des wahren Wegs zum Leben unsers Theils
wohl versichert/ weil wir uns einig halten
an Jesum Christum/ der da ist der Weg/
die Warheit/ und das Leben/ Joh.
XIV. 6. der thut uns kund den Weg
zum Leben/ die aber einem andern
nacheilen/ werden groß Hertzeleid
(hier im Zweiffel/ dort beym Teuffel)
haben/ Ps. XVI. II. 4. und zu späte es
bereuen: Wir Narren haben des
rechten Weges gefehlet rc.
Sap. V. 4. 7.

Das

Das VI. Capitel/
Vom vierdten Trost/ der
Christlichen Hoffnung.

§. 1.

Hier kömt der Jesuit recht kindisch aufge-
zogen (p. 41.) mit einem Trost (wie er
vorgiebt) des gemeinen Pöbels/ die da/
wenn sie nicht weiter können/ sprechen
sollen: Wir hoffen alle selig zu werden. Darauff spricht er gantz hönisch:
Hoffen und harren/ macht manchen
zum Narren. Warumb? weil er seines Theils auch hoffet/ wir werden den-
cken/ er hab es gar wohl getroffen; Und
auch darumb/ weil er für seine Person
nicht hoffen wil/ daß er selig werde/ damit er ja nicht mit seinen nicht-hoffenden
Brüdern auch zum Narren werde.

2. Daß aber die wahre Christliche
Hoffnung der Evangelischen kein när-
rischer/ sondern ein fest und gewisser Trost
sey/ kan P. *Richard* mit seiner Narren-
theidung nicht verwerfflich machen/ ob
er

er gleich dawider entwirfft: (1.) Es
hoffen auch die Türcken / Juden/
Calviniſten / Arrianer / Zwinglianer/
(Dieſem ſubtilen Controvertiſten müſſen
die Caviniſten und Zwinglianer zweyerley unterſchiedene Entia ſeyn / wie jenem Bauer 12. Groſchen und ein halber Thaler /) und alle andere Secten.
Drumb müſſen die Lutheraner ein
ander Fundament und ſtärckern Grund
haben / welchen die andern Secten
nicht haben ; Sonſt iſt ihre Hoffnung eine eitele Einbildung. (p. 42. 43.)
Antwort : Man erkennt ſich gerne
ſchuldig und bereit zur Verantwor-
tung iederman / der Grund fordert
der Hoffnung / die in uns iſt / 1. Pet.
III. 15. Es iſt aber hier nicht die Rede von der natürlichen Hoffnung
die ein Menſch Ihm ſelbſt aus vernünff-
tigen Urſachen ſchöpffen kan / ſo auch
nicht alſofort vor närriſch und unge-
gründet (ohne was deſperate Gemü-
ther thun Fauszuruffen/maſſen ſie in heiliger Schrifft gebilliget wird / 1. Cor. IX.
10. ſondern die Frage iſt von der Chriſt-

lichen Hoffnung / welche nicht aus eigenen natürlichen Kräfften / sondern durch Wirckung des heiligen Geistes entstehet / Rom. XV. 13. und auf hohe Göttliche übernatürliche Dinge / fürnehmlich aber auf die Seligkeit gerichtet. ist / c. VIII. 24. 1. Thess. V. 8. Tit. I. 2. &c.) Ob sie ohne Zweiffel oder ungewiß? Und wer dieselbe habe?

3. Eines Christlichen Hertzens Trost muß die Hoffnung bey sich haben / Rom. XV. 4. und diese machet eben einen starcken Trost Ebr. VI. 18. Nun wäre das ein elender schwacher Trost/der auf eine ungewisse zweiffelhaffte Hoffnung gebauet wird. Welcher Zweiffler kan frölich seyn in Hoffnung? Rom. XII 12 Wie könte man sich denn rühmen der Hoffnung der zukünfftigen Herrligkeit? Rom. V. 2. Ebr. III. es wäre wahr ein schlechter Ruhm / wenn mich diese Hoffnung liesse zum Narren werden ! Drumb muß entweder der Jesuit ein Narr seyn / oder (welches eben so närrisch) den Apostel Paulum dafür ansehen / welcher den Grund unserer Christlichen

chen Hoffnung so gewiß machet/ daß ſie
nicht laſſe zu Schanden (vielweniger
zum Narren) werden / Rom. V. 5.
welchen Lehr=Satz er vom V. biß XII
Capitel mit VII. Haupt=Gründen herrlich demonſtriret. (*Plaz.* Luc. Succeſſ. p.
367.) Diß hat einem Päbſtiſchen Bi-
ſchoff/ *Cornelio Muſſo*, dermaſſen die Augen aufgethan/ daß er hierüber (in cap. V.
Rom.) fein Evangeliſch commentiret:
So hat er nun die Hoffnung / und
rühmet ſich der Hoffnung / die er hat
(cum ſecuritate) mit Verſicherung/
(omninò) allerdings zu jener Herrligkeit zu gelangen. Aus dieſem
Ruhm/ und ſo zu reden (S A N C T A
S U P E R B I A) heiliger Hochmüthig-
keit bey der Hoffnung der hümli-
ſchen Seligkeit/ ſiehet man/ daß/
wer da gerechtfertiget iſt / (non hæſi-
tat) der NB. zweiffelt nicht / (utrum ſit
beandus vel non:) ob er werde ſelig
werden oder nicht: ſondern (firmis-
ſimè tenet) hält es für gantz gewiß/
(ſe divino munere ſalvandum eſſe) er
werde durch Gottes Gnade ſelig
wer-

werden. So redet auch sonst die heilige Schrifft von ungezweiffelter Gewißheit der Christlichen Hoffnung hell und
klar : daß solche nehmlich sey gewißlich
wahr/ Tit. III. 7. 8. gut/ 2. Theß. II. 16.
gantz (πλείως, vollkömlich/) 1. Pet. I.
13. völlig (τὸ περισσεύειν, überflüßig/)
Rom. XV. 13. lebendig 1. Pet. I. 3. fest/
Ebr. III. 6. (πληροφορία) c. VI. 6.
nicht wanckend (ἀκλινής, unabwei-
chend/) c. X. 23. unbeweglich/ Col. I.
23. ein Helm/ (damit man wider den
Zweiffel und Teuffel kan muthig und getrost streiten/) 1. Theß. V. 8. Eph. VI. 17.
ja auch ein sicherer und fester Ancker
unserer Seelen/ daran wir uns fest
halten durch zwey Stücke/ (Göttl.
Verheissung und Eydschwur) die nicht
wancken/ Ebr. VI. 17. 18. 19.

   4. Andere Special-Gründe zu zeigen/
ist hier unnöthig : Massen die Gewißheit
des wahren Glaubens/ dessen unausblei-
bende Frucht die Hoffnung ist/ schon im
III. Cap. und denn die unfehlbare Zuver-
ficht/ womit die Hoffnung die künfftige
Seligkeit gewiß (und zwar auff Göttli-
         J   cher

cher Seite absolutè und schlechter Dinge / auf unserer Seite aber hypothetice
doch ohne Zweiffelmuth /) erwartet / im
II. Cap. zur Gnüge erhärtet worden.
Mit der alten Väter Beyfall will ich mich
nicht aufhalten / und kan der einige Spruch
Augustini (in Psal. CXXIII.) unser Verlangen stillen: Spes nostra tàm CERTA
est, quasi res jam perfecta sit: Unsere
Hoffnung ist so gewiß / als wenn die
Sache schon itzt zu ihrer Vollkommenheit gelanget wäre. Die Jesuitische Phantasey / daß die Hoffnung einem eiteln Traum der Wachenden zu
vergleichen sey / (p. 43.) widerspricht in
Termino, des heiligen *Chrysostomi* hoch-
gepriesenem Ambts = Nachfolger *Proclo*,
in dessen berühmter Epistel an die Arme-
nier: (ap. *Cyrill.* adv. Nestor. edit. Roman. Vide T. III. Bibl. P. P. Parif. vel
T. V. Colon.) Die Hoffnung machet
nicht (ὀνειεροπολεῖν, ut bellè somnie-
mus,) süß = eingebildete Träume
sondern (ἀναμφίβολον πληροφορίαν
indubitatam plenamque fiduciam,) eine
unzweiffelhaffte völlige Zuversicht.

§. IV

5. Ob nun dergleichen wahre und gewiſſe Chriſtliche Hoffnung des ewigen
Lebens / ungläubige Türcken und Jüden
haben können / iſt Thorheit unter Chri-
ſten zu fragen. Die neuen Sociniſchen
Arianer verläugnen die Heilige Drey-
faltigkeit / halten die Heilige Tauffe und
Abendmahl vor keine Mittel zur Seligkeit / verwerffen Chriſti Verdienſt / gläuben keine Aufferſtehung unſers Leibes /
und ſetzen der Seelen Seligkeit auf des
Menſchen Gehorſam und freyen Willen; (Beſihe des Hochgelahrten und ſieg-
hafften Streiters JEſu Chriſti / H. D.
Schertzers Colleg. Anti-Socin. f. l.) und
doch darff der Jeſuit noch fragen / ob wir
Lutheraner einen beſſern Grund unſrer
Hoffnung hätten? O unverſchämte
Stirn! Die Calviniſten oder Zwinglianer irren im Grunde der Seligkeit / (Der
Lojolit ſtecke die Naſe in der Hochlöbl.
Theologiſchen Facultät zu Wittenberg gründlichen Beweiß / ſo Anno
1664. heraus gegeben /) und wie können
ſie gewiß und ohne Zweiffel halten an

J 2 der

der angebotenen Hoffnung / Ebr. IV
18. da keiner wissen kan / ob die Anbietung
ihn in Person angehe / weil er solche nicht
vor allgemein / sondern mit Ausschliessung
des grösten Theils der Menschen / verstehen / und immer dencken muß / HErr / bin
ichs? Matth. XXVI. 22. Dieses Zweiffels
sind wir Lutheraner / GOtt Lob! befreyet.

6. (II.) Dieweil der Lutheraner
Glaube nicht recht / (wendet der Jesuit
ferner ein) so kan auch ihre Hoffnung
nicht recht seyn. (p. 15.) Antwort.
Die Connexion oder Folge ist richtig:
daher Glaub und Hoffnung mehrmahls zusammen verknüpffet stehen /
1. Pet. I. 21. Col. I. 23. Ebr. XI. 1. Ich
schliesse aber also: Dieweil der Lutheraner Glaube recht / vermöge des III.
Cap. So muß auch ihre Hoffnung recht
seyn.

7. (III.) Daß alle selig werden /
ist wider die Heil. Schrifft: Matth.
XXII. 14. 2. Cor. II. 15. Darumb können ja nicht alle hoffen selig zu werden.
(p. 43. 44.) Antwort. Daß alle / schlechter Dinge / werden selig werden / sagt
kein

h unter uns : Was bürdet
lches der Jeſuit auf? Daß a-
die an den Sohn Gottes
das ewige Leben haben/
ſelbſt-eigener Ausſpruch/ Joh.

den der Jeſu-wider wohl
eiſtert laſſen. Auch können
rten Sprüche demſelben nicht
yn. Iſt wenig dran gelegen/
r Jeſuit nicht vergleichen kan.
ber nicht: Wenig ſind aus-
Ergò kan kein Menſch ſeiner
ewiß ſeyn / Ergò müſſen
weiffeln. Endlich häut ſich
abermahl über das Maul:
llen wir hoffen ſelig zu wer-
-) Warumb thut ihrs denn
veiffler?

) *P. Richard* wil mit etlichen
eweiſen/ daß zur Hoffnung
iebe und gute Wercke ge-
rumb müſſe ſich die Hoff-
nur auf den Glauben/ ſon-
auf frommes Leben grün-

) Antwort. In der Hei-
fft leſe ich/ daß der Glaube

J 3   die

Die Hoffnung Gal. V. 5. Rom. V. 2. und auch die Liebe (mit allen guten Wercken und Frömmigkeit) Gal. V. 6. wircket und mit sich bringet. Drumb kommen freylich Hoffnung und Liebe zusammen: Wo stehets aber geschrieben daß die Liebe (so wohl als der Glaube) Hoffnung wircke?

9. Daraus siehet man/ weil die Päbstler auf ihre ungewisse Frömmigkeit und unvollkommene Gesetz-Wercke zu bauen vermeinen/ die gewisse Hoffnung aber in Göttlicher Gnade nach dem Evangelio ihren Grund suchen muß/ 2. Thess. II. 16. 1. Pet. I. 13. Col. I. 23. so können sie nicht anders/ als an der Seligkeit zweiffeln/ und haben in der That gar keine Christliche Hoffnung. Wehe aber denen/ so an GOTT verzagen/ und nicht fest halten/ und dem Gottlosen/ der hin und wider wancket/ wehe den Verzagten/ denn sie gläuben nicht rc. Sirac. II. 14. 15. (welche Worte der Jesuit hätte mit dazu nehmen mögen/ als er eben diß Capitel hier angezogen. Der Verzagten Theil wird seyn ur

Pful

Pful / der mit Feuer und Schwefel brennet / Apoc. XXI. 8.

Das VII. Capitel /

Vom fünfften Trost / der Gnade und Barmhertzig-keit Gottes.

§. 1.

ES beschreibet der Jesuit (p. 46.) diesen Trost mit unförmlichen Worten / als ob wir Evangelischen der gewissen Seligkeit uns also trösteten : GOtt ist barmhertzig / und wil / daß alle Menschen selig werden. Diese Worte versichern mich noch lange nicht der Seligkeit / in Ansehung / daß zwar GOtt allen Menschen die Seligkeit ernstlich gönnet / doch durch gewisse Mittel und Ordnung ; deren Verächter / aus eigner Schuld / der Gnade und Seligkeit verlustig werden. Ein Päbstler zwar / wenn er alle seine Mittel / so viel Ihm möglich / in acht genommen / muß endlich in höchsten Zweiffel / auf Discretion, Gnad. und

J 4

Uns

Ungnade / sterben. Welchem elenden
Trost *Bellarminus* (L. V. Just. c. VII.
Prop. III.) diese Farb anstreichet : Propter incertitudinem propriæ justitiæ &
periculum inanis gloriæ , tutissimum est,
fiduciam in solâ DEI MISERICORDIA
& benignitate reponere; Wegen Ungewißheit der eigenen Gerechtigkeit /
und Beysorge eitelen Ruhms / ist es
am sichersten / seine Zuversicht allein
auf Gottes Barmhertzigkeit und
Güte setzen. Solcher gestalt wär
diß vielmehr ein Päbstischer Trost / und
hätte der Jesuit nicht Ursach darwider zu
fechten.

2. Wir halten Gottes Gnade und
Barmhertzigkeit billig vor unsern höchsten Trost und Versicherungs-Grund
der Seligkeit : Verstehen aber dadurch
nicht die allgemeine Liebe GOttes /
so fern sie allen Menschen angeboten wird;
sondern die sonderbahre Gnade /
so fern solche durch den Glauben an
Christum angenommen und eigen gemacht wird. Und zwar nicht / wie die
Päbstler wollen / die eingegossenen
Gna-

Gnaden-Gaben / als welche zur Heilig- und Erneuerung gehören / und bey einem mehr / bey dem andern weniger zu finden / Rom. XII. 6. 1. Cor. XII. 4. 11. sondern die von uns *unverdiente Huld des versöhnten Gottes* / als die fürnehmste Ursach unserer Rechtfertigung: Daher ein ieder Gerechtfertigter getrost sagen kan / *ich habe einen gnädigen GOtt / oder / ich bin bey GOtt in Gnaden :* Denn wir werden ohne Verdienst gerecht aus *Gottes Gnade* / Rom. III. 24. Und können die Papisten nimmermehr erzwingen / daß das Wort χάρις θεῦ in den Punct der Rechtfertigung an einigen Orte anders müsse verstanden werden.

3. Solche väterliche Gnade des lieben Gottes ist seinen Kindern ein ungezweiffelter Trost-Grund / wodurch uns alle Verheissung fest bleibet / Rom. IV. 16. Und müsten ehe Berge weichen und Hügel hinfallen / als solche göttliche Gnade ungewiß werden / Esa. LIV. 10. Man höre aber nun / was der Jesuit wird drein zu sprechen haben.

J 5   4. (I.)

4. (I.) **Es** mangele nicht an GOttes Willen / sondern an dem Willen und Mitwirckung des Menschen: (p. 47.) Womit der Jesuit seinen Päbstischen Synergismum einbrocket / und den freyen Willen des Menschen der Göttlichen Gnade an die Seite setzet. Alleine daß nichts unserm Thun und Vollbringen / sondern alles der Gnade GOttes beyzumessen / lehret *Hieronymus* (in Jerem. L. V.) auß Phil. II. 13. Und *Augustinus* erinnert (de Corrept. & grat, c. XII.): Nec de ipsâ perseverantiâ boni voluit Deus Sanctos suos in viribus suis, sed in ipso gloriari , GOtt will nicht / daß seine Heiligen ihrer eigenen Kräffte / auch nur wegen Beharrung im guten / sich rühmen sollen / sondern der Ruhm soll ihm selbst alleine bleiben.

5. (II.) **Alle** Secten könten diesen Trost fürwenden. (p. 47.) Antwort. Weil andere Secten die Gnaden-Mittel und derselben gerecht- und seligmachenden Brauch verwerffen / wie können sie denn Gottes Gnade erlangen / und sich derselben

ben trösten? So offt der Jesuit der Gna=
de Gottes gedencket / ist es freylich nur sein
blosses Fürwenden. Denn nach den be=
kanten Spruch *Augustini* (L. II. de pecc.
mer. & rem. c. XXIV.) Gratia quæ non est
gratuita omni modo, non est gratia ullo
modo: Die Gnade / so man nicht für
Gnade hält auf alle Weise / die ist gar
keine Gnade auf einige Weise.

6. (III.) Man könte sich mit der
Barmhertzigkeit GOttes trösten /
und unterdessen auf die Barmher=
tzigkeit GOttes immer dahin frey
sündigen / welches kein Trost / son=
dern eine grosse Sünde in den Heiligen
Geist. (p. 47.) Antwort. Der Jesuit
schläget sich mit seinem Schatten: Nie=
mand träumet unter uns von einer sol=
chen Gnade und Barmhertzigkeit GOt=
tes / welche den Sündern / sie verharren
gleich in was Sünden sie immer wollen /
in solchem Stande widerfahren solte.
Die / so die Gnade unsers GOttes auf
Muthwillen ziehen / sind Gottlose /
Ep. Jud. v. 4. Dawider predigen / singen
und sagen wir:

Wer

Wer nur auf Gnade sündigt hin/
Fährt fort in seinem bösen Sinn/
Und seiner Seelen selbst nicht
schont/
Dem wird mit Ungnad abge-
lohnt.

Dagegen bleibet doch der Trost feste/ daß
Gottes Barmhertzigkeit währet immer für und für/ bey denen/ NB. die
Ihn fürchten/ Luc. II. 50. Was die
Sünde wider den Heiligen Geist/
verstehet der Jesuit nicht: Denn auf
Gnade sündigen/ oder in Sünden sich annoch der Gnade trösten/ ist noch nicht so
viel/ als muthwillig die Gnade
schmähen/ und in endlicher Unbußfer-
tigkeit für Spott halten/ Ebr. X. 26
29. VI. 6.

7. (IV.) Solchen/ so sich allein
auf GOttes Barmhertzigkeit ver-
lassen/ giebt der Heilige Apostel einen
scharffen Verweiß/ Rom. II. 4. seqq.
O! Mensch/ verachtestu rc. weistu
nicht/ daß dich Gottes Güte zur Busse
leitet rc. (p. 48.) Antwort. Die jeni-
gen/ welche allein mit falscher Einbil-
dung/

Dung/ ohne rechte Busse/ sich auf Gottes
Barmhertzigkeit verlassen wollen/ hat
der Apostel billiche Ursach zu straffen:
Was benimbt aber solches denen/ die al-
leine/ ohne Vertrauen auf all ihr Thun
und Frömmigkeit/ sich auf GOTTES
Barmhertzigkeit in wahren Glauben
verlassen? Das übrige/ (p. 49. 50. 51.)
so uns gar nicht zu wider/ hat der Jesuit
abermahls in Wind geredet; Er und andere Gnaden = Feinde möchten nur der
Langmuth Gottes nicht ferner mißbrau-
chen/ noch ihre Bekehrung von einem
Tage zunn andern auffschieben.   Er
lasse sich hierneben seine benachbarten
Jüden (welche denen Papisten angeneh-
mer als die Evangelischen Bekenner des
Nahmens JEsu: Die Jüden/ saget der
gewesene Weyh = Bischoff zu Prag/ *Caramuel*, sind årger als die Ketzer/ Got-
teslåsterer/ Kirchen = Råuber/ Mörder/
Ehebrecher/ und werden dennoch zu Rom
vom Pabst geduldet/ (Pac. Licit. fol. 18.)
Ergò, schleust er darauß/ gibt es eine Theo-
logie, das ist/ die Påbstische/ Krafft welcher man alle erwehnte abscheuliche La-

J 7   ster

ſter zulaſſen kan. Iſt dieſes recht?) Des
alten R. Elieſers Lection (פֶּא Cap. II. p.
m. 8.) erklären: שוב יום אחד לפני
מיתך, Mit der Gloſſe: שאין אדם יודע
אי זה יום ימות, Letzlich wird
uns aller Jeſuiten Ungnade/ den gewiſſen
Troſt der Göttlichen Gnade doch nicht
nehmen können.

Das VIII. Capitel.

Vom ſechſten Troſt/ des
Verdienſts Chriſti.

§. I.

Dieſen Troſt/ den unſer Jeſu-wider
allhier zu widerlegen ſich fürnimt/ faſ-
ſet er ſelbſt (p. 52.) in dieſen Worten ab:
Wir ſterben auf das Leiden und
Sterben Chriſti/ welcher für uns ge-
ſtorben/ für unſere Sünde gnug ge-
than/ und durch ſein heiliges Leiden
und Tod uns die Seligkeit erlanget.
GOtt erbarme es/ daß der Teuffel ſolchen Troſt dem Jeſuiten aus dem Hertzen
geriſſen: An uns ſoll er keine Macht finden.
Seinen

Seinen Anläuffen / so hierauf folgen / können wir mit dem Schwerd des Geistes leichtlich widerstehen.

2. (I.) Es sey ein über=kluges Für=wenden derer Lutheraner / welche sich gedencken etwas mehrers vor den andern zu verstehen. (p. 52.) Antwort. Es wissen und verstehen es / GOtt Lob! auch alle unsere zehen=jährige Kinder / und können in ihrer Glaubens=Einfalt / aus der Catechismus=Auslegung des andern Artickels / dem Jesuiten mehr davon berichten / als er noch verstehet.

3. (II.) Diesen Trost haben auch andere Secten / Calvinisten / Arianer / Donatisten rc. (p. 52.) Antwort. Der Jesuit verhauet in seiner Furie sich gar schändlich / wenn er die Arianer mit einschleust / daß sie gleichfalls künten sagen / Christus habe für ihre Sünde gnug gethan : Welches eine derbe offenbare Jesuitische Lüge ist. Der Ignorant lasse sich doch erst von einer Sache informiren , ehe er davon schreiben wil. In übrigen / wer sich mit rechten Glauben alleine auf das Verdienst Christi /

Christi / wie Er in der Schrifft uns zu
einen Gnaden-Thron und zur Erlösung fürgestellet worden / Rom. III.
25. verläst / und drauff stirbet / der ist ohne
allen Zweiffel selig ; Laut Johan. III. 15.
seqq. Und **Wehe! Wehe! Wehe!**
ja ewig Wehe! dem/ der solches läugnet! Daß aber diß die beniemten Secten
thun / auf Art und Weise / wie es die
Schrifft erfordert / daß muß der Jesuit
erweisen. Denn es ist nicht genug/ daß
ein Sectirer bloß sage: Ich sterbe auf
das Verdienst Christi; er lehre und halte
sonst von Christo was er wil : Mit nichten. Denn es heist allerdings / wie Bellarminus (L.I.Purg.c.V.) geschrieben: Omnis
hæresis, quantumvis magnificè loquatur
de Christo , tamen non verum Christum
prædicat , sed alium , quem sibi finxit,
Jedwede Ketzerey sie mag gleich viel
Worte und Ruhm von Christo brauchen / lehret doch nicht den rechten
Christum/sondern einen andern / welchen sie sich erdichtet.

4. (III.) Es sey ein ungereimter ab-
scheulicher Trost : Christus ist für alle
gestor-

geſtorben/ auch für Jüden und Türcken : So ſolten auch dieſe ſelig werden ? (p. 53.) Antwort. Eine un-
gereimte Verkehrung und abſcheuliche
Thorheit erweiſt der Jeſuit hierinnen.
*Wie lauten die von Jhm ſelbſt voran ge-
ſetzten Troſt-Worte? Wir ſterben auf
das Leiden und Sterben Chriſti/ ꝛc.*
Wenn hat nun der Jeſuit einen Jüden
und Türcken ſich alſo tröſten hören ? Dieſer Troſt ſchleuſt ja die gläubige Application und Zueignung mit ein/ welches der
blinde Eifer nicht ſehen wil.

5. (IV.) Phil. II. 12. *Wir ſollen unſer Heil mit Furcht und Zittern wircken. Dieſe Vermahnung wäre unnöthig / wann es gnug zur Selig-
keit/ daß Chriſtus für uns geſtorben.*
(p. 53.) Antwort. Auf dieſen Spruch iſt
droben (Cap. II. §. 15.) geantwortet/ und
bringet das Wircken oder Schaffen
(κατεργάζεσϑ) kein Verdienſt oder Zuthun der Wercke mit ſich/ ſondern nur die
Vermeidung der Hindernis / wodurch
die Epicurer und Werckheiligen die Seligkeit verſchertzen. Dieſes aber iſt Gottes-
läſter-

lästerlich gesaget: **Es wäre nicht gnug /
daß Christus für uns gestorben sey!**
Welches er doch ferner bestärcken wil.

6. (V.) Paulus sage / Col. I. 24.. **Ich
erfülle das jenige / was noch mangelt
an Leiden Christi.** Die Lutheraner / die sonst auf den Buchstaben gehen / und keine Auslegung zulassen /
als die sie aus ihrem eigensinnigen
Kopff erdichten / mögen hier zuse-
hen! (p. 54.) Antwort. Wir halten
nichts von eigner Auslegung / welche
die Päbstler aus dem eigensinnigen Wel-
schen Pabst-Gehirn anatomiren wollen / wider S. Petri Warnung / 2. Epist.
I. 20. Gnug / daß wir wissen / daß die heiligen Buchstaben (ἱερὰ γράμματα)
können uns unterweisen (σοφίσαι,
wider die Jesuitischen Sophistereyen)
zur Seligkeit durch den Glauben
an Christum JEsum / 2. Tim. III. 15.
Der Buchstabe dieses Texts giebts klar /
daß Paulus gantz nicht redet von Christi
eigenen Leiden / so er an seinem Leibe
in der Passion ausgestanden / sondern von
Dem

dem Leiden / ſo Chriſti geiſtlicher Leib /
NB. welcher iſt die Gemeine oder
Chriſtliche Kirche / ausſtehet. Daß dieſe
Lutheriſche Erklärung auch von vielen
Päbſtiſchen Scribenten gelobet und ap-
probiret werde / bezeuget *Bellarminus*
(L. I. Indulg. C. V.) Pauli Leiden war
keine Erlöſung / ſondern Vermahnung /
(*Thom.* P. III. q. 48. a. 5. ad 4.) eine Be-
ſtätigung in der Warheit / (*Gloſſ. Inter-*
lin.) und Erfüllung der Worte Chriſti
Act. IX. 16. (*Lyran.* h. I.) Keine Ver-
ſöhnung mit GOtt (*Salmero*, in 2. Cor.
XII. 15.) Man beſehe auch *Juſtinian. Eſt.*
Tirin. &c. Ja unſer Jeſuit muß ſelbſt
Beyfall geben (p. 55.) Wenn Paulus
geſprochen / es mangele an dem Leiden Chriſti / ſey es nicht zu verſtehen
auf Chriſti Seiten und ſeines Theils /
weil ſein Heiliges Leiden freylich wohl
habe genug gethan für die Sünde
der gantzen Welt und ſeine Verdienſte ſeyn unerſchöpflich. Wohl!
So laſſe man nur Meß / *Indulgenz* und
Verdienſte der Heiligen immer fahren / und geſtehe dabey / daß Paulus allhier

hier dem Verdienste des Leidens und
Sterbens Christi keinen Mangel zuschrei-
be/ und daß dahero demselben kein lumpich-
tes Lappen-Werck der Päbstischen Gleis-
nerey anzuflicken sey   Dem Jesuiten wird
in Ewigkeit unmöglich seyn darzuthun/
daß S. Paulus in diesem Spruche/
Col. I. 24. von einem Supplemento appli-
cationis meriti Christi, oder daß einig
menschliches Leiden oder Werck uns das
Verdienst Christi applicire und zueigne/
rede : Als welches nur allein durch den
Glauben geschicht/ und nicht dadurch/
wenn wir unser von GOtt auferlegtes
Theil/ Portion und Pensum leiden/ und solcher gestalt an unserm Theil erfüllen/ was
an dem zugetheilten Leiden der Kirchen noch
ermangelt und zurücke ist.

7. Erinnere noch hierbey/ daß der Jesuit mit seinem Hauffen das Verdienst
Christi nicht gerne nennen / sondern sprechen ungeschicklich / die Verdienste
Christi.   Gleich als ware nicht eines/
sondern derselben vielerley.   Das Verdienst Christi/ weil es unendlich/ lässet sich
in unserer Betrachtung nicht vielfältigen
noch

noch) abzählen / wie etwa ſonſt eines wohlverdienten Mannes nach und nach vor
ſich gebrachte Meriten. Rechtgläubi-
ge Chriſten-Hertzen wiſſen nur von dem
einigen vollgültigen hochtheuren Verdienſte Chriſti in ſeinem gantzen Thun-
und Leidens-Gehorſam / finden auch in
der Schrifft keine ἀντίλυτρα, ſondern ein
einig ἀντίλυτρον, 1. Tim. II. 6. Und bleiben einfältig bey der Apoſtoliſchen Redens-
Art / daß Chriſtus nicht offte / ſondern
einmahl für unſer aller Sünde gelidten
und geopffert ſey / Ebr. IX. 26. 28.
Wir laſſen uns zu keinen Ablas-Ka-
ſten / da die unerſchöpffliche Zahl der
vielen Verdienſte ſtecken ſoll / hierdurch
verleiten.

8. (VI.) *Wir ſollen Chriſto nach-*
folgen im Leiden / ſtehe Joh. XIII. 15.
1. Pet. II. 21. Rom. VIII. 17. 2. Cor. I. 7.
IV. 10. und unſer Fleiſch caſteyen und
tödten / 1. Cor. IX. 27. Col. III. 5. Darumb müſſen wir uns ſein Verdienſt
und Gnugthuung durch die Nachfol-
gung und Bußwercke appliciren und
zueignen. Iſt denn Beten / Faſten /
Allmo-

Allmosen / Gedult un Creutz / Abtöd-
tung des Fleisches vergebens / und
hat Christus dergestalt für uns
gnug gethan / daß wir der keines zur
Seligkeit bedürffen? (p. 54. 55. 56.)
Antwort. Alle diese Stücke (doch ohne
angelappten Menschen-Tand) sind einem
Christen nöthig und nützlich / ein heiliges
Gottwohlgefälliges Leben fortzusetzen ; er
muß aber schon mit GOtt durch vorher-
gehende Rechtfertigung versöhnet und
in den Stand der Gnaden kommen seyn:
Drumb können diese Dinge in der
Rechtfertigung / so allein durch gläubige
Ergreiffung des Verdiensts Christi geschicht / durchaus nicht Platz haben / vielweniger das Verdienst Christi uns appliciren : Davon in angeführten Sprüchen nicht die geringste Anzeigung zu finden.   Opera seqvuntur justificatum,
non præcedunt justificandum , saget *Au-*
gustinus, (de Fide & oper. C. XIV.) Gute
Wercke folgen der Rechtfertigung
nach / und können nicht vorher gehen. Wir bleiben / dem Jesuiten zu
Trutz / nochmahls dabey/ daß man dißfalls

falls ohne Sorge ſeyn ſoll / weil man
durch das Vertrauen auf die Verdienſte (vielmehr/ das Verdienſt) Chriſti / wenn man ſtirbt / alsbald von
Mund auf in den Himmel (ohne Fegfeuer / Apoc. XIV. 13. welches wir den
Pfaffen gerne überlaſſen/) fahren könne. (p. 56.). Und wer dieſes einen ſchäd-
lichen und verdammlichen Irrthum/
mit dem P. Richard / (p. 57.) oder mit
Scheflern das Verdienſt Chriſti eine
lächerliche Sünden-Schmiere / und
die Gerechtigkeit Chriſti mit dem Loſoliten
Keller (ap. Zeemann. Tom. II. f. 136.) eine
elende Decke nennet / der ſey Anathema
Maharam Motha , 1. Cor. XVI. 2. In-
deſſen kan der Jeſuit leſen / was vor alters
im Wirtenbergiſchen Cloſter zu Korhol-
den in Stein gehauen/ und hernach vom
Prior, nach dem D. Brentius A. 1560. ihn
damit ſchamroth gemachet / zur höchſten
Schande bey Seit geſchaffet worden/
(Cruſ. P. III. Annal.)

Ex merito Chriſti tantum ſalvamur ab-
unde;

Ergo tuis factis ne fidas, optime frater.

Das

Das ist:

Nur Christi theur Verdienst giebt
Himmels-Zuversicht:
Drumb/lieber Bruder/trau auf dei-
ne Wercke nicht.

9. Nachdem P. Richard bißhero dem
unschätzbaren Verdienste JEsu Christi
zur Schmach und Verkleinerung viel ge-
lästert/ wil er noch dazu sein züchtig/ wie
solcher Leute Art ist/ das Maul wischen/
und sprechen : Ich habe kein übels ge-
than/ Proverb. XXX. 20. Beklaget sich
höchlich/ (VII.) daß man denen Rö-
misch-Catholischen Unwarheit wolle bey-
messen/ als wenn sie mit ihren Verdien-
sten dem Leiden Christi sein Lob und Ehre
entziehen wolten/ oder endlich nur denen
Sterbenden den Trost des Verdiensts
Christi hören liessen: wobey er insonderheit oben hochermeldten Herrn D. Lehmanns Leichpredigt bößlich ansticht. (p.
57. seq.) Antwort. Protestatio ne fit
contraria facto : Das Werck bezeuget
ein anders : Wie bald noch mit mehrern
folget. Die Historia von Hertzog Georgens Rede/ daß der Glaubens-Trost
des

des Verdienſts Chriſti vor die Ster=
benden und nicht Geſunden gehöre /
iſt zu Leipzig / allwo die Sache geſchehen /
vorlängſt Stadt= und Land=kündig gewe=
en / und an der Warheit / wie ſehr es dem
Pragiſchen Jeſuiten verdreuſt / kein Zwei=
el. Es weiſens auch die alten Agenden=
Sterb = Gebethlein und Fragſtücke
aus / daß man mit den Sterbenden an=
ers geredet / als ſonſt die gemeine Päbſti=
che Lehre von der Werckheiligkeit lautet.
Iſts wahr / daß ſie nicht nur in die Oh=
ren der Sterbenden das Leiden und
Sterben und Verdienſt Chriſti ein=
ſchreyen / ſo mögen ſie ſich auch damit in
Ehren / Predigen und Diſputiren beſſer
hören laſſen / als noch dieſe Stunde ge=
ſchicht.

10. (VIII.) Die Römiſch=Catholi=
ſchen (rühmet der Jeſuit ohne Ruhm)
halten viel / ja mehr als die Lutheriſchen /
von dem Leiden und Verdienſt Chriſti.
Denn alle Gebethe würden beſchloſſen:
Durch JEſum Chriſtum unſern
HErrn ꝛc. Jn den Faſten = Predig=
en würde es herfür geſtrichen und geprie=

sen / sie lebten und stürben auch darauf.
(p. 58. 59.) Antwort. Ihr Heuchler /
es hat wohl Esaias von euch geweis-
saget und gesprochen : Diß Volck
nahet sich zu mir mit seinem Munde / und ehret mich mit seinem Lip-
pen / aber ihr Hertz ist ferne von mir /
Matth. XV. 7. 8. Das heist ja frey ins
Feld gelogen / wenn man uns in allen
Puncten / wo wir die Ehre alleine dem
HErrn JEsu zuschreiben / schnurstracks
widerspricht / und wil sich doch rühmen /
man ehre Christum mehr / als wir. Christi Ehren-Ruhm : Ich trete die Kel-
ter alleine / und ist niemand (אֵין אִישׁ
i. e. nullus) unter den Völckern mit
mir : wird höchst geschändet im Ma-
riali : Verum est, Domine, quod non
fuit vir tecum, sed mulier unà tecum est,
quæ omnia vulnera, quæ tu suscepisti in
Corpore, suscepit in Corde, Ja / HErr /
es ist wohl kein Mann mit dir gewesen / aber doch ein Weib / (die Mutter Maria) welche alle Wunden / wie
du im Leibe / also sie in ihrem Hertzen
empfunden rc. Hiemit wird Christus

Nah-

Nahme am meiſten verunehret / wenn
man im Gebeth ohne wahren Glauben
ihn nennet / auch demſelben wieder ſein
Verboth andere Noth-helffer bey und
vorſetzet. Zäuberer und Segen-ſprecher
behelffen ſich mit dergleichen Ausrede /
daß ſie den Nahmen Gottes auch mit
gebrauchen. Die Päbſtiſchen Faſten-
Predigten mögen bißweilen verurſa-
hen / daß ein paar alte Weiber wegen
der unbarmhertzigen Jüden weinen /
velches nicht der rechte Zweck / Luc.
XXIII. 27. ſeqq. Die wahren Urſachen /
Urt / Krafft und Frucht aber des Leidens
Chriſti kan aus Päbſtiſcher Lehre nimmermehr gezeiget werden. Das übri-
je Gauckel-Spiel am Char-Freytage
und folgende Oſter-Gelächter dienet zu
einem Troſt. Die tägliche Praxis und
Erfahrung lehrets / wie im Pabſtthum
mehr die Mutter Gottes und H. Pa-
ronen / als Chriſtus geehret und ange-
uffen werde. Das Jeſuitiſche Proble-
na, obs heilſamer ſey / JEſum oder
iie Mariam anzuruffen? hat Men-
za (Virid. L. II. Probl. 2.) und Salazar,

K 2　　　　　　　(Com-

(Comment. in Prov. VIII. 18.) nebenst andern / uf Seiten der Marien decidiret. Derselben befehlen sie sich im täglichen Ave-Maria, itzt und in der Stunde ihres Absterbens / und beten aus dem Marien=Psalter: In manus tuas, Domina, commendo Spiritum meum, O Frau / in deine Hände befehl ich meinen Geist! Und was ists nöthig / mit Welt=bekandten abscheulichen Dingen viel Blätter anzufüllen? Es schreibet ja gotts=lästerlich der Jesuit / *Christ. à Vega: Mariae Nahmen* sey viel kräfftiger als der Nahmen JEsu: (Theol. Marian. §. 1378.) Man würde eher durch Sie/ als durch Christum / selig. (§. 1380.) &c. O daß sich der Himmel oder die Erde darüber nicht entsetzet!

II. (IX.) Man sage nicht / daß alle Wercke verdienstlich und der Seligkeit werth / (als / die aus natürlichen Kräfften geschehen / auch andere an und für sich selbst) sondern sie haben die Krafft vom Verdienst Christi. Das sey Christo eine Ehre / wie die Reben dem Weinstock/

Joh.

Joh. XV. 4. (p. 59. 60. 61.) Antwort.
Gottes Wort ſaget / daß gar keine
Wercke verdienſtlich noch der Seligkeit werth ſeyn / und werden an allen Orten ausgeſchloſſen / auf daß ſich
nicht iemand rühme / weil die Ehre dem
Verdienſte Chriſti alleine zukomt. Den
höchſtgeſchmückten Kleidern des Heils
und Rocke der Gerechtigkeit Chriſti Eſa LXI. 10. kan alle unſere Gerechtigkeit / (כָּל־צִדְקֹתֵינוּ alle unſere Gerechtigkeiten) als ein unflätig
Kleid / C. LXIV. 6. nichts als Unehre
beytragen. Solche Feigen - Blätter
gelten nicht vor Gottes Heil. Angeſichte.
Auch ſparet der Jeſuit die Warheit /
daß die Päbſtler den Wercken kein
eigen Verdienſt beymeſſen : War-
umb ſchreibt denn *Biel :* (L. III. Diſt. XIX.
Can. V.) Chriſti paſſio nunquam eſt ſola
& TOTALIS CAUSA MERITORIA ,
Chriſti Leiden ſey nicht die einige
und NB. gänzliche verdienſtliche
Urſach: Und Thomas ſelbſt (1. 2. q. 114.
art 7.) ſpricht: Omnem Actum Charitatis
ABSOLUTE MERERI vitam æternam ,

Ein

Ein iedes Werck der Liebe verdiene
schlechter Dinge das ewige Leben.

12. (X.) Unser Verdienst und Leiden werde erfordert / nicht als wäre Christi Verdienst und Leiden nicht genug /
sondern / dieweil es GOtt also verordnet und haben wolle. (p. 62.) Antwort. Der Jesuit ist schon etlich mahl erinnert worden / er soll einen bündigen
Schrifft = Beweiß solcher Göttlichen
Verordnung zeigen. Denn / daß wir
Christo im Leiden nachfolgen sollen /
1. Pet. II. 21. beweiset durchaus kein Verdienst des Leidens. Die Ordnung Gottes zu Erlangung der Seligkeit / ohn einig
Zuthun und Verdienst unserer Wercke /
leuchtet hingegen aller Orten klar in Heil.
Schrifft. So lehret auch *Ambrosius* : (in
1. Cor. I.) HOC CONSTITUTUM
EST A DEO, ut qui CREDIT in
Christum, salvus sit SINE OPERE,
SOLA FIDE GRATIS accipiens remis-
sionem peccatorum: Also ists von GOtt
verordnet / (der Jesuit wird die greiffliche
Contradiction ja verstehen) daß / wer an
Christum gläubet / NB. ohne die Wercke

ＳＥ ſelig werde / indem er NB. allein
durch den Glauben NB. umbſonſt (ohne Verdienſt) empfängt die Vergebung
der Sünden.

13. (XI.) Man ſehe vielmehr / wie
kräfftig und mächtig Chriſti Verdienſt ſey /
daß er uns nicht nur das Recht zum ewigen
Leben erworben und zu Erben beſtellet
hat / ſondern auch Krafft mittheilet / durch
eigen Verdienſt ſolches / als eine Crone
der Gerechtigkeit / 2. Tim. IV. 8. zu erlangen. (p. 62. ſeq.) Antwort. Man
ſieht vielmehr / daß Chriſtus nicht alleine /
ohne unſer Zuthun / uns den Himmel
hätte erwerben können ; (welches zu läugnen ihm höchſtverkleinerlich :) Sondern
daß er uns ſo wohl das Recht / als die
würckliche Erlangung der Crone der
Gerechtigkeit / ohne unſere Verdienſt / erworben. Denn / ſind wir durch Chriſti Gnade gerecht und NB. Erben des
ewigen Lebens / Tit. III. 7. wie der Jeſuit das erworbene Erbrecht geſtehen
muß / ſo braucht es keines weitern Verdienſts / wenn man die Kindſchafft mit

Ｋ 4   wah-

wahren Glauben angenommen / Joh. I.
12. Gal. III. 26. IV. 7. Erben und Verdienen / soll und muß / nach Jesuitischer
Weißheit / ein Ding seyn ! Die Gna-
den-Verheissung macht zwar / nach dem
sie geschehen / eine gewisse / doch aber
unverdiente Schuld: Daher / was aus
Bernhardo und *Augustino* in diesem
Verstande beygefüget worden / reimet
sich / wie nichts / zur Sache. Der Jesuit wird sonst wissen / wie Käyser Karl
der V. sich mit *Bernhardi* Spruche letzlich getröstet / (*Thuan.* L. XXI. Hist.) Er
sey zwar unwürdig / das Himmel-
reich durch eigen Verdienst zuer-
langen / aber sein HErr und Heyland /
der dasselbe durch ein zweyfaches
Recht / nehmlich als ein Väterlich
Erbe und aus Verdienst seines Leidens / besitze / sey mit jenem vor sich
zu frieden / und habe dieses Ihm geschencket / denn auf eigen Verdienst
vertrauen / (non esse fidei sed perfidiæ)
sey kein Glaube / sondern Unglaube.

14. Diese unsere Evangelische Trost-
Lehre ist so mächtig / daß der Spanische
Ertz-

Ertz - Papiſt *P. de Ribadeneira* in ſeinem
Buch / welches er doch eben / wie unſer
Jeſuit / einen Troſt-Brunn (Fontem
vitæ & Conſolationis) nennet / und ein
Chur - Bayriſcher Secretarius, *Ægid. Albertinus*, cum licentiâ Superiorum , zu
München A. 1600. teutſch heraus gegeben / ausdrücklich bekennet: Quòd omnis
noſtra fiducia fundata eſſe debeat in merito Chriſti , daß alle unſere Zuverſicht ſich allein müſſe gründen in
dem Verdienſt (nicht unſern / ſondern)
Chriſti. Ja wir müſſen unſere Augen gantz von uns hinweg und zu
Chriſto kehren / denn ſeine Liebe
rühret nicht her von Vollkommenheit / (quæ in nobis hæret, ſed quæ IN
ILLO EST) die in uns / ſon-
dern die in NB. Ihm iſt. Und dieſes
nennet er (fundamentum & clavem o-
mnis noſtræ fiduciæ & conſolationis)
den Grund und Schlüſſel aller unſer Zuverſicht und Troſtes / (tutiſſi-
mum portum , ad quem in quâvis tem-
peſtate confugiamus) den ſicherſten
Port und Hafen / darein wir in al-

len Ungestüm fliehen können rc.
Was thun denn nun hier unsere Wercke?

Das IX. Capitel/
Vom siebenden Trost/
der Vergebung der Sünden.

§. I.

HIernechst bemühet sich der leidige Trö-
ster/ *P. Aloysius* (p. 64. seqq.) den
Haupt = Trost eines betrübten Sünders/
die Vergebung der Sünden/ auf recht
Teufflische Weise anzufechten. Wann
Christus und sein Diener spricht: Sey
getrost/ deine Sünde sind dir ver-
geben/ Matth. IX. 2. (Welches/ wie es
ohne einige Gewissens = Scrupel und
Uflage einiger Gnugthuung geredet ist/
also auch einem mit Sünden beunru-
higtem Hertzen zu gantz gewissen Trost
gereichet.) So kan der Gegensatz/ so es
disputirlich machet/ nichts anders als eine Teufflische Anfechtung seyn.
Was nun der murrende Jesuit in seinem Hertzen Arges dawider dencke/
giebt

giebt er an Tag / wenn er theils wider die
Gewißheit der Vergebung selbst /
theils wider das H. Predigt = Ampt /
zwar ohne gründlichen Einwurff / mit
blosser Verkehrung und Lästerung / seinen
Gifft ausschüttet.

2. Die Worte / wie er diesen Trost
der Evangelischen beschreibet / lautet sehr
gut: Ich weiß und bin gewiß / daß
mir meine Sünde vergeben; dahero bin ich auch versichert / daß ich
bin ein Kind der ewigen Seligkeit. Diß wird aber von Ihm / als eine
unchristliche Meinung / (ein Christlich
Hertz wird sich darob entsetzen!) verworffen / und soll wenig in Heil. Schrifft
und Lutherischen Glauben / als in
seinem und anderer Cains = und Judas=
Brüder verblendeten Sinne / Grund
finden. (p. 64.) Denn (I.) es käme her
aus Lutheri falschen Principio: Man
habe gewiß Vergebung der Sünden / wenn man nur fest gläubet /
daß einem die Sünden vergeben seyn;
welches ein Irrthum / so schon im vorigen Seculo durch *Johan. Roffensem* wi-

K 6   der

derleget worden. (p. 65.) Antwort. Ist
die alte Verläumbdung *Bellarmini*. (L. III.
Just. c. III.) Unsere Gewißheit von Vergebung der Sünden beruhet nicht auf
einen so leeren Grunde : der Leser wird
die Jesuitische Mengerey leichte *mit
Händen greiffen.* Denn diejenige Glau-
bens-Zuversicht / womit ich Christum
mit seinem gantzen Verdienste in dem
Worte des Evangelii ergreiffe / ist eigentlich der gerecht- und seligmachende
Glaube / dadurch ich die Rechtfertigung
vor GOtt / deren erstes Theil ist Vergebung der Sünden/ erlange : Nach Erlangung aber derselben NB. folget erst
hernach / unter andern Glaubens-Ubun-
gen / das Vertrauen / daß mir alle meine
Sünden vergeben / wie auch die Versiche-
rung / daß ich ein Kind Gottes sey; wobey hernach auch die Zuversichtliche Hoffnung / die himmlische Erbschafft wircklich zu überkommen / nicht ausbleibet.
Wie nun beydes Glaube und Hoffnung
(besage des III. und IV. Cap.) ihre
sichere Gewißheit haben / also ist auch in
die Vergebung der Sünden kein Zweiffel

sel zu setzen. Daher des Englischen Bi-
schoffs Entscheid gar unzeitig beygebracht wird. Man sehe aber nur dabey/
was der Jesuit vor wunderliche Hei-
ligen/ deren einer dem andern den Kopff
abgerissen/ wider uns umb Hülffe an-
ruffet! Massen der von Ihm oben (p. II.)
angezogene König *Heinricus VIII.* (ein
von den Papisten Anfangs gerühm-
ter schöner Glaubens-Beschirmer)
diesen *Joh. Fischerum*, Episc. Roff. A. 1532.
hat enthäupten lassen. Gefällt dem Jesuiten deß *Roffensis* Meinung so wohl/
so lasse er sich auch gefallen/ wann derselbe in der Widerlegung Lutheri gestan-
den/ daß die ersten Christen das Sacrament in beyder Gestalt genossen/
das Feg-Feur der Griechischen Kirchen
unbewust/ der alten Lateinischen aber
nicht nöthig zu gläuben gewesen/ daß auch
die Kirchen-Väter offt geirret rc. Ist
das wahr/ so kan der Jesuit hinfuhro sich
mehr auf sein Zeugnis beruffen.

3. (II.) Die Lutheraner schöpffen
diesen Trost von ihrer Prädicanten Einschwatzen/ Ohren-kratzen

K 7 und

und kützeln. So klügelt auch *Coste-*
rus: (Enchir. c. VI.) Man lehre bey uns
also/ weil die Leute / so ohne diß zu Lastern geneigt / und die Seele nicht purgi-
ren wollen / es gerne hören. (p. 65.) **Ant-**
wort. Auf diese Schmach-Rede ist schon
mahl (Cap. III. §. 5.) geantwortet. Daß
die Gewißheit der Vergebung der Sünden / wie auch unsers Glaubens/ Rechtfertigung und zugerechneten Gerechtigkeit Christi/ deß H. Geistes süsse Trost-
Lehre sey / das schmecken und sehen wir
aus Gottes Wort : der Jesuit und andere mögens (zukünfftiger schweren
Rechenschafft) ihren Spott *haben/*
Act. II. 13. Wir lehren aber/ darneben
nicht weniger / daß nechst der gewissen
Vergebung der Sünden / man auch die
Laster und Seelen-Besudlung meiden
solle/ weil ja alle Ursachen unserer Rechtfertigung darzu reitzen und antreiben:
Nehmlich die Gnade Gottes / Tit. II.
11. 12. **Christi Verdienst** / ibid. verf.
14. Luc. I. 74. seq. 2. Cor. V. 14. seq. und
der Glaube/ Gal. V. 6. Rom. XIV. 23.
1. Tim. I. 5. &c. Ungeachtet / der Jesuit
nicht

nicht verstehen wil / daß das Gesetz und
Evangelium einander nicht aufheben /
sondern beyde im rechten Brauche zu erhalten / nicht aber zuvermengen seyn.

4. (III.) **Es sey eine grössere Ver-**
messenheit und Thorheit / als Gewiß-
heit. (p. 66.) Antwort. Vermessenheit
schreitet ausser Gottes Wort : die Glau-
bens-Gewißheit / wegen Vergebung der
Sünden / bleibet bey Gottes Wort: Darumb kan solche keine straffbare Vermessenheit heissen. Anders schliessen wollen /
ist eine Jesuitische Thorheit. *Augusti-*
nus giebt seinen hocherleuchteten Beyfall:
Ideo PRÆSUME non de OPERATIO-
NE tuâ, sed de CHRISTI GRATIA.
Gratiâ enim salvati estis. Non ergò hîc
ARROGANTIA est, sed FIDES : Prædicare quod acceperis , non est SUPER-
BIA, sed devotio, (de Verb. Dom. Serm.
XXVIII.) Drumb vertraue nicht auf
deine Wercke / sondern auf Christi
Gnade / denn aus Gnade seyd ihr
selig worden. Das ist nun hier
keine Vermessenheit / sondern der
Glaube : das jenige preisen / was
man

man empfangen hat / (nehmlich die
gewisse Vergebung der Sünden) ist keine Hoffart / sondern eine Andacht.
Und nochmahls (Tr. sup. Pf. LV. &
LXXXV.): Dicat unusquisque fidelium:
sanctus sum. Non est ista SUPERBIA
elati, sed Confessio non ingrati. Ein ieder kan in wahren Glauben sprechen : Ich bin heilig. Das ist keine
Vermessenheit oder Hochmuth / sondern eine danckbare Bekäntnis.

5. (IV.) Es sey nichts von solcher Gewißheit in der gantzen Bibel zu finden. (p. 66.) Antwort. Die Schrifft-
Stellen sind bißhero / sonderlich Cap. II.
§. 26. seqq. Cap. III. §. 2. &c. zur Gnüge
angewiesen. Der Pater lasse sich nicht ge-
lüsten / solche dergestalt unkräfftig zu machen / wie hingegen allen seinem unge-
reimten Schrifft-Beweise hier wieder-
fähret.

6. (V.) Luther habe sich keiner In-
fallibilität gerühmet / (ausser daß er schreibet / er wisse gewiß / daß er mit seinem Leben
der Höllen Abgrund verdienet) viel weniger könten es seine Nachkömlinge thun.
War-

Warumb berufft man sich denn auf
den theuren Mann Lutherum? wie
D. Georgius Lehmann schreibet: Daß
man müsse die Lehre Lutheri stehen
lassen / sie müssen verbleiben / und
wird seine Lehr nicht umbgestossen
werden. Die Lutheraner (kurabts umb
und umb) halten mehr auf ihrer Prædi-
anten Wort / als Heil. Schrifft: gedencken / diese habens recht getroffen / wie
sie plaudern und schwatzen. Aber was
ist das vor Gewißheit / sie auf betrüglicher Menschen Meinung gegründet?
Dergleichen auch bey andern Secten
zu finden. (p. 66. 67. 68. 69.) Antwort.
D. Luther ist nicht unser Pabst. Ein
anders aber ist seine Lehre / ein anders
das Leben. Mit seinem Leben (welches zwar sündlich / doch nicht so gottloß / wie der meisten Päbste / gewesen)
bekennet er selbst / daß er die Höllen-
Straffe hätte verdienet / wie mit Ber-
nardo alle Fromme beseufftzen. Lutheri
Lehre / als welche Schrifft-mäßig / (dawider P. Richard , im IV. Cap. nichts erhalten) bestehet auf dem unfehlbaren
Grun-

Grunde göttlichen Worts / welches die himmlische Warheit ist / Joh. XVII. 17. und Hertzbewegende Krafft hat / Rom. I. 16. Ebr. IV. 12. dazu kein Pabst noch anderer Mensch capabel. Dahero hat Lutherus an seiner Lehre Unfehlbarkeit gar nicht gezweiffelt / und schreibet sonderlich von gegenwertigem Lehr-Puncte wider seine wütende Feinde / mit grossem Eifer / (T. V. f. 554.): Weil ich sehe / daß diesen Haupt-Artickel der Teuffel immer muß lästern / durch seine Sau-Lehrer (Sauiten) und nicht ruhen noch auffhören kan : So sage ich D. M. L. &c. daß diesen Artickel (NB. der Glaub allein / ohn alle Werck / macht gerecht für GOtt) soll lassen stehen und bleiben / der Römische Käyser / der Türckische Käyser / der Tartarische Käyser / der Persen Käyser / der Pabst / alle Cardinäle / Bischoffe / Pfaffen / Mönche / Nonnen / Könige / Fürsten / Herren / alle Welt sampt allen Teuffeln / und sollen das höllische Feuer darzu haben

auf

auf ihren Kopff / und keinen Danck
dazu.

7. Daß nun solche Lehre werde Lu=
therisch genennet / ist uns nicht zu wie=
der: nicht / daß die Lehre an seine Per=
son zu binden / sondern daß die Person
umb der Lehre willen nicht verachtet / der
Unterschied falscher Secten erkant / und
das grosse Werck / so GOtt durch diesen
Kirchen=Engel Apoc. XIV. 6. gethan /
im Andencken behalten werde. Davon
ist Lutherus selbst zu hören: (T. II. fol.
30. b.): Wenn du dafur hältest / daß
des Luthers Lehre Evangelisch /
und des Pabsts unevangelisch sey /
so mustu den Luther nicht so gar
hinwerffen / du wirffest sonst seine
Lehre auch mit hin / die du doch
für Christus Lehre erkennest / du si=
hest / daß die Tyrannen nicht damit
umbgehen / daß sie nur den Luther
umbbringen / sondern die Lehre wol=
len sie vertilgen / und von der Leh=
re wegen tasten sie dich an / und fra=
gen dich / ob du Lutherisch seyst?
Die mustu warlich nicht mit Rohr=
Worten reden / sondern frey Chri=

stum bekennen / es hab Jhn Luther/ Clauß oder Georg geprediget : Die Person laß fahren / aber die Lehre mustu bekennen. Man besehe Joh. IV. 39. seqq. allwo die Samariter durch ei-nes Weibes Rede zum Erkäntmis Chri-sti kommen : Als sie aber Christum selbst höreten/ sprechen sie zum Weibe : Wir glauben nun fort nicht mehr umb deiner Rede willen / wir haben sel-ber gehöret und erkant / daß dieser ist warlich Christus der Welt Hey-land. Also wird uns anfänglich von der Kirche die Heilige Schrifft / von Lu-thero und Evangelischen Lehrern die reine Auslegung furgetragen/ wann aber in der Lehre (zum Exem-pel) von Vergebung der Sünden durch den Glauben auf Christum / und nicht der Wercke Verdienst / das Hertz vom Heiligen Geist durchs Wort selbst überzeuget ist / so gründet sich die Ge-wißheit nicht auf der Kirchen / Luthe-ri oder anderer Lehrer Ansehen / son-dern auf die unfehlbare Warheit der Schrifft.

8. Son-

8. Sonsten wissen unsere Zuhörer
schon / wie sie / Christlicher Gebühr nach /
ihren Lehrern / derer Stimme sie kennen / Joh. X. 4. so ferne sie reden als
Gottes Wort / 1. Petr. IV. 11. folgen
und gehorchen sollen / Ebr. XIII. 17. hüten sich im übrigen vor betrüglicher
Menschen-Lehre / Matth. XV. 9.
VII. 15. bevorab der in aller Welt bekandten Seelen-Verführer und Ertz-
betrüger / der Jesuiter: welche auch
noch diese Stunde zu verantworten haben / warumb ihr Patriarch und Ordens-
Stiffter *Ignatius Lojola*, nach ihres lieben Mitgenossens *Ribadeneira* Zeugnis (in vitâ L. I. c. XIII.) die Erklärung
H. Schrifft und vieler göttlicher Geheimnis vom Teuffel / der ihn öffters besu-
chet / empfangen habe. Welches diesen Gesellen nochmahls nichts neues : Massen der
fürnehme Jesuit Coton in Franckreich
A. 1604. wegen Gewißheit der beiden
Päbstischen Glaubens-Puncte / vom
Fegfeuer und Anruffung der Heiligen / beym Teuffel in einer Besessenen /

durch

durch ein Memorial Information gebethen/
(beym *Thuano* L. CXXXII.

9. (VI.) Den Lutherischen sey keine
Gewißheit offenbahret/ wie der Marien
Magdalenen/ Luc. VII. 46. seq. Darumb sey es eine *Prædicantische* Phantasey. (p. 69. 70.) Antwort. Denen
Qvackerischen Offenbahrungen/ die dieser Ertz-Phantast träumen wil/ ist bereits (Cap. II. §. 35.) begegnet worden.
Es wird ja in der Schrifft/ umb Gewißheit willen/ Abraham allen zum
Exempel fürgestellet/ Rom. IV. Wenn
mich die Heilige Schrifft nicht könte von
Vergebung der Sünden und Seligkeit vergewissern/ so könte sie keinen
Menschen vollkommen machen und
zur Seligkeit unterrichten/ welches
wider S. Paulum ist/ 2. Tim. III. 16. Ich
frage/ woher hat P. Richard die Gewißheit und Offenbahrung/ daß Christus
vor ihn gestorben sey/ da doch sein Nahme nicht in der Bibel stehet? Spricht er:
In denen Worten/ Christus ist vor
alle Menschen gestorben. So sage ich:
Gottes Wort lehret auch/ daß alle/ die an
Chri-

Chriſtum gläuben / in ſeinem Nahmen Vergebung der Sünden haben:
Nun glaube ich N. N. an Chriſtum ; Darumb bin ich der Vergebung meiner Sünden auch gewiß.   Sonſt leget auch der Jeſuit allhier und p. 72. der Tugend-belobten
Matronen / des HErrn JEſu Nährerin
und Nachfolgerin / Marien Magdalenen / die höchſte Schande / Gewalt und Unrecht an / daß er ſie will (ſalvâ veniâ) zur
Huren machen / fürgebend / ſie wäre dieſelbe leichtfertige (wiewohl hernach auch bekehrte) Pröckin geweſen / von welcher Luc.
VII. Meldung geſchicht.   Mein P. Ri-
hard / wo ſtehets geſchrieben ? *Chryſoſto-
mus, Theophylactus, Ambroſius, Hieronymus* und andere von den älteſten Vätern /
ſagen ein anders : Doch mögen vielleicht
dieſe von den neuen Jeſuitiſchen Offenbahrungen / ſo wenig als wir Lutheraner /
gewuſt haben.

10. Hierauff wird der Jeſuit bitter und
böſe auff das Evangeliſche Predig-
Ampt und Abſolution / deren Krafft
und Troſt untüchtig zu machen / läſt er
ich durch etliche Blätter ſehr angelegen
seyn /

seyn/ vergisset sich) aber im Zorn dermaſſen/
daß aus seinem verwirrten und albern Ge-
wäsche nicht überall zu sehen / was er haben
wolle. Wie es scheinet / ist der fürnehmste
Zweck / mit etlichen vermeinten Ursachen zu
erweisen/die Lutherischen so genannten Prædicanten hätten sich auf Christi Befehl:
Welchen Ihr die Sünde vergebet/ ꝛc.
Joh. XX. 23. nicht zu gründen / noch deſſen
anzumaſſen.

11. Wendet ein (VII.) : Ob gleich
die Vergebung der Sünden ins gemein ein gewiſſer Glaubens-Artickel /. so sey doch ich oder jener nicht
gewiß / ob ich Vergebung habe. Denn
König David hatte hierüber mittelbare Offenbahrung durch Nathan/
2. Reg. XII. 13. wäre es nur mit seinem
Peccavi , Ich habe gesündiget / aus-
gerichtet / so hätte Judas mit solchem
Wort dergleichen erlanget / Matth.
XXVII. 4. Antiochus habe mit seiner
Bitte umb Vergebung der Sünden
auch nichts erhalten/ 2. Macc. IX. 13. Und
wer kan wissen / ob er Magdalenae
Davids / Petri Buſſe und die von der

Se

darzu erforderte Conditiones,
Bedinge und Stücke habe? Ob kein
Mangel am Beicht = Vater oder
Beicht = Kinde selbst? &c. Drumb sey
einer gewiß / ob er durch die Absolution Vergebung der Sünden habe. (p.70.
71.72.) Antwort: Sehet doch den gro-
ßen Dubitantium und Päbstischen Ertz=
Zweiffler an! Ist das nicht eine abscheuli=
che Teuffels = Lehre! Die Teuffel selbst
gläuben auch den Artickel / daß eine Ver=
gebung der Sünden sey / können und dörf=
fen aber nicht gläuben / daß es auch sie
angehe. Soll ein Christ keinen bessern
noch gewissern Trost aus der Absolution
schöpffen / so wäre solche gar unnöthig
von Christo verordnet. *Bellarminus* se=
tzet (L. I. Just. c. XI.): Wenn GOtt zu
jemand (*manifeste*) deutlich sagte /
deine Sünde sind dir vergeben / wie
er zur Magdalenen gesprochen Luc.
VII. so müste derjenige ohne Zwei=
fel gläuben / daß ihm die Sünden
gewiß und warhafftig vergeben
seyn. Ich schliesse weiter: Nun lässet
GOtt (Krafft des Löse = Schlüssels) in

L

der

der Absolution ausdrücklich) zu iedca
bußfertigen Sünden = Bekenner sagen
Deine Sünden sind dir vergeben.
Darumb kan ja derselbe der Vergebung
der Sünden gewiß seyn. Daß der Jesuit meinet / Judas hätte König Davids
Beichte gehabt / ist kein Wunder. Hatte
er doch die drey Stücke der Päbstischen
Busse : (1.) Die Reue : Ich habe übel
gethan! (Die Spes veniæ , Hoffnung
der Gnade / welchen Mangel fürnehmlich die Päbstler an ihm desideriren, gehöret gar nicht zur Reue / sondern zum
Glauben / den sie ausschliessen.) (2) Bekäntnis / daß er unschuldig Blut ver-
rathen. (3) Genugthuung : Warß
die Silberling in Tempel / und hieng sich.
Worzu ihn die Priester mit der schönen
Absolution veranlasset : Da sihe du zu!
Wie bald kunte der Teuffel den Ver-
zweifflungs = Strick zulangen / und sagen
Da ziehe du zu! Antiochi , des Böse-
wichts / Heuchel=Busse (dazu aus einem Apocrypho) dienet gar nichts zu
Sache. Wo bleibet aber der Beweiß
daß Davids / Petri und andere uns i
D

de Heiligen Schrifft fürgestellte Buß-
Exempel / auf ausserordentliche Weise
geschehen? Was die Päbstler und ihre
genanten Gelehrten / zum Behuf der Römischen Autorität / vor Conditiones und
Zweiffels-Knoten dichten / davon ist in
der Heiligen Schrifft / wo solche von dem
Ampt der Schlüssel und wahren Busse
handelt/ durchaus nichts zu befinden.

12. Hierbey betrachte der Christliche
Leser den Greul der Päbstischen Absolution, welche nichts anders / als ein
Teufflischer Zweiffels-Strick. Da ist
Zweiffel / ja Unmögligkeit / im vorhergehenden Sünden- oder Sand-Zeh-
en. (Psal. XIX. 13. Wer kan mer-
ken / wie offt er fehlet?) Zweiffel an
des Priesters Intention und Meinung:
(Gleich als wäre Bileams Segen
durch seine böse Intention zum fluchen
unkräfftig worden / Num. XXIII. 8.)
Zweiffel an seiner Weihe: Davon itzt
(§. 14. 17.) weiter folget. Zweiffel an
Petri Schlüssel / so vorlängst in die
Tyber gefallen. Zweiffel an der Abso-
lutions-Formul , so in unbekandter Spra-

P 2   che/

che / zugleich auf der Heiligen und eige
nes Verdienst gerichtet wird / mit un
gewissen Beschluß : Ich hab **euch** ge
wünscht mit Worten/ &c. Wobey
unerhörter Betrug fürgehet : wie unter
andern ein Pfaff einen gottlosen / unge
lehrten / doch mit schwerem Beicht-
Pfennig erscheinenden Edelmann mit
solchen Lateinischen Formalien hat ab-
solviret: Unser HErr JEsus Christus
absolvire dich / wenn er wil : Vergebe
dir deine Sünde / welches ich doch
nicht glaube : Und bringe dich zum
ewigen Leben / welches aber unmög
lich. Also treibet man mit diesem heili
gen und hochtröstlichen Wercke der
Spott / vexiret die armen Leute mit
wunderseltzamen Satisfactionen und vor
behaltenen Casibus , und will alle sol
che Gewissens = Peinigung mit der
Päbstischen Zweiffels = Lehre noch so
öffentlich vertreten.

13. (VIII.) Christus versichere zu
wegen Vergebung der Sünden : Et
anders aber sey / die Vergebung v
kündigen ; welches Nathan getha

die Prædicanten aber nicht thun dörffen/
(weil es ihnen nicht befohlen/) noch kön-
nen/ (weil es ihnen nicht geoffenbahret.)
(p. 73.) Antwort: Das göttliche
Werck der Sünden-Vergebung geschicht allerdings (wie es Christus be-
fohlen/ der von keiner blossen Verkün-
digung redet) durch den Beicht-Va-
ter/ als Christi Diener und Haußhal-
ter/ 1. Cor. III. 9. IV. 1. der da Krafft
eines Ampts die gnädige Vergebung
und derselben Fortsetzung den bußfertigen Beicht-Kindern warhafftig aus-
und mitgetheilet. Daß aber solches den
Evangelischen Predigern nicht zu-
komme/ hat der selbst-titulirte Ehrwürdige Priester/ P. Aloy. Richardus, annoch zu erweisen.

14. (IX.) Christus habe diese Gewalt
denen Aposteln/ welche Priester waren/
und keinen andern befohlen. Drumb gehe es die Prædicanten nichts an/ welche
alle keine Priester seyn/ und so wenig
Gewalt haben/ die Sünde zu vergeben/
als ihre Weiber: dieweil sie die von
Christo eingesetzte Priester-Weihe

P 3   nicht

nicht haben / noch mit Wunder = Zeichẽ
ihren Beruff beweisen können :   Wie
Luther von denen Winckel= Predigern
erfordert / und Christus selbst durch Wunder = Wercke seine Sendung bewiesen/
Joh. X. 37.   Drumb müssen *sie beken-*
nen / daß sie weltliche Personen und
Leyen/ ohne Priesterliche Gewalt / und
durch eigne Erhebung und Vermessenheit eingedrungen seyn : So wider die
Heilige Schrifft / Ebr. (oder auf Jüd-
tich Hæbr.) V. 4. *Niemand nimbt sich*
selbst die Ehre / sondern der beruffen
wird von GOtt / wie Aaron. (Ergò,
wie in alten Testament / durch Priesterliche Salbung.) Wäre auch höchst straff-
bar / 2. Paral. XXVI. 18. 1. Reg. XIII.
9. 13. Und weil die Prædicanten auf andere Weise / als Catholische Priester/
(die ihre Weihe biß auf der Apostel Zeit
erweisen können/) nehmlich durch weltliche Leute oder vermeinte Bischoffe/
die eben so wenig Gewalt von Christo und
denen Aposteln als andere Weltliche haben / bestellet seyn / so folge / Daß sie in
den Schaf = Stall Christi / nach seinen
Aus

Ausspruch / Joh. X. 1. anderswo / das
ist / auf eine andere Weise / als Diebe der Kirchen und Mörder der Seelen hineingestiegen. Drumb sey Ihr
Gottes = Dienst lauter Spiegel = fechten / Affen=spiel und Gauckeley. Die
nach dem Lutherischen Sacrament lauffen / bekommen nichts / als einen Bissen
Brod und Schlung Wein / und kommen dazu mit Sünden = Bürden bela-
den wider nach Hauß. So führe ein
Blinder den andern / biß sie beyde
in die höllische Grube des Verder-
bens fallen. Biß hieher der kurtze Aus-
zug der Jesuitischen Lästerung. (p. 73.
biß 80.)

15. Hierauf antworte : Christus der
einige Priester neues Testaments / Ebr.
IX. tot. hat das Levitische Opfer = und
Priester = Ampt aufgehoben / Dan. IX. 27.
und sein Heil. Predig=Ampt eingesetzet.
Diesen würdigen Nahmen vermeinet
der Jesuit hoch zubeschimpffen mit dem
Prædicanten = Titel / welchen doch in der
Schrifft führen / Christus selbst / Marc. I.
39.(JESUS ERAT PRÆDICANS.)

L 4 Jo-

Johannes der Täuffer / ibid. verſ. 4
und Paulus / 1. Cor. IX. 16.   Wie auch
vor Lutheri Reformation , die Päbſti⸗
ſchen Prieſter ſich mit allen Ehren alſo
genennet (Keyſersberg. Pred. A. 1516.),
und der gantze Dominicaner⸗Orden
wollen noch heute Prædicatores (und da⸗
hero auch) Prædicanten , wenn ſie anders
die Crammatic gelernet /) heiſſen.   Iſt
nun Prædicare, Predigern / keine Uneh⸗
re / warum denn *Prædicant* oder Predi⸗
ger ? Wiſſen doch auch die *Obſervanten*
(Franciſcani minores , ſtrictioris obſer-
vantiæ) aus dem Bibliſchen Wort / ob-
ſervare , ihren Titel her zu führen.   Es
möchte aber nur der Jeſuitiſche Prie⸗
ſter ſich mit ſeiner Rotte ſelbſt bekim⸗
mern / wie ſie recht predigen lernen.
Denn auf der Cantzel mit Jeſuitiſchen
Pickel⸗Herings⸗Gauckeleyen / wie der
Haſe im Faß / herumb ſpringen / und (wie
Epencæus Serm. I. Synod. p. 921. darüber
klaget /) mit Fabeln / Lügen und fal⸗
ſchen Wundern die Zuhörer äffen / ſte⸗
het einem an Chriſti Statt (Luc. X. 16.)
lehrenden Prediger nicht an.   Was
vor

vor elende Prædicanten im Pabſtthum
ſeyn / hat man auſm Tridentino erfahren / Da für *Martirano* , ſo heiſcher worden / kein einiger Bärenhäuter aus dem
Orden der Prædicatoren und anderer / in
gantzer vier Stunden nicht eine kurtze
Predigt können zuſammen bringen / daß
alſo / illotis manibus und ohne Predigt /
die Seſſio de Juſtificatione (die auch ſo
ſchön ſcil. gerathen /) müſſen angefangen
werden / wie beym *Svave* (in Hiſtor. C. T.)
zu leſen.

16. Ob ſchon vorhin bewuſt / daß ein
Weib in der Gemeine ſchweigen
ſoll / 1. Tim. II. 14. 1. Cor. XIV. 34. dergleichen abſolut Verboth dem männlichen
Geſchlechte nicht in Wege lieget ; So
kan es doch der Jeſuit / als einen groſſen
Schimpff / nicht verſchweigen / und rü-
els zum öfftern / (p. 74. 77. 79.) daß die
Prædicanten Weiber haben. Was
hat aber ein Eh-Satiit oder Prædicant
drein zu ſprechen. Dergleichen unkeu-
ſche Vögel nicht etwa nur zu Prag hinter
der Mauer / ſondern auf dem Römiſchen
Stuhl anzutreffen. Wer war Pabſt

L 5 *Sixtus*

Sixtus IV.? Von dem Weltkündig / daß
er ein Zur = und Unzucht=Hauß / all'
antica ed alla moderna, (der Jesuit wird
dieser heiligen Sprache wohl erfahren
seyn /) in Rom aufgerichtet / und seinen
Zoll und Milch-Pfennige daraus ge=
zogen / auch denen Cardinälen / so die
Sodomiterey (welches Laster er mit
seinem *Petro Ruero* selbst getrieben /) in
den drey Sommer-Monaten ihnen zu
indulgiren anhielten / das Responsum ge=
geben: Fiat , quod petitur , Die Bitte
mag geschehen. (*Wessel.* Groning. Tr.
de Indulg. Pap.) So ist auch *Joh. de la
Casa*, nachdem er ein Buch zum Lobe
der Knaben = Schändung geschrie=
ben / zum Beneventischen Ertzbisthum er=
haben worden / wie *Th. Hardingus* (Con-
fut. Apol. Angl. P. III. c. II.) gestehet und
gantz kaltsinnig entschuldiget. Von Ehe=
brecherischen / Blutschändenden / un=
züchtigen Päbsten und Prälaten / (ge=
schweige / was solche gemeine Porsche / als
müssige und in allen Wollüsten sich
wältzende Hengste / verüben /) wären aus
ihren eigenen Scribenten viel Blätter
an

anzufüllen. Sehet doch die Ehrwürdige Päbstische Priesterschafft! O-lim non erat sic. Der H. *Ignatius* bezeuget (Epist. ad Philadelph.) von *Petro, Paulo* und den andern Aposteln / daß sie Eheweiber gehabt ; Citra reprehensionem, wie *Clemens Alex.* (Strom. L. III.) dazusetzet / ohne Vorwurff. Wer nun den Ehe-Stand ändert / verwirfft und vor befleckt und unrein hält / habet cohabitatorem Draconem apostatam, in und bey dem wohnet der Drache / der von GOtt abgefallen / (der leibhaffte Teuffel /) urtheilet ermeldter H. *Ignatius*, (l. c.) denn er hänget der Teuffels-Lehre an / I. Tim. IV. I. 3. Hieraus schliesse ein ieder / was Päbstische Pfaffen und der eigen-Ehrwürdige Priester / P. A-loysius, vor Lehrer seyn.

17. Die Levitische Priester-Salbung wird zum H. Predig-Ampt neues Testaments gar nicht erfordert. Wo ist Befehl ? Wer hat die Apostel / wen haben Sie gesalbet ? Was *Lutherus* wegen der heimlichen / einschleichenden / unberuffe-

Ł 6 nen

nen Winckel = Prediger erinnert / das
gehet öffentliche beruffene Prediger nicht
an. Was darff aber der gottlose Jesuit
den HErrn JEsum den Winckel-
Predigern an die Seite setzen und vergleichen / daß er gleichfalls / wie sie / Wunder zu thun von nöthen gehabt? Er stin-
cket hier sehr nach den Jüden / Joh. VI.
30. Schade / daß *P. Richard* nicht derselben Abgesandter an Johannem den
Täuffer hat seyn können! Er würde gewiß denselben Prædicanten eingetrieben
haben: Denn Johannes that kein Zeichen / Joh. X. 41. Er war auch der Meß-
sias nicht / dem die Ehre auf sonderbahre
Weise zukame / Matth. XI. 4. 5. VIII. 17.
Das übrige / so den Punct der Wunder
betrifft / ist vorhin (Cap. V. §. 3. 4.) wider-
legt worden.

18. Durch bloffe Succession und Nachfolge der Päbste / Bischöffe und Priester /
biß auf die Apostel = Zeit / (welche doch die
Päbstler / wegen offt zertrennter Ordnung
und zweiffelhaffter Wahl / nimmermehr
darthun können; Wo sind die Brieffe
uffzuweisen / wann / und auf was Weise
Der

der erste Bischoff in Teutschland oder
Böhmen sey eingesetzet worden?) laßt sich
der Beruff nicht legitimiren / sondern es ist
fürnehmlich auf die Apostolische Lehre
zu sehen: So lange solche die Päbstler aus
der H. Schrifft nicht behaupten / mögen
sie mit ihren Weih-Brieffen und Siegel
indessen was anders thun.   Die Jüdischen Prälaten sassen auch auf Mosis
Stuhl / werden aber wegen ihrer einge-
führten Menschen-Lehre von Christo
verworffen / Matth. XXIII. 2. 13. seqq.
mit Verwarnung/ ihren Sauerteig zu
meiden / Matth. XVI. 6. 11. Hier mangelt
es auch an Beweiß / daß die Ordination
und ordentliche Einsetzung ins Lehr-
Ampt / einem Bischoffe alleine / und
nicht dem gesambten Presbyterio und
Eltesten zukomme.   Hingegen lese man
1. Tim. IV. 14.   Der Jesuit zeige einen
klaren Spruch / daß ein solcher Bischoff /
so vom Pabst die Gewalt und Macht habe / nothwendig zur Ordination erfordert
werde. Hingegen sehe man / ob die jenigen
nicht rechtschaffene Lehrer gewesen / welche von Timotheo (ohne Päbstliche
Schule-

Schiniere) eingeweihet worden / 1. Tim.
V. 22. Und ob dieser auch kein rechter
Bischoff gewesen / weil Ihn S. Paulus
gesetzet / 2. Tim. I. 6. welcher Ihn nicht
nach Römischer Art geweihet / massen er
selbst nicht im geringsten Stücke von
Petro dependiret, 2. Cor. XI. 5. XII. 11.
Gal. II. 6. Woher wil auch der Lojolit behaupten / daß von eines Kirchen-Lehrers
Beruff / die Weltliche Obrigkeit und
gantze Gemeine soll gäntzlich auszuschliessen seyn? Hingegen ist der Heil. A-
postel Prax und Art bekant / daß die Erwehlung der Lehrer durch (χειροτο
νειν) Einholung der Stimmen geschehen / Actor. XIV. 23. 2. Cor. VIII. 19.
Wobey nach alter Christlicher Ordnung / der Obrigkeit / der Person Be-
nennung / dem Volcke / die Einwilligung /
und dem Predig-Ampte / die Prü-
fung und Einweihung / und also allen
dreyen Hauptständen der Kirchen
das ihre zukommt : Welches voritzo /
weil auch der Jesuit seinen Pabst-Tand
mit gar nichts beweiset / unnöthig ist / weiter auszuführen.

19. Weil

19. Weil denn zu des Herrn Lutheri Zeiten der Pabst keine treue Bischöffe und Lehrer hat senden noch dulten wollen/ so hat auch unsere Kirche / welcher ihr Bräutigam Christus JEsus (nicht minder/ als der Römischen oder einer andern Particular-Kirchen/) die Schlüssel zum Himmel vertrauet/ Matth. XVIII. 17. damit in derselben als in Gottes Hause/ 1. Tim. III. 15. treue Prediger und Haußhalter über Göttliche Geheimnis/ 1. Cor. IV. 1. bestellet würden/ dem dreyeinigen GOtt/ welchem das höchste Recht hierinnen alleine zustehet/ ihren schuldigen Dienst durch mittelbaren Beruff frommer Prediger noch diese Stunde geleistet; hingegen aber den Römischen Schalcks-Knecht/ der seines Herrn Gesinde die Speise des Worts/ Absolution und Sacrament verschlossen/ und seine Mittknechte geschlagen/ Matth. XXIV. 45. 49. billig sitzen und brotzen lassen; Neben fleißiger Wachsamkeit/ damit keine Kirchen-Diebe und Seelen-Mörder mehr einsteigen. Wer sind aber diese? Fürwahr unser Jesuit und
seines

seines gleichen. Und hier wird er gleich
ἐπ᾽ αὐτοφώρῳ, auf frischer That ergriffen. Die jenige Thüre zu den Scha-
fen / welche solche Diebe und Mörder
meiden und einen andern Eingang suchen/
ist niemand anders / als JEsus Christus / der es den blinden Jüden selbst
also erklärte / Joh. X. 7. 9. Nun wil uns
der Jesuit von Gewißheit dieser einigen
Gnaden = Thüre abführen/ und auf ungewisse Wege der eigenen Wercke und blinden Pabst = Gehorsams verleiten. Dahero ist und bleibet er ein Kirchen = Dieb
und Seelen = Mörder / welchem von denen / die sich mit Mund und Hertzen alleine an JEsum Christum halten / billig die
Wege gewiesen werden. Hierneben a-
ber wollen wir dieses blind = verstockten
Kelch = Diebes und Beicht = Mör-
ders angefügte Lästerung wider unsere Christliche Andacht und Sacrament /
worinnen wir keines Menschen / sondern
Christi Göttlichen Befehl und H. Einsetzung nachleben / dem HErrn/ des die Sache und Rache ist/ heimgeben.

20. Wider Gewißheit der Sün-
den=

den-Vergebung ſtreitet der Jeſuit noch
mit einigen hergezwungenen Sprüchen
der Schrifft / und zwar (X.) Prov. XX.
10. **Wer kan ſagen / ich bin rein in
meinem Hertzen / und lauter von Sünden?** (p. 80.) Antwort. Wer das
ſaget / der leuget / 1. Joh. I. 8. Der Jeſuit
aber ſaget: **Die Lutheriſchen gläuben /
daß ſie recht und warhafftig / (nicht
durch bloſſe Vergebung und Zudeckung /
ſondern gäntzliche Hinwegnehmung /)
von ihren Sünden geseiniget werden /**
(p. 90. 94.) Ergò. NB. Mendacem
oportet eſſe memorem. Widerumb /
die Papiſten ſagen / Maria ſey gantz
rein / auch von der Erbſünde / geweſen : Wo bleibt da die Warheit? Wir
Evangeliſchen lehren aus dem Spruche
Salomonis / daß kein Menſch / ſo lange
er hier lebet / ohne anklebende Sünden-
Mackel ſey / weil die tägliche Erneuerung hier zu keiner Vollkommenheit zu-
bringen. Doch wird in der Rechtfertigung die Sünden-Schuld / weil dero vollkommene Bezahlung mit Chriſti
theurem Blute / 1. Pet. I. 18. ſeq. uns
Durch

durch den Glauben zu eigen wird / völlig und gewiß vergeben. Denn obschon die Wiedergebohrnen annoch sündliches Fleisch haben/ dessen Herrschafft sie zwar dämpffen und Ihm nicht nachwandeln; So ist doch/ weil sie durch gläubige Zueignung in Christo JEsu sind / an Ihnen nichts (wircklich) verdamliches / (καταϰϱιμα,) Rom. VIII. 1. und daher auch bey ihnen kein Zweiffel / daß ihnen ihre Sünden vergeben seyn.

21. (XI.) Sir. V. 5. Sey nicht ohne Sorgen / der vergebenen Sünden halben. (p. 81.) Antwort : Es stehet darbey/ (welches die Lateinische Version auslässet/) εν πλεονασμω̃, cum excessu, zu viel. Das ist eben die fleischliche Sicherheit. Dann es folget: πϱος θειναι ἁμαϱτιας ἐφ' ἁμαϱτιαις , Sünden mit Sünden zuhäuffen. Dieses soll man billich in der Furcht des HErrn meiden/ und doch an gnädiger Vergebung seiner Sünden nicht zweiffeln.

22. (XII.) Hiob. IX. 20. Bin ich from/ so kan es meine Seele nicht wissen. (p. 81.) Antwort. Gesetzt/ Hiob hatte

hätte in schwerer Anfechtung den Mund zu
weit aufgethan / und von seiner Rechtfertigung Zweiffel - Worte hören laſſen :
So hat er doch überwunden / und macht
den beſtändigen Glaubens - Schluß / den
er wegen Gewißheit und zum ewigen Gedächtnis wil in Felß eingehauen wiſſen :
יָדַעְתִּי. Ich weiß / daß mein Erlöſer
lebet ! Wo iſt hier / (da er ſich) die Erlöſung des Meßiä ſo feſt zueignet /) einiger
Zweiffel mehr zu ſehen ? Der gelehrte Papiſt *Vasquez* (in I. 2. Diſp. CC.) Verwirfft auch des Jeſuiten Auslegung / und
wil nicht / daß hieraus (efficax argumentum) ein kräfftiger Beweiß / der Ungewißheit von der Gnaden Gottes / zurich-
men ſey.

2. (XIII.) 1. Cor. IV. 3. *Paulus* wolle ſich nicht ſelber richten / wie die Unca-
tholiſchen thun / in dem ſie wollen gewiß
ſeyn. (p. 81. ſeq.) Antwort : S. Paulus
war aber ſeiner Rechtfertigung gewiß / wie
oben (Cap. II. §. 17. ſeq.) erinnert/ und die
Papiſten auch ihm die ſynderbahre Offenbahrung geſtatten : Daher muß ein ander
Richten hier gemeinet ſeyn / nehmlich
nach

nach fleischlichen Affecten, oder / wie er redet / menschen Tage / (wie hingegen das Göttliche richten / der Tag des HErrn heist / 1. Theff. V. 1.) davon Er mit seinem Exempel die Corinthier abmahnet.

24. (XIV.) Prov. XXVIII. 14. Selig ist / der sich allewege fürchtet. Die Lutherischen aber schliessen die Furcht aus. (p. 82.) Antwort : Daß die Furcht unterschiedlich / so theils von Gewißheit der Sünden = Vergebung auszuschliessen / theils aber dabey Statt finde / ist aus der Antwort über den Spruch Phil. II. 12. (Cap. II. §. 12.) zu widerholen.

25. (XV.) Im Vater Unser/ Matth. VI. 12. bitten wir umb Vergebung der Sünden. Das wäre ein narrisch Gebeth / wenn man der Vergebung schon gewiß wäre: So narrisch / als bitten / daß Christus gebohren werde / so doch schon geschehen : Mann müsse aber diese Bitte nicht nur von den gegenwärtigen Sünden verstehen / weil Sirach Cap. XXI. 1. spricht: Bitte auch / daß dir die vorigen

gen

gen Sünden vergeben werden. (p. 82.
83. 84.) Antwort : Der Jesuit hätte
fast gar das Bethen vergessen. Da er
zum Ende des Trosts schreitet /
(p. 82.) fället es Ihm noch ohnge-
fähr bey. Scheinet fast / daß P. Layman
(Just. defens. Tit. VII. n. VI.) sich unbillich beklaget / die Jesuiter würden in
öffentlichen Schrifften durch andere
Orden beschuldiget / quòd Patribus So-
cietatis minor de oratione sit cura , die
Herren Patres von der Societät hielten nicht gar viel aufs Gebeth. Doch
was soll der Jesuit viel umb Vergebung
der Sünden bethen? Denn er ist ein Per-
fectionist und von Sünden gantz gereiniget / wie er im folgenden Trost rühmet/
hat auch das Privilegium seines Or-
dens/ daß er in keiner Tod = Sünde sterben kan. Handelt nun die fünffte Bitte / nach seines fürnehmen Spieß = Ge-
sellens / Bellarmini , (L. I. amiss. grat. c.
V.) Erklärung / nur von den läßlichen
Sünden / da ist auch nachm Tode noch
Zeit / durch Fürbitten / Ordens-Verdien-
ste und andere Suffragia auffm Fegfeuer
bald

W

bald loßzukommen. Drumb darff er wohl
so kühn seyn/ und es ein närrisch Gebeth
heissen.

26. Auf die Sache zu Antworten/ ist
es ein närrischer Schluß : König David
hat im 51. Psalm umb Vergebung der
Sünden gebeten / nach dem der Prophet Nathan schon zu Ihm kommen/ besage der Uberschrifft : Ergò hat er nicht
gewiß gewust / daß er durch Nathan
Vergebung der Sünden erlanget habe:
Da doch der Jesuit selbst sich darauf berufft / David habe hierüber sonderliche
Offenbahrung gehabt. (p. 71. 73.) Eben
so närrisch ist das Gleichnis / daß die
Vergebung der Sünden der Ge-
burth Christi zu vergleichen / weil diese
nur einmahl/ jene aber offt geschicht. Rei-
me dich ! Mit der Distinction der vergan-
genen und gegenwärtigen Sünden
hat sich der Pater unrecht beschlagen lassen / drumb kömt er mit dem Sirach so
lahm eingeritten. Denn dieser saget
nicht/ daß diejenigen Sünden/ umb derer
Vergebung er bitten heist/ schon vergeben seyn ; vielweniger / daß man darumb

umb Vergebung derselben bitten solle/
weil man an voriger Vergebung zu
zweiffeln hätte: Sondern er redet indefi-
nitè von einer begangenen Sünde/ so bald
solche erkant würde / solte der Mensch
mit bußfertigem Gebethe die Vergebung
suchen / und ja nicht ohne Busse in Sünden beharren und fortfahren. Und ist
fürnehmlich die noch unveraltete gegen-
wärtige Sünde gemeinet / welche
er in Ansehung der Nachfolgenden/
dafür man sich hüten solle / die vorige
nennet. Kurtz: Ein frommer Christ
bittet in der fünfften Bitte / theils umb
Continuation und Fortsetzung der Vergebung voriger Sünde / (wie denn
die Rechtfertigung ihren Anfang und
Fortgang hat / Thren. III. 23. Rom. I. 7.
V. 2. Apoc. XXII. 11 ubi τὸ ἔτι non
notat *gradus* seu *incrementa*, quod vo-
lunt Pontificii de suâ justificatione se-
cundâ, potiùs ψευδαναχαινωσιν, sed tan-
tùm *continuationem*, ut c. X. 6. Luc. XVI.
2. XXIV. 41. Sirac. l. c. umb welche Gnade GOtt immer wil gebeten und ange-
ruffen seyn / Psal. XXVII. 9.) theils auch
umb

umb neue Vergebung der täglichen
Gebrechen (so aus Unwissenheit und
fleischlicher Schwachheit uns immer ankle-
ben/ und von der Erb-Sünde erreget wer-
den/ Ebr. XII. 1. Jac. III. 2. Psal. XIX. 13.
XXXII. 6. CXLIII. 2.). Indem nun ein
solcher Bether den wahren Glauben im
Hertzen hat/ so ist er auch gewiß und auß-
ser Zweiffel / die Bitte beyderseits zu er-
halten/ ja weil er die Fortsetzung begehret/
ist er der vorigen Erlangung allbereit
versichert.

27. (XVI.) Die Apostel haben anders gebethet / nicht gedancket vor Vergebung der Sünden / noch ihnen selber gefallen und geschmeichelt / wie *Augustinus*
(Expos. Psal. CXLIII.) bezeuget : welches aber die Lutherischen thun/ die der
Vergebung wollen gewiß seyn. (p. 84.
seq.) Antwort : Die jenigen heucheln
und gefallen sich selbst / die vor GOtt auf
ihre Werckheiligkeit und nicht alleine
auf Christi Verdienst bauen / daher sie
auch wancken und zweiffeln müssen /
welches die Papisten thun. Auf solche
eigene Heiligkeit / welche unvollkom-
men

men und vor Gottes Gericht und Angeſicht nimmermehr beſtehen kan / ſihet
Auguſtinus : lehret aber neben andern
H. Vätern anderswo / daß / wer in wah-
en Glauben auf das Verdienſt Chri-
ſi bethet / an gnädiger Erhörung und
Vergebung ſeiner Sünden gantz nicht
u zweiffeln habe.   Ich wil / dem Jeſuiten (weil er ſich viel auf die Heil.
Väter beruffet / ja darff ſich rüh-
nen / er habe eben dieſen Glauben /
welchen die Väter gehabt /) zuge-
fallen / in einem Paar Altväter-Sprüch-
ein weiſen / wie man in gewiſſer Zuverſicht bethen ſolle.   S. *Auguſtinus*
de verb. Dom. Serm. XXVIII.) ſaget:
) homo , faciem tuam non audebas ad
cœlum attollere, oculos tuos in terram
dirigebas , & ſubitò accepiſti gratiam
Chriſti , OMNIA tibi peccata dimiſſa
ſunt, ex malo ſervo factus es bonus FI-
LIUS, O Menſch / du durffteſt auch
dein Angeſicht nicht aufheben gen
himmel / (Luc. XVIII. 13.) ſchlugeſt
die Augen nider auf die Erden /
etzt haſtu alsbald Gnade durch
M   Chri-

Christum erlanget / NB. alle deine
Sünden sind dir vergeben / aus einem bösen Knecht bistu ein liebes
Kind / (so mit gewissen kindlichen Vertrauen bitten kan. /) geworden. Und
Chrysost. (in 1. Tim. Hom. VIII.) Nemo, cum angore animi & DISCEPTA-
TIONE ORANS, exaudiri se putet.
NON LICET PRORSUS AMBIGE-
RE, si puras ad Deum manus levemus,
nos exauditum iri, Niemand / der mit
ängstlichen Zweiffel = Muth bethet /
soll gedencken / daß er erhöret werde.
Man darff allerdings nicht daran
zweiffeln / daß wenn wir zu GOtt heilige Hände aufheben / Er werde uns gewiß erhören.

28. Das Final dieses Trosts machet
der Jesuit mit schändlichen Schmäh-
Worten / und wil das Wehe schreyen
über die Evangelischen Prædicanten /
daß sie ihre und des elenden Volcks
Seelen mit ihrer falschen / betrügli-
chen und verdammlichen Lehre ver-
tauffen / dahero sie an jenem Tag
schwere Rechenschafft werden geben
müssen

müſſen für ſo viel tauſend verführte
Seelen / welche ſie alſo in den Abgrund
der Höllen geſtürtzet. (p. 86.) Der
Chriſtliche aufrichtige Leſer aber / ſo den
Ingrund des gantzen Jeſuitiſchen Ge-
wäſches / ſo er nur zu Verführung der
Einfältigen ſpargiret , ſattſam erkennen
an / wird mit mir dieſe Boßheit beſeuff-
en! Frommer GOtt / wird nicht dergleichen Leichtfertigkeit / wie er uns be-
ſchuldigen wil / vom Päbſtiſchen Pfaf-
ſen- Geſchmeiſſe aufs höchſte getrieben! Wie betreugt / äffet und verfüh-
ret man das blinde elende Volck
mit Lügenhafften Wundern / erdichteten
Legenden / handgreifflich- falſchen
Heiligthümern / und allerley Phan-
taſtiſchen Ceremonien / und ſpottet
ihrer noch dazu ins Fäuſtlein. Als der
Päbſtliche Abgeſandte und Cardinal
Carassa A. 1556. zu Pariß einzoge / hat
er über das Volck / welches wie die einfältige Heerde auf dieſen groſſen Schaf-
Knecht der Chriſtlichen Kirchen hauffen-
weiſe herzu lieff / und vor ihm auf die
Knie fiele / gebräuchlicher maſſen das

Creutz

Creutz gemachet / an statt der gewöhnli-
chen Benediction aber diese Worte heim-
lich herfür gemurmelt : Quandoquidem
populus iste vult decipi, decipiatur, Weil
dieses Volck wil betrogen seyn / so
sey es betrogen. (*Thuan.* L, XVII.)
Wie verkaufft man ihre Seelen mit den
Ablaß-Krahme / welches eben der fürnehmste Zweck der Päbstischen Zweiffels-Lehre ist: massen auch der gelehrte Päbstler *Jovius* (in vita Leon. X.) die
Indulgentien nennet / vetera Pontificum
ad parandam pecuniam instrumenta
das alte Mittel der Päbste / wenn sie
Geld auftreiben wollen.   Ewige
Schande ist es / wie in der Päbstlichen
herausgegebenen Poenitentz-Ordnung
auf die Absolution der grausamsten Sünden / derer man nicht gerne gedencket / ein
beniemter Tax und schnödes Zoll-Geld
gesetzet worden: mit dem Anhange / Pau-
peres, quia non habent , ideo non po-
sunt consolari , Die Armen / welch
nichts haben / können diesen Trost
nicht erlangen. (Tax. Cancellar. Tit.
matr. f. 23.) Wie schrecklich lautet d
Stü

Stimme ihres Ertz-Hirtens: Wenn er
euch viel taufend Seelen mit sich zur
Höllen führte / soll doch niemand fa-
gen : Pabst / **was machestu?** (Dist.
40. cap. 6. Si Papa.)

29. Sonderlich sind die Jesuiten die-
enigen / über welche das **Wehe** auszu-
uffen. Ihre übrigen Laudes , so in
gantzen Büchern beschrieben / vor itzo zu
ibergehen / wil ich nur erwehnen / wie die
Jesuiter-Gesellschafft von den Päbstischen Theologen der hochansehnlichen
Sorbonne zu Pariß / in der publicirten Censur genennet worden : **Eine**
Schelm-Zunfft / (Societas licenter &
sine delectu quaslibet personas , quantumlibet facinorosas, illegitimas & infa-
mes , admittens ,) **die Leut-Plage** /
(magnum populi gravamen ,) **rechte**
Stören-Friede und Lermen-Bläser /
(perturbationem in utrâque Politiâ, mul-
tas lites, dissidia , contentiones , æmula-
tiones, rebelliones, variaque schismata in-
ducens, &c.). **Dieser und anderer Sün-**
den Vergebung möchte unser Pater,
dem ewigen Wehe zuentfliehen / in zeiti-

M 3   ger

ger Buſſe ſuchen / und uns bey unſern
Evangeliſchen Troſt unbekräncket laſſen / die wir Ihm und allen Teuffeln zu
Troß aus dem Apoſtoliſchen Bekäntniß ſagen : Credo remiſſionem peccatorum , Ich glaube die Vergebung
der Sünden.

Das X. Capitel /
Vom achten Troſt / der
Reinigung durchs Blut
Chriſti.

§. I.

DEmnach P. Richard ſich gantz vergeblich eingebildet / (p. 87.) er habe
denen Evangeliſchen ihren gewiſſen
Troſt wegen Vergebung der Sünden
benommen / und ſie / daß ihrer Praedicanten Loß-ſprechung gantz unkräfftig / überwieſen / (welches kein rechtſchaf-
fener Lutheraner / wie er fälſchlich für-
giebt / ihm geſtehen wird /) ſo iſt er bemühet / die ſo genannte Retirade zum
Blut Chriſti (ibid.) den Lutheranern ab-

ZU-

uschneiden / und wil nicht gestatten / daß
wir sagen könten : Wir seynd durch das
tostbahre heilige Blut JEsu Christi
von unsern Sünden abgewaschen und
gereiniget / können also nicht verlohren
verden.

2. Was er nun (p. 88. 89. 90.) bey
dem Spruche 1. Joh. I. 7. Das Blut JE-
su Christi macht uns rein von allen
Sünden / (vielmehr / aller Sünde :
Welchen Unterschied der Jesuit nicht verstehet /) mit mehrern erinnert / daß es nöthig / wer durchs Blut Christi wil rein
seyn und und bleiben / müsse sich vor Sün-
den-Unflat hüten / solches ist uns gantz
nicht entgegen : Nur daß der Jesuit selbst
diesen schönen Trost mit seinem Drecke /
Phil. III. 8. zu beschmitzen im Sinne hat:
Das thut er auch mit folgenden Einwenden.

3. (I.) Calvinisten / Pelagianer /
Arianer und andere Secten / könten das
auch sagen ; welchen doch die Lutheraner
die Seligkeit nicht gestatten. (p. 90.) Antwort : Warumb nicht auch die Jüden
und Türcken ? Doch diese und die Papi-

M 4   sten

sten sind im Grunde der Religion einander sehr gleichförmig / weil sie allerseits gläuben / wenn der Mensch ein
tugendreich / fromm und erbar Leben führe / und viel gute Wercke
thue / so verdiene er damit GOttes
Gnade und die Seligkeit.   Dessen
aus dem Regenspurgischen Colloquio ge-
nommenen Beweiß / der stattlichen Aus-
führung wegen des Concilii zu Trient rc.
wird wider den Jesuiten *Forerum* behauptet in der Chur-Sächsischen Haupt-
Vertheidigung / (Cap. XIX. p. 258. seq.)
also auch der Jesuit mit Andacht lesen
wolle / wie besagten seinem Cameraden die
in sechzehen Puncten übereintreffende
Vergleichung der Jesuiter und Arianer / (p. 208. seqq) unter die Nase ge-
rieben worden.   Drumb kömmt er abermahl mit seinen Arianern eingetölpelt /
mit welchen und andern Secten er schon
(Cap. VIII. §. 3.) billiger massen abgefertiget worden.

4. (II.) Nur die Römisch-Catho-
lischen haben diesen Trost / die sich sel-
chen appliciren und zu Nutz machen
durch

durch die Sacrament und guten Wercke / und glauben festiglich / daß sie
recht und warhafftig von den Sünden
durchs Blut Christi abgewaschen und
gereiniget / (p. 90.) so daß ihre Sünde
nicht nur bedecket / (p. 91.) sondern
von ihnen hinweggenommen wer-
den. (p. 94.) Antwort: Daß unser Herr
Bader nicht so reine gewaschen sey /
wie er sich wohl ausgiebt / stehet zu erweisen. Die unermäßliche Reinigungs-
Krafft des theuren Blutes Christi /
1. Petr. I. 19. kan nach heutiger Päbstisch-
Calvinischen Lehre von der Persön-
lichen Vereinigung Christi / nicht
æstimiret werden / daher man mit höchsten Greul hören und sehen muß / wie
man im Pabstthum noch mehr und
mehr dasselbe geringe hält. Man ist mit
dem vor uns vergossenen und von Sünden rein machenden höchst-kostbaren
Blute Christi nicht vergnüget ; sondern
schreibet eben solche Reinigungs-Krafft zu
dem erdichteten Wunder-Blut / so zu
Berytho und anderswo aus dem Crucifix soll geflossen seyn : Ingleichen der

Mut-

Mutter - Milch Mariae / wie des gottlosen Jesuiten. *Caroli Scribanii* Carmen lautet / da er die Blut-Wunden Christi mit der lincken / der Marien Milch-Brust aber mit der rechten Hand ergreiffend / spricht : (Amphith. *L. III. c. VIII.*)

Lac Matris miscere volo cum sangvine Nati,

Non possum Antidoto nobiliore frui.

Das ist :

Wenn ich der Mutter Milch misch in des Sohnes Blut /

So ist kein Gegen-Gifft so köstlich und so gut.

Sie wollen auch von Sünden gereiniget seyn durch das Blut der Märtyrer / (den Schächer am Creutz nicht ausgeschlossen /) besage der *Collect :* Offer pro me nunc & in horâ mortis merita pretiosi sanguinis cum sanguine agni immaculati. Opffere (O H. Märtyrer) vor mich itzt und in der Stunde meines Todes die Verdienste deines theuren Bluts / neben dem Blute des unbefleckten Lammes ! Bald soll

es

es das Weih-Wasser thun / so Pabst
Alexander I. vom Spreng-Wasser aus
der Aschen der rothen Kuhe / Lev. XV. 13.
welches doch ein Fürbild des Bluts
Christi / Ebr. IX. 13. hergenommen:
(*Marchant*. Hort. Past. in Candel. Myst.
Tr. II. p. 652.) Daher in denen bekandten
Versen/ des Weih-Wassers erste Tugend
seyn soll: *Cor mundat ,* daß es das Hertz
reinige. Bald müssen die aus bloßer
Reue entstehenden Buß-Thränen solche Krafft haben : O felices Lacrymæ ,
quarum una gutta peccatum obliterat,
animam abluit , (*Idem,* ibid. Tr. V. p. 813.)
O selige Thränen / deren ein Tröpf-
lein die Sünden tilget / und die Seele abwäschet ! Ihre eigene selbst-er-
wehlte Gnugthuung soll zur Lücken-
Büßung dienen / wo die Krafft des Bluts
Christi nicht hinlange : So heist es denn
auf Heidnisch : Virtute decet, non sanguine niti, man soll auf eigne Tu-
gend/ nicht auf Blut das Vertrauen
setzen. Was soll ich sagen von der
Blut-Geisselung / Brust-Schlagen/

Bene-

Benediction, geweiheten Kertzen/ Pal-
men/ Aschen / letzten Oehlung / und un-
zehligen Quarck mehr / so alles zum wenigsten von läßlichen oder geringen Sünden
reinigen soll.   Wozu noch letzlich das
Fegfeuer angeschieret wird / (dessen
Fundament von der Päbstischen Zweiff-
fels-Lehre unterstützet ist /) dadurch die
noch übrige Unreinigkeit dieses Lebens/
erst nach dem Tode solle ausgefeget werden.   Hieraus erkenne ein ieder / ob man
nicht im Pabstthum die vollgültige Rein-
gungs-Krafft des Blutes Christi / so uns
rein machet von NB. aller Sünde / 1. Joh.
I. 7. nur mit dem Maule nenne/ in der That
aber verläugne.

5.   Will der Jesuit dergleichen Dinge
Wirckung doch ursprünglich vom Blute Christi herführen / und fürwenden/
man müsse dasselbe durch Päbstische Sacrament / gute Wercke und was solchen
anhängig / sich appliciren und zu Nutz
machen / so irret er Himmel-weit.   Wo
hat GOtt solche Mittel / das Blut Christi
sich dadurch zu appliciren und zu Nutz zu
machen / geordnet und befohlen? Dessen
muß

muß der Jesuit (der es denen Lutheranern
wil zum höchsten verweisen / daß sie von
ihren Prædicanten sich etwas / so doch nicht
geschicht/ einschwatzen lassen/) klaren Beweiß aus H. Schrifft zeigen : Welches
er nun und nimmermehr thun kan. Zwar
daß es nöthig / die rechten von GOtt befohlenen guten Wercke zu thun / und das
von GOtt auferlegte Creutz zu leiden/
weiß man ohne seine Erinnerung ; Daß
aber solches/ und was einer sonst aus eigener Andacht/ ausser göttlichen Befehl / für-
nimmt / eben die Mittel seyn / dadurch uns
das Blut und Verdienst Christi zugeei-
gnet / und solche unsere Werck und Leiden
zugleich selbst verdienstlich/ und der Krafft/
von Sünden zu reinigen / fähig werden/
hiervon hat der Jesuit nicht einen Buchstaben aus Heil. Schrifft können aufwei-
sen / würde es auch/ wo es ihm möglich gewesen / gewiß nicht unterlassen haben. Ist
es nun Menschen-Fund und Satzung /
es sey vom Pabste gestifftet / oder selbst er-
wählet/ so ist es alles vergeblich / dazu
vor GOtt ein Greul / dem blutigen Verdienste Christi schmählich/ und an der

M 7   See-

Seelen Seligkeit hinderlich und verdamm-
lich / Matth. XV. 9. Esa. I. 12. Col. II. 22.
seq. Deut. IV. 2. I. Reg. XII. 28. seqq. Lev.
X. 1. seq. &c.

6. Die von GOtt ausdrücklich vorge-
schriebene Gnaden = Mittel aber / wodurch einig und allein uns das Blut Christi soll zu gut kommen und appliciret werden / sind auf Göttlicher Seite / das
Wort GOttes / so uns diesen Schatz
darbeut / Rom. III. 25. seq. zu Bespren-
gung unserer Hertzen / Esa. LIII. 2. 5. Ps.
LI. 9. 1. Pet. I. 2. Ebr. XII. 24. wie auch
die beyden Göttlich = gestifften *Sacramenta* , 1. Joh. V. 6. die H. Tauffe / Tit. III.
5. Zach. XIII. 1. Ezech. XXXVI. 25.
1. Pet. III. 21. und das H. Abendmahl /
Matth. XXVI. 28. Auf unser Seite ist
es alleine der Glaube : Dahero stehet
der Glaube und das Blut Christi
beysammen / Rom. III. 25. und umb dieses willen wird jenem zugeschrieben / daß
er das Hertz reinige / Act. XV. 9. Gleichwie aber die *Levitische Reinigung*
durchs Spreng = Wasser von der rothen
Kuhe / und das Opffer = Blut / bestunde
theils

theils in Entsündigung der Unreinen /
theils in Einweihung oder Tüchtig = ma=
chung zum Gebrauche des Gottesdiensts;
Also / schleust der Apostel / Ebr. IX. 14. wird
vielmehr das Blut Christi / im wah=
ren Glauben ergriffen / zufördert unser
Gewissen reinigen / daß wir in der Recht=
fertigung / Rom. V. 9. vor GOtt gantz be=
friedigt und befreyet werden von den tod=
ten Wercken und greulichen Stanck un=
ser Sünden = Schuld; hernach aber auch
durch empfangene Gnaden = Kräffte uns
tüchtig machen / zu dienen dem leben=
digen GOtt / daß wir in täglicher (2. Cor.
IV. 16.) Erneuerung / von anhängen=
den todten Wercken ie mehr und mehr
ablassen / und hingegen dem lebendigen
GOtt dienen in Heiligkeit und Ge=
rechtigkeit / die Ihm gefällig ist /
Luc. I. 75. der da unsern unvollkomme=
nen Dienst / umb Christi blutiges Ver=
dienst willen / in Gnaden sich gefallen läs=
set / nachdem uns JEsus Christus ge=
waschen von den Sünden mit sei=
nem Blut / und zu geistlichen König=
gen und Priestern gemacht für GOtt.
seinem

seinem Vater / Apoc. I. 5. seq. Col
Tit. II. 14. &c. Demnach so sind es zwo
gantz unterschiedene Arten der Sün-
den-Reinigung: Eine geschicht in der
Rechtfertigung / da wegen Zurechnung der von Christo uns erworbenen
vollkommenen Gerechtigkeit / die in uns
wohnende Sünde bedecket / und wir vor
Gottes Angesichte vor gantz rein angesehen werden ; Die andere aber erfolget in der Erneuerung / durch fortge-
setzte Tödtung des sündlichen Fleisches
mit seinen bösen Neigungen / und Er-
weckung des Geistes zu allem *guten* / ob
es wohl in diesem Leben zur Vollkommenheit nicht zu bringen / biß dermahleinst die unbefleckte Reinigkeit im Stande der Herrligkeit kommen wird/ Ephes.
V. 27.

7. Unser Jesuit aber wil uns seine
Päbstische Manier der Sünden-
Reinigung einreden / worinnen die so
gar von einander unterschiedene Rechtfertigung und Erneuerung in einander gemenget und gantz verkehret werden. Die eigene und in die Natur ein-
gegos-

gegossene Reinigkeit soll es alles ausma-
chen / und dahero vollkommen seyn / so /
daß alles/ was an uns vor GOtt sündlich /
wesentlich hinweg genommen werde.
Ob man nun gerne die Schande der
Erb- und so genanten läßlichen Sünden auf allewege zudecken / gering machen und entschuldigen / hingegen die Reinigkeit eigener Wercke/ als vor GOtt gültig und verdienstlich / preisen wil ; so ist
doch beydes wider das klare Wort Gottes. Denn die besten wercke sind un-
vollkommen und mit anklebender Sünd-
lichkeit verunreiniget / Esa. LXIV. 6.
Sirac. XXVI. 5. Gal. V. 17. &c. und die
geringste Sünde ist in Gottes Gerichte
greulich und verdammlich/ 1. Joh. III. 4.
Jac. II. 10. Deut. XXVII. 26. Rom. III.
3. Gal. III. 10. &c. Drumb wenn des
Menschen eigene Reinigkeit inhæsivè be-
rachtet wird / muß man doch sprechen:
Wer wil einen Reinen finden / bey denen / da keiner rein ist ? Hiob. XIV. 4.
Davon *Gregorius* unter andern gar
sein redet (L. V. moral. c. VIII.): Un-
sre Gerechtigkeit selbst / wenn sie
nach

nach GOttes Gerechtigkeit unter-
suchet wird / ist Ungerechtigkeit:
Und (in districtione Judicis) vor dem
strengen Richter (sordet) ist garstig/
was nach Ermessung (operantis)
dessen / der das Werck thut / noch so
schön gläntzet.

8. Hierbey erweiset sich der quasi Enget-
reine Jesuit gantz unbedachtsam. Theils /
daß er fürgeben darff / (p. 90.) er und seine Päbstler glaubten es vestiglich/
daß sie warhafftig von Sünden gereiniget werden: da doch ein ieder unter ihnen / vermöge ihrer Zweiffels-Lehre/
dessen ungewiß ist und bleibet. Theils /
daß der Spruch *Augustini* , den er selbst
(p. 85. seq.) angeführet / seinem itzigen
Fürgeben schnurstracks entgegen stehet:
O HErr / mein GOtt / gehe nicht mit
mir ins Gericht / denn ob ich schon
dencke gerecht zu seyn / so bringstu
aus deinem Schatz eine Richt-
schnur herfür / nach welcher / wenn
du mich messest und meine Gerechtigkeit richtest / so werde ich (pravus)
böß und unrecht erfunden. Denn
auch)

auch der (p. 80.) angezogene Ort / Prov.
XX. 10. Wer kan sagen ich bin rein ꝛc.
gehöret. Wo bleibt denn die Vollkommenheit der eigenen Gerechtigkeit und
Reinigkeit? Theils auch / daß er die
fünffte Bitte im Vater unser / so er (p.
82.) uns vergeblich entgegen gesetzet / hier
selbst vergisset. Denn warumb hätte
Christus befohlen / täglich umb Vergebung zu bitten / wenn einige Vollkommenheit dieses Lebens zu träumen wäre? Womit der Ketzer *Pelagius* auf dem
3. Carthagischen oder sonst genanten
Milevischen Concilio eingetrieben worden. Hieher füget sich auch die deut-
liche Erklärung *Augustini* (Epist. XX. ad
Hieron.): Charitas plenissima, quæ jam
non possit augeri, quamdiu hic homo vi-
vit, est in nemine: Quamdiu autem augeri potest, profectò illud, quod minus est
quam debet, ex vitio est: Propter quod
vitium, quantumlibet perfecérimus, necessarium est nobis dicere: Dimitte nobis peccata nostra, Die vollkommen-
ste Liebe / so nicht höher zu bringen /
hat in diesem Leben niemand : Ist
sie nun zu vermehren / so ist gewiß-

lich / was noch daran fehlet / sündlich : und dieser Sündligkeit wegen /
wie hoch wir es auch immer bringen /
müssen wir dennoch sagen : Vergib
uns unsere Schuld ! Also heists mit unserm Jesuiten :

- - Dum vitat vitia, in contraria currit,

    Der N. wil ohne Fehler seyn /
    Und fällt doch immer tieffer drein.

9. Folgen noch etliche Einwürffe wider unsere bißher gezeigte Lehre / welche
nunmehr desto weniger Antwort brauchen : (III.) Apoc. XXI. 27. Es wird
nichts gemeines (oder unreines) eingehen in das himmlische Jerusalem.
Drumb können die Lutheraner in ihrem Sterb-Stündlein einen schlechten
Trost / noch ihrer Seligkeit Gewißheit
haben / weil ihre Sünden nur bedeckt/
und sie mit nichten davon gereiniget seyn.
(p. 91.) Antwort : Die Reinigkeit/
womit wir vor GOtt bestehen und in
den Himmel eingehen können / ist in der
Rechtfertigung vollkömmlich zu finden:
Wer darinnen biß ans Ende beharret/
der wird der Seelen nach / alsbald in
                            Der

dero Abscheidung / Apoc. XIV. 12. joh.
V. 24. dem Leibe nach aber / in der
Aufferstehung / 1. Cor. XV. 44. &c. auch
die völlige Erneuerung erlangen / und
also allerdings Engel = rein / Matth.
XXII. 30. in den Himmel kommen. Als
A. 1519. des Ertz = Päbstischen Hertzogs
Georgens Hofmeisterin / B. von Sah=
len / H. D. Luthern / hiervon hatte pre=
digen hören / ward ihr Hertz dermassen
gewonnen / daß sie ihrem Fürsten gestan=
den : Sie getrauete sich mit geruhi=
germ Gemüthe zu sterben / wenn sie
noch einmahl dergleichen hören sol=
te. (*Fabr.* Orig. Sax. L. VII.) Was
aber der Päbstische Zweiffels = Trost /
der nirgends gewissen Fuß setzen kan / und
mit vermeinter Lebens = Reinigkeit / in
tremendâ mortis horâ, wenn der
Mensch im sterben innen wird / wie
er gelebet hat / Sir. XI. 29. gantz kahl be=
stehet / vor Seelen=Jammer anstiffte / wäre
mit mehrern darzuthun / und bezeugens die
Exempel und Erfahrung.

10. (IV.) Ein Tisch mit rother Far=
be angestrichen / ob er schon mit einen
Tep=

Teppicht bedeckt ist / werde doch **roth** genennet / so lange die **Farbe** an ihm bleibet.   Also bleibe man unrein / wenn die Sünden zwar bedecket / nicht aber weggenommen werden. (p. 91. seq.) **Antwort:** Wie? wenn aber umb der unreinen Farbe willen / biß solche mithin zu verbessern / der aufgelegte reine Teppicht das Ansehen vor fürnehmen Augen bringen muß; So hat **Meister Aloyß** mit dem groben **Tischer-Pynsel** seinem ungeschickten **Wanckel-Tische** noch keine Farbe angestrichen.

II. (V.) Ps. XXXII. 1. seq. **Wohl dem** dem die **Sünde** bedecket ist / dem der **HERR** die **Missethat** nicht zurechnet.   Hier sey bedecken so viel / als hinwegnehmen: nicht zurechnen / heisse / die **Schuld** gar auslöschen. (p. 92.) **Antwort:** Den **Tisch** decken / heist ja nicht denselben **wegtragen.** Was bedecket wird / muß auf gewisse Art noch da seyn. Also bleibet auch bey der **Rechtfertigung** der **Sünde** ihr **Materiale,** was in der verderbten **Natur** stecket: Denn dieses zu verbessern / wird der Er-
neu-

neuerung überlassen. Die vor GOttes
Gerichte aber bißher hafftende Schuld/
(Reatus) sambt verdienter Straffe/
wird wegen der im Glauben zugerech. es
ten Zahlung des theuren Blutes Chri-
sti/ nicht zugerechnet/ und also gantz
cassiret/ ausgelöschet und (moraliter)
hinweggenommen.

12. (VI.) *Augustinus* (Enarr. II. in
Ps. XXXI.) sage : Sub tegmine medici
sanatur vulnus ; sub tegmine vulnerati,
celatur vulnus, Wenn der Artzt bede-
cket/ so wird die Wunde geheilet ;
Wenn es der Verwundte zudecket/
so wird sie nur verborgen. Wäre
das nicht lächerlich/ daß der geheilet sey/
dessen Wunde nur bedecket ist? Nun
aber sollen auch unsere Wundmahle
heil werden/ Esa. XXX. 26. (p. 93.)
Antwort : Unsere Rechtfertigung ist
und bleibet doch/nach der Schrifft und *Au-*
gustini Lehre/ ein Tegmen, Bedeckung/
welche vom NB. Artzt geschicht/der da im bedecken zugleich heilet. Medicus tegat & cu-
ret, emplastrô enim tegit, saget nechst vorher
Augu-

Augustinus : Der Artzt muß bedecken und curiren / denn er decket mit dem Pflaster. Die gantze Heilung aber begreifft beydes die Rechtfertigung und Erneuerung von Anfang biß zum Ende. Lächerlich ist es / von einem *Medico* begehren wollen / daß er mit dem ersten Bedecken oder Pflaster-aufflegen / im Moment die Gesundheit eingiessen solle! Der Patient hat sich vielmehr dem *Methodo medendi* und Ordnung des Artztes zu untergeben / und kan zu frieden seyn! daß dieser nicht nur den heßlichen Anblick seiner Wunde auffs beste *bedecket*! sondern auch darneben den Schaden nach und nach ausm Grunde *heilet* Die Papisten wollen ihre Wunden (der Einbildung nach) selbst bedecken/ nicht anders als der Phariseer / *Luc.* XVIII. welchen *Augustinus*, an diesem Orte / ihnen zum Beyspiel fürstellet / und spricht von Ihm : *Erat tanquam in statione Medici curandus, & sana membra ostendebat, vulnera tegebat;* Er solte gleichsam unter der Cur des Artztes seyn/ so wolte er doch seine Gliedmaßen

massen als gesunde sehen lassen / und
die Wunden verdecken. Und von
David / der seine Sünde wolte verschweigen / spricht er daselbst: Opor-
ebat ut taceret merita sua, clamaret
peccata sua : nunc autem perversè ta-
cuit peccata sua, clamavit merita sua.
Et quid illi contigit? Inveteraverunt ossa ejus. Intendite , quia si clamaret peccata sua & taceret merita sua, innova-
rentur ossa ejus, &c. Er hätte schweigen sollen von seinem Verdienste (so
der Jesuit mit seiner Reinigkeit suchet /)
und ausruffen seine Sünde : So
verschwiege er verkehrter (Päbstischer) weise die Sünde / und ruffte
seine Verdienste aus. Wie gieng es
Ihm aber ? Da verschmachteten seine Gebeine. Merckets wohl / wenn
er die Sünde ausgeruffen und vom
Verdienste geschwiegen hätte / wären seine Gebeine erneuert (und geheilet) worden. Mehrere Erklärung
des H. *Augustini* wird folgendes Capitel an die Hand geben/ und gnugsam wei-
sen/ daß der Jesuit des *Augustini* Zeug-

N   nis

uns lieber hätte verschweigen / als ausruffen mögen. Es bleibet seine Päbstische
Sünden = heilung eine Cura palliativa,
da man seine stinckende Sünden-Wun-
den mit eigener Heuchel = Decke verber-
gen wil.

1². (VII.) Joh. I. 29. Sihe / das ist
Gottes Lamb / welches der Welt
Sünde (nicht bedecket / sondern) hinweg
nimmt. (p. 94.) Antwort : Das
Wort αἴρειν heist hier nicht hinwegnehmen / sondern tragen : Wie Esa.
LIII. 4. (dahin Johannes deutet /) נשׂא
und סבל , Er trug und lud auf sich,
Nemlich durch Zurechnung : Der Herr
(הפגיע Vulg. posuit,) warf unser aller Sünde auf ihn / vers. 6. 2. Cor. V.
21. &c. Wenn nun Christus / das Lamb
Gottes / der Welt Sünde getragen / so
ists Affen = Werck / daß der Pabst das
wächserne Lämblein / Agnus DEI ge-
nannt / weihet / und mit übernatürlicher
Krafft begaben wil. (Marchant. H. P. Tr.
III. de Char. p. 477. seq.)

14. (VIII.) Wir werden abgewaschen von Sünden / Ps. LI. 9. 1. Cor. II

II

11. Apoc. I. 5, Was wäre das vor ein
Waschen / wenn der Sünden-Unflath
nur bedeckt wäre? (p. 94. seq.) Antwort: Die Rechtfertigung geschicht nur
durch Bedeckung / nicht aber die Abwaschung oder Reinigung / welche zugleich
sich durch die gantze Erneuerung sich er-
strecket / wie schon mit mehrern gedacht
worden. Unser Trost und Hoffnung der
Seligkeit aber gründet sich nicht auf die
noch unvollkommene Erneuerung / sondern auf die vor GOtt bestehende Rechtfertigung / deren wir durch gläubige Zurechnung des Blutes Christi gantz gewiß
und versichert sind / der Jesuit mag bey seiner Traum-Reinigkeit in Zweiffel stecken
so lange er wil.

Das XI. Capitel /

Vom neundten Trost /

der zugerechneten Gerechtig-
keit Christi.

§. I.

WAnn hier der Jesuit den Lutheranern (p. 95.) unrecht heist / daß sie
sprechen / die Gerechtigkeit Christi
werde ihnen durch den Glauben zuge-
eignet / als wenn sie ihr wären: So
erweiset er sich als einen rechten Jesu-
wider / und kan nicht mit bessern Fug
ein Geselle des HErrn JEsu heissen/ als
der abtrünnige und endlich am Zweiffel-
Stricke erwürgte Judas./ welchen und
sonst keinen andern / (so nachdencklich /)
JEsus ἑταῖρον, einen Gesellen genennet/
Matth. XXVI. 50. Der Pabstische Hau-
fe meinet / diejenige Gerechtigkeit / dadurch wir vor GOtt bestehen / und die
Seligkeit erlangen / ja gar verdienen
können / sey eine eigene / und/ wie sie reden / eingegossene Gerechtigkeit/ von
welcher sie zwar fürgeben / daß sie solche
Krafft von Christi Verdienste soll her-ha-
ben. Alleine Gottes-Wort leuchtet in
diesem zur Seligkeit höchstnöthigen
Puncte hell und klar/ obschon solches der
verblendete Jesuiter-Sinn nicht sehen
will. S. Paulus saget nicht nur von
denen

seyen Jüden / daß sie nicht erkennen
die Gerechtigkeit / die für GOtt gilt /
weil sie trachten ihre eigene Gerech-
igkeit aufzurichten / Rom. X. 3. sondern
nicht auch zu den Galatern / welche zugleich durch den Glauben an Christum
nd durch gute Wercke wolten gerecht
werden: Ihr habt Christum verlohren / und seyd von der Gnade gefallen /
Gal. V. 4. Ein recht-gläubig Hertz aber
findet seine vor GOtt geltende Gerechtigkeit allein in Christo / und kan darauf sich
gantz sicher gründen und gewiß verlassen /
mit befriedigten Gewissen einen Zugang
haben zur Gnade / darinnen fest stehen / und sich rühmen der Hoffnung
der zukünfftigen Herrligkeit / Rom.
V. 1. seq.

2. Darwider wendet P. Richard ein:
1.). Es stehe nicht in der Schrifft /
sondern werde von den Prädicanten
denen Zuhörern eingeblasen. (p. 95.
seq.) Insonderheit unterstehet er sich / des
hochgelahrten Theologi und Superint. zu
Leipzig / H. D. Lehmanns / Schrifft-
Gründe / so er in einer gehaltenen Leich-

Predigt

Predigt angeführet/ umbzustoßen. (p. 9
seqq.) Und zwar (1.) Matth. V. 20. E
sey denn eure Gerechtigkeit besser/ a
der Schrifftgelehrten/ rc.   Hierauß
wolte er gerne die Præmißas, wie es die
Logici nennen/ hören/ aus welchen der
Schluß (welchen dieser Logicus die Con-
sequenz nennet/) folget: Die Gerechtigkeit Christi ist unsere Gerechtigkeit.
Christus redet nur von äufferlichen Ceremonien und Ehrsucht/ dergleichen im
Pabstthumb nicht fürgehe. (p. 96. seq.)
Antwort: Der Pharisäer Gerechtig-
keit/ wodurch man nicht zu GOtt u
Himmel kommen kan/ war nicht nur al
leine äuserlich und ruhmsüchtig/ (so
beydes nur Menschen Augen füllet/ bey
dem Pabst-Pomp aber überflüßig zube-
finden/) sondern sie war auch (vor Gottes Augen) auf eigen Verdienst/ Luc.
X. 25. Rom. IX. 31. X. 3. Menschen-
Satzung/ Matth. XV. 3. 9. Marc. VII.
8. Heuchel-Wesen/ Matth. XXIII. 3. 4.
27. Luc. XII. 1. und bloße Einbildung/
Luc. XVIII. 9. gebauet. Der Jesuit
mag sich mit seiner Gerechtigkeit hierinn

...en bespiegeln: Es kan die Gleichheit
Ihm auf Bedürffen gezeuget werden.
Der begehrte Syllogismus ist dieser:
Welche Gerechtigkeit der Pharisäer Gerechtigkeit von Christo entgegen gesetzet wird / und in denen
Stücken / so er an ihnen gestrafft /
(περισσεύση) besser / und alleine vor
GOtt gültig ist / daß man dadurch
in das Himmelreich komme / dieselbe ist unsere (die wir die Seligkeit
zu hoffen haben/) Gerechtigkeit.
Christi Gerechtigkeit (die er durch seinen
Gehorsam erworben/) ist eine solche Gerechtigkeit / ꝛc.

Drumb ist Christi Gerechtigkeit /
unsere Gerechtigkeit.

Der Vor-Satz ist aus dem Text und
dessen Zweck und Umbständen / sambt vor-
angeführter Beschreibung der Pharisäer /
zu erweisen.

Der Nach-Satz (sonderbaren Beweiß itzt der Kürtze wegen zu überge-
hen /) ist dahero nicht zu verwerffen / weil
der Jesuit / oder wer der auch sey / mir
nimmermehr eine andere / vor GOtt zur

N 4 Se=

Seligkeit gültige Gerechtigkeit zeigen kan /
welche besser sey als der Phariseer Gerechtigkeit / ausser diejenige / so uns Christus erworben hat.

Der Schluß folget nothwendig / und stehet über diß vor sich selbst in der Schrifft /
Jer. XXIII. 6. Esa. XLV. 23.

3. (2.) 2. Cor. V. 21. Daß wir wür-
den in Ihm die Gerechtigkeit / die für
GOtt gilt. Im Griechischen Text le-
sen wir / durch Ihn / das ist / als unsern
Mittler / rc. (p. 97. seq.) Antwort:
Das ist eine grobe und feiste Jesuitische
Ertz-Lüge. Es stehet im Griechischen
Text nicht δι' αὐτᾶ, durch Ihn / wie c.
XII. 17. sondern wer Griechisch lesen kan /
der liest allhier / ἐν αὐτῷ, in Ihm (wie
auch in seiner von Pabst authentisirten
Vulgatâ, IN IPSO, in Ihm / gelesen wird): Schämet sich denn der grobe Idiot gar nicht / daß er einen hocher-
fahrnen Theologum mit einem solchen
Worte / so er nicht einmahl lesen kan / widerlegen wil. Der verständige Leser
wird nun nicht mehr zweiffeln / daß sein
δια πισεωσ gantz kein Druck-Fehler / und
die

die 15. Haupt=Schnitzer (Cap. III. §. 16.)
ihm billig beygemessen worden.

4. Wie es aber zuverstehen / das wir
in Christo haben die für GOtt geltende Gerechtigkeit ; kan Jhm sein offtge-
nandter *Augustinus* (welcher gleichfalls
IN ILLO, in Jhm / nicht PER ILLUM,
durch Jhn / allhier gelesen /) berichten:
Omnes qui per Christum justificati, justi
sunt, NON IN SE, sed IN ILLO. Nam
in se, si interroges, Adam sunt ; in illo,
si interroges, Christi sunt, (Tr. III, in
Joh.) Alle / die durch Christum gerechtfertiget worden / die sind gerecht / nicht in ihnen selbst / sondern
in Christo : Denn in ihnen / wenn
nans wissen wil / sind sie Adams ;
in Jhm aber / wenn man fraget /
ind sie Christi. Ipse (Christus) peccatum, ut nos Justitia, nec nostra, sed
Dei : NEC IN NOBIS, sed IN IPSO :
sicut ipse peccatum non suum, sed no-
strum, nec in se, sed in nobis constitu-
um, (Enchirid. ad Laurent. C. XLI.)
Er (Christus) ist die Sünde / wie wir
die Gerechtigkeit / nicht vor uns /

N 5 son

sondern vor GOtt: Auch NB. nicht in
uns / sondern NB. in Jhm: wie er denn
nicht zu seiner / sondern zu unser Sünde / nicht in Jhm / sondern in uns / gemacht worden. Christus delicta nostra
sua delicta fecit, ut justitiam suam no-
stram justitiam faceret, (in Psal. XXII. Expos. II.) Christus hat unsere Sünden
zu seinen Sünden gemachet / auf daß
seine Gerechtigkeit unsere Gerechtigkeit
würde. Da höret der Jesuit: So wahr
unsere Sünden / ob sie wohl in uns sind und
wir verschuldet haben / dem HErrn Christo
sind zugerechnet worden / als wenn sie
sein eigen wären / wie er sie denn seine eigene Sünde nennet / Psal. XL. 13. So wahr
wird auch seine Gerechtigkeit / die in
Jhm ist / und er erworben hat / uns zugerechnet / als wann sie unser eigen wäre / wie
sie denn unsere Gerechtigkeit genennet
wird / Jer. XXIII. 6.

5. (III.) 1. Cor. I. 30. Christus ist
uns gemacht zur Gerechtigkeit /
nehmlich auf solche Weise / wie er uns
auch gemacht ist zur Weißheit. Nun
aber ist Christi Weißheit nicht unsere
Weiß-

Weißheit / denn sie ist unendlich: Darumb sey auch nicht seine Gerechtigkeit unsere Gerechtigkeit. (p. 98.) **Antwort:** Dieser Pfeil ist aus dem Köcher des neuen **Ertz - Arianers /** *Socini* , (P. IV. de servat. c. V.) genommen. Nobile par fratrum , **Ey wie feine Brüder!** Es folget aber gantz nicht / weil Christi Gerechtigkeit unser wird durch die Zurechnung / so müsse auch seine Weißheit uns ugerechnet werden. Wo lehret die Schrifft also reden / daß uns der Glaube gerechnet werde zur Weißheit / oder daß wir wegen der Weißheit gerecht und selig würden ? GOttes Gericht rechtfertiget die Gerechten / nicht die Weisen / und verdammet die Ungerechten / nicht die Unweisen. Drumb ist iede Wohlthat zu verstehen nach ihrer Art und Weise. Die vollkommene Gerechtigkeit / die mir zur Seligkeit nöthig / und ich in mir nicht finde noch haben kan / soll ich in Christo haben / welchen ich vor GOtt im Glauben fürstellig mache/ daß er seiner strengen Gerechtigkeit an meiner statt Gnüge geleistet / und also wird

N 6   Chri-

Christus mir freylich durch Zurechnung
zur Gerechtigkeit von GOtt gemachet.
Ein anders ists mit unserer Weißheit / so
zwar überall Stückwerck / welche Unvollkommenheit doch nicht verdammet / (wie
dort bey der Gerechtigkeit /) wenn man nur
weiß / was zur Seligkeit zu wissen vonnöthen. Kan und soll demnach solche Weißheit in uns selbst seyn / so geschicht es nicht
durch Zurechnung / sondern vermittels des
heiligen Lehr-Ambts Christi / darinnen Er
uns ist gemacht zur Weißheit.

6. (4.) Phil. III. 8. 9. Diesen herrli-
chen Spruch / welchen (Tit.) Herr D.
Lehmann hochbedächtig / zu besondern
Nachdrucke / zu letzt behalten / rühret der
Jesuit mit keinem Finger an / und übergehet solchen gantz und gar mit Still-
schweigen. Kömt mir vor / wie offtmahls der Teuffel mit dem Paradies-
Evangelio / Gen. III. 15. verjaget und
unsichtbar worden. Denn hier drückt
S. Paulus mit Sonnen-klaren Worten aus / daß vor GOtt nicht gelte die
eigene Gerechtigkeit / sondern die
durch den Glauben an Christum
kömmt /

kommt / und dem Glauben von GOtt zugerechnet wird / alles andere aber / was man einmengen wolle / das achtet er vor NB. Dreck! Diesen Braten hat der Jesuit wohl gerochen: Denn Menschen-Lehre und Geboth / worauf die Päbstischen guten Wercke gerichtet / sind in diesem hohen Artickel der Rechtfertigung für GOtt nicht besser zu achten / als diejenigen Menschen-Satzungen / so hinder den Zäunen bißweilen gefunden werden. Und hat daher der Sel. Herr Lutherus des Pabsts Decreten nicht unrecht gethan / daß er selbe die Drecket zu nennen gepflogen.

7. (II.) Frembde Gerechtigkeit kan mir nicht geschencket / noch mein eigen werden. Was hilffts dem Leipziger Superintendenten / wenn man Ihm viel Millionen schencke / und er soll sie doch nicht haben? Ist eine neue unerhörte Philosophie: Wer heist weiß / und hat keine weisse Farbe an sich? Item / wohl bekleidet / schön / von einem andern / der es hat / und ist doch selbst ein Bettler und übelgestalt? Augustinus beschreibet die

N 7   Ge-

Gerechtigkeit / die in uns ist / als eine innerliche Schönheit? Sind lauter Prädicantische Phantaseyen und Gedichte / welche die Ohren von der Warheit wenden / und sich zu den Fabeln kehren / 2. Tim. IV. 4. (p. 99. seq.) Antwort. Der Lojolit darff unsere Theologos und Prediger nicht etwa vor solche Harpyjas ansehen / wie die Jesuitische Raub-Vögel / die nach ihres Groß-Vaters Soldaten-Art gerne alles haben / was sie sehen / der Wittwen Häuser fressen / aus einem Hause gantze Gassen an sich ziehen / und anderer Neben-Orden geistliche Güter zur Beute machen. Man besehe *Fr. Roman. Hay*, in Horto Crus. da die Jesuiten **Wölffe** / **Tellerlecker** und **Auffresser** des gantzen Benedictiner-Ordens betittelt werden. Die Philosophie muß allhier Magd / und nicht Frau seyn / und kan nach den natürlichen nicht die göttlichen Sachen richten. Die Exempel ex rebus physicis reimen sich gar nicht Philosophisch auf die Rechtfertigung / so denen Dingen ex genere mora-

moralium & forensium (allwo / und auch
onsten / die Denominationes extrinsecæ
nichts neues /) nachartet: Der Jesuit hat
noch nicht erwiesen / daß die Gnade der
Rechtfertigung per modum inhæsio-
nis physicæ eingegossen werde / welches /
weil es in Gottes Wort nicht stehet / eine
purlautere Jesuitische Phantasey ist.
Die Kleider des Heils und der Rock
der Gerechtigkeit Christi / Esa. LXI.
o. welches der Jesuit leichtfertig ver=
pottet / (wie auch der Jesuit Keller die
Gerechtigkeit Christi eine elende Decke
geheissen: Vid. *Zeemann.* T. II. f. 136.)
soll uns armen Sündern dennoch der
beste Schmuck bleiben: Er mag zuse=
hen / wie Ihm das unflätige Kleid / c.
LXIV. 6. anstehe. *Augustinus* redet von
der Lebens = Gerechtigkeit / welche
auf die Glaubens = Gerechtigkeit fol=
get: Von dieser aber ist hier bey der
Rechtfertigung unsere Frage. S. Pau=
lus weissaget an benamten Ort / vom
Römischen Antichrist und seinem
Anhange / wie aus dem Context zube=

weis

weisen: Mag es also der Jesuit vor sich
behalten.

8. (III.) Rom. VIII. 10. Der Geist
ist das Leben umb der Gerechtigkeit
willen. Darumb sey die Gerechtig=
keit nicht ausserhalb (in Christo): Denn
der Mensch lebe nicht ausser sich selbst.
(p. 101.) Antwort: Es stehet vorher:
Der Leib ist todt umb der Sünde wil=
len. Wie nun hier die Gerechtigkeit
der Sünde/ und das Leben dem Tode;
also wird auch der Geist dem Leibe
entgegen gesetzet: Daher ist der Geist
hier nicht der Heilige Geist/ sondern der
geistliche innerliche Mensch bey wider=
gebohrnen Christen/ welcher immer leb=
haffter und stärcker wird/ durch die täg=
liche Erneuerung/ umb der Gerechtig=
keit willen/ welche zuvor in der Recht=
fertigung durch den Glauben erlanget
worden. Wie folget aber hieraus/ daß
der Mensch nicht umb frembder Gerech=
tigkeit willen gerechtfertiget werde? Ich
weiß fast nicht/ ob der Jesuit allwege in
dem Leibe oder ausser demselben in Entzü=
ckung sey.

9. (IV.)

9. (IV.) 2. Cor. I. 21. seq Verglei=
het der Apostel die Gerechtigkeit mit
Salbung / Siegel und Pfand. So
gar klar und nothwendig / daß die Ge=
rechtigkeit von welcher der Mensch
für GOtt gerecht ist / müsse im Men=
schen seyn / wie die Salbe in dem Ge=
salbten. (p. 101.) Antwort: Wer sa=
gets aber mehr / als dieser geschmierte
Priester / daß der Apostel die Gerechtig=
keit einer Salbung ꝛc. vergleiche? Ein
jeder kan den Spruch aufschlagen / so
wird er sehen / daß gantz im geringsten von
einer Gerechtigkeit daselbst gedacht wird:
Wer heist denn das unverschämte Lügen=
Maul die Sache so sehr bekräfftigen / daß
es klar und nothwendig so seyn müsse?
Der Heilige Geist / von welchen S.
Paulus ausdrücklich redet / ist ja nicht
etwa die Gerechtigkeit / dadurch der
Mensch vor GOtt gerecht ist; Doch viel=
leicht nach Jesuitischen Prædicamenten.

10. (V.) Matth. XVIII. 4. XI. 11. ste=
het / daß einer grösser im Himmelreich
sey / als der andere. Nun wolt ich ger=
ne wissen / wie das seyn könne / wenn
nach

nach der Lutheraner Meinung einer so
gerecht ist als der andere / weil einem je=
den die Gerechtigkeit Christi durch den
Glauben wird zugerechnet. (p. 102. seq.)
Antwort: Wil P. Richard ein Meister
in Israel seyn / und weiß das nicht?
Una salus communis erit, sed gloria di-
spar, Alle Auserwehlten / einer so wohl als
der ander / kommen ja in den Himmel /
und erlangen die wesentliche Seligkeit /
2. Tim. IV. 8. weil sie allerseits sind durch
den Glauben an Christum gerecht worden /
2. Petr. I. 1. ἰσότιμον πίστιν.). Diesem be=
nimt gantz nichts / daß darnach im Himmel
die unterschiedlichen Ehren = Stufen / ei=
nem ieden nach dem Unterschiede seiner
Wercke / aus Gnaden zugetheilet werden /
Dan. XII. 10. 1. Cor. IV. 5. &c. In wel=
chem Verstande einer grösser im Himmel
ist / als der andere.   Man besehe auch
Cap. III. §. 12.

II. (VI.) Durch die erschreckliche Leh=
re / daß wir durch eine frembde Gerech=
tigkeit gerecht und selig werden / werden
die Menschen zu aller Boßheit ange=
feischt /

kusch / und allen Lastern Thür und
Thor aufgethan : Weil / nach Lutheri
Trost / Christus also spricht : Bistu
nicht fromm / so bin ich fromm : Er
macht / daß ich gewiß weiß / daß seine Frömmigkeit mein sey. Ist das
nicht wider die Schrifft / sich allein auf
Christum verlassen und hoffen? 1.
Cor. XV. 19. Wo spricht Christus?
Bistu nicht fromm / so bin ich fromm.
Das kan der ärgste Schelm sagen : Bin
ich nicht fromm / so ist Christus
fromm. So könte keiner verdammt
werden / welche S. Paulus verdammt /
Gal. V. 20. Wie gebühret Luthero / der
gewiß weiß / daß er mit seinem Leben den
Abgrund der Höllen verdienet habe /
daß Christi Frömmigkeit sein sey? So
muste sie in den Abgrund der Höllen gehören / welches greulich und abscheulich.
(p. 103. biß 106.) Antwort: Dieser Trost
Lutheri ist nicht geschrieben vor Ruchlose/
wie P. *Aloysius* des Sinnes gar viel hat /
vor welche nichts dienlicher / als scharffe
Gesetz = Predigten / wie denn die hoch-
dringenden Ursachen / warumb gute
Wercke

Wercke nöthig seyn / niemand unter
die Bänck gestecket werden (Siehe Cap.
III. §. 21.); Sondern es tröstet hier *Lutherus* mit dem Evangelio einen bußfertigen kleinmüthigen Sünder / der mit
Bernhardo klagen muß / *Perditè vixi, ich*
habe nicht viel gutes gethan! Ob nun
der Teuffel ihm solches in der Anfechtung
nur fürbildet / oder mag sich in der That
also verhalten / so soll derjenige / so es itzt
erkennet und bereuet / dennoch nicht ver-
zagen. Wenn er nun bißher gar nicht
fromm gewesen / womit wil *P. Richard*
einen solchen Menschen trösten? Nicht
mit frembder Gerechtigkeit? Wessen
aber? Seines Ordens? Derer Heiligen?
Oder mit andern Menschen-Tand? Pfuy!
hinweg damit von Gottes Gericht und
Angesichte! Nichts / als Christi From-
migkeit und Gerechtigkeit kan vor GOtt
gelten und kräfftigen Trost geben. Das
heist kurtz: Bistu nicht fromm / so bin
ich (Christus) fromm. Solcher Trost
gehet Schelme und Diebe / so in Sünden
beharren / so ferne nichts an: Auch nicht
die / so es für Spott halten. Worinnen
                                        er

er Lutherum abermahl (p. 67.) ansticht/
ist unnöthig wiederumb (S. Cap. IX.§.6.)
zu beantworten.

12. Einen greifflichen Schnitzer/
so in Schulen Fallacia compositionis
heist/ begehet der Jesuit/ in Anführung
des Sprüchleins/ 1. Cor. XV. 19. Hoffen
wir allein in diesem Leben auf Chri-
stum/ so sind wir die elendesten/ rc.
Da das Wörtlein allein/ nicht zu ziehen
auf Christum/ wie dieser Ausleger sta-
tuiret, und daraus erzwingen wil/ daß es
unrecht/ seine Hoffnung allein auf
Christum und seine Gerechtigkeit zu
gründen/ sondern man müsse auch auf
eigene Gerechtigkeit bauen. Man lese
aber doch/ was der Apostel vorher und
hernach saget/ so wird man alsobald aus
der Entgegenhaltung dieses und des zukünfftigen Lebens ersehen/ daß das
Wort/ allein/ gehöre zu den Worten/
in diesem Leben. Denn so schleust S.
Paulus: Wenn die/ so in Christo ent-
schlaffen/ nicht durch Ihn die froliche
Auferstehung erlangen solten/ so müste
ihre Hoffnung/ die sie auf Christum ge-
habt/

habt / nur allein auf dieses zeitliche Leben / und nicht vielmehr auf das zukünf-
tige ewige / sich erstrecken / und daher (welches ungereimt /) die Frommen / in dem
sie nach so vielen leiblichen Trübsalen dieses Lebens / nicht auferstehen solten / hierinnen gegen andere böse Menschen / die
in allen Wollüsten des Leibes hier gelebet / die elendesten seyn. Ja / der H. Chrysostomus (Homil. XXXIX.) schleust
noch mehr hieraus : Was sagstu Pau-
le : Wie hoffen wir denn vergeblich / wenn gleichwohl die Seele (ohne Auferstehung des Leibes) unsterblich bliebe ? Darumb / dieweil / wenn
die Seele gleich tausendmahl unsterblich wäre / dennoch dieselbe ohne dem Leib (τὰ ἀπόρρητα ἀγαθὰ
ἐκεῖνα) jene unaussprechlichen Güter nicht völlig haben würde : Denn
wir müssen alle offenbar 2c. (2 Cor.
V. 10.) Sonst würde die Seele in
dem Leibe nicht gekrönet. (πάντα
τῆς ἀναστάσεως ἤρτηται ,) An der Auferstehung ist uns alles gelegen.
Wenn nun P. Richard nicht will der
Elen-

Elendeste unter allen Logicis heissen/ so lasse er uns die richtigen Præmissas hören / wodurch hieraus der Schluß folge: Ergò ist Christi Gerechtigkeit nicht unsere Gerechtigkeit.

13. (VII.) Mit diesem Trost fahren endlich die Lutherischen zwar auf Christum dahin / nicht aber zu Christo: Könten viel besser / mit jenem Lutheraner / welcher vor etlichen Jahren / wegen Diebstahls zu Breßlau ist gehenckt worden / sprechen: Ich fahre dahin / weiß nicht wohin: Welche Worte auf dem hohen Gerichte sein letzter Trost waren. Drumb verlasse sich keiner auf eine frembde Gerechtigkeit / und tröste sich nicht mit Christi Frömmigkeit alleine / sondern jedweder befleißige sich / durch seine eigene Gerechtigkeit und Frömmigkeit / die er durch die Gnade Christi erlanget / selig zu werden. (p. 106. seq.) Antwort: Was benimmt mehr den Christ=seligen und frölichen Sterbens=Trost / als

Die

die verzweiffelte Zweiffels = Lehre der
Papisten / welche nicht nur auf unge=
wißheit der eigenen Gerechtigkeit /
woran es hinden und forn mangelt / kein
sicher Vertrauen verstattet / sondern noch
über dieses die Sterbenden mit der grau=
samen Furcht des Fegfeuers / da die
Seele mit unaussprechlicher Marter / mit Feuer / Hitz und Kälte / mit
Schwefel und Pech / mit grausamer
gewaltiger Pein / (*Mart. Eisengrein /*
Conc. Funeb. p. 37.) damit die ärgste
Marter dieses Lebens nicht zu vergleichen / (*Bellarm.* L. II. Purg. c. XIV.)
noch lange soll abgestrafft werden / letzlich
quählet / ja welches das ärgste / alle und
iede (die keine sonderbare Offenbahrung
haben. Wer versichert aber / ob solche
göttlich oder teufflisch ? Christianus *cer-
tus esse non potest, an bonus vel malus
Spiritus in corpore suo operetur, Bocan.
T. I. opusc. Theol. c. XI.*) dermassen
verwirret / daß kein Papist / auch in
letzten Abdrucke / wissen kan / ob er
nicht gar in den Abgrund der Höllen
fahren / und ewig verdammt seyn müsse.

Und

und daher kömbt das alte Pabstische
Reimlein : Ich fahr und weiß nicht
vohin / mich wundert / daß ich frö-
ch bin. Welches der selige Herr
Lutherus billich nach der Evangelischen
Trost-Lehre geändert hat : Ich fahr /
und weiß / GOtt Lob ! wohin / mich
wundert / daß ich traurig bin. (T.
III. Alt. f. 555. b.) Hiervon zu predigen /
und die Cantzeln / und nicht die Galgen
gebauet. Was wil der Jesuit dem Lutherischen gehengten Dieb die in Un-
bußfertigkeit ausgestossene Zweiffels-
Worte / so unserer Lehre nicht præjudici-
ren / aufmutzen ? Haben denn die Anno
603. in Engeland gehengte zweene
Päbstische Priester / der daselbst Anno
606. neben andern gehengte Jesuit
Henr. Garnet , die selbst-gehengten Mönche / (davon der Carthäuser General einst
zum Pabst gesprochen : Deo gratias ! tan-
tùm quinquaginta hoc anno se suspende-
runt , GOtt Lob ! diß Jahr haben
ich nur 50. Mönche erhencket ;) haben diese / sag ich / vor ihrer Hinfahrt sich
besser trösten können ? Oder müssen nicht
O   auch

auch alle ungehenckte Jesuiten / vermöge ihrer Zweiffels-Lehre / wanns dahin kombt / also heraus brechen? Ich fahre dahin / weiß nicht wohin.

14. Endlich / wenn auf frembde Gerechtigkeit sich nicht zu verlassen / wie kommen denn die Opera superarrogationis und überleyen Verdienste der Heiligen / durch Ablaß im Pabstthumb andern zu gut / und werden ihnen zugerechnet? Hat denn der so genannte Jesus Typicus, S. *Franciscus*, der in allem / ausgenommen die Kleidung / dem HErrn JEsu soll gleichförmig gewesen seyn / mehr Gerechtigkeit und Frömmigkeit erworben / daß manche / derselben theilhafftig zu werden / sich in Franciscaner - Kutten haben begraben lassen? rc. Auf eigene Gerechtigkeit sich zu verlassen / kan der Jesuit mit guten Gewissen niemand rathen / weil er gestehet / daß keiner wisse / ob er solche habe. Daß der eigenen Wercke Verdienst / dadurch selig zu werden / mit der Gnade Christi beschönet wird / ist ein Mißbrauch seines heiligen Nahmens und Verdiensts / welches hierzu nicht dienen soll. Dieser zu

Selig-

Seligkeit hochstnöthige Punct würde ja
entlich in der Schrifft stehen; es hat
aber der Jesuit dergleichen Grund / (so
doch unser Seits überflüßig zu finden /)
gar nicht anzeigen können. Unser Seligmacher JEsus Christus / hat bey sich
selbst geschworen / und ein Wort der
Gerechtigkeit ist aus seinem Munde
gegangen / dabey soll es bleiben;
Nehmlich alle Zungen sollen sagen:
Im HErrn JEsu hab ich Gerechtigkeit und Stärcke. Solche werden
auch zu Ihm kommen: Aber alle die
Ihm widerstehen / müssen zu schanden
werden / Esa. XLV. 23. seq.

Das XII. Capitel/
Vom zehenden Trost /
derer Sprüchlein aus Heili-
ger Schrifft.

§. I.

ES wil dem P. Richard auch letzlich dieses verdriessen / daß Evangelische Zuhörer / aus Anhörung oder Lesung des
Worts Gottes / die kräfftigsten Macht-

D 2   und

und Kern. Sprüche sich wohl bekañ
machen/ und im Nothfall wider alle/ auch
Jesuitische Anfechtungen/ solche brauchen.
Hierwider thut er (p. 107. seqq.) seine unnöthige Erinnerungen.

2. (I.) Die gebräuchlichen Trost-
Sprüchlein derer Lutherischen schicken
sich nicht zur Sache. Das wil er mit
zehen gar gemeinen Exempeln darthun.
(1.) Matth. VIII. 11. Des Menschen
Sohn ist kommen/ selig zu machen/
das verlohren war. Ja/ seiner Sach:
Aber Er erfordere unsere Mitwirckung.
(p. 107.) Antwort. Von eigener Mitwirckung zur Seligkeit/ wil die gantze
Schrifft nichts wissen. Christus al-
macht uns selig/ und nicht wir mit Christo:
Wer diese Gnade mit Unglauben ver-
stöst/ muß ewig verlohren bleiben.

3. (2.) Matth. XVIII. 14. Er wil
nicht/ daß iemand von diesen klei-
nen verlohren werde. GOtt hat uns
aber den freyen Willen gelassen. Sirac.
XV. 14. 18. (p. 108.) Antwort. Der
freye Wille des Menschen in Göttlichen
Sachen/ nach dem Sünden-Falle/ i-
weder

veder sonst / noch außm Sirach zu beweisen. Ist nicht vort nöthen / es auszuführen: Denn / wer saget bey uns / daß der
Mensch zur Seligkeit gezwungen werde /
oder gar nicht abfallen könne? Doch
bleibt der Trost wahr / daß GOtt auch deren Verirrten gnugsame Mittel der Seligkeit darreiche / und daher solche keinem
Menschen aus blossen Rathschlusse miß-
gönne. Wo findet aber ein Päbstler die
gnugsamen Mittel in seiner Zweiffels-Lehre? (S. Cap. II. §. 4.)

4. (3.) Sirac. II. 6. Vertraue Gott /
so wird Er dir aushelffen. Daß aber
nicht gnug sey glauben / sey beym ersten
Trost erwiesen. (p. 108.) Antwort. Ist
aber / nach Päbstischen Verstande / daselbst (Cap. III.) abgewiesen. Sirach redet im gantzen Context, de Fiduciâ, non
Fidei, sed Spei, von dem Hoffnungs-
und nicht eigentlich vom Glaubens-Ver-
trauen. Gehöret also der Spruch vielmehr zum vierdten Trost.

5. (4.) Selig sind / die Gottes
Wort hören! Wenn sie nehmlich ihrer
Prædicanten falsch und betrüglich Plau-

O 3   der-

derwerck anhören. Sie möchten aber
auch diß in Obacht nehmen. Rom. II. 13.
Für GOtt ſind nicht gerecht/ die das
Geſetz hören/ ſondern die es thun.
(p. 108. ſeq.) Antwort. Unſere Zuhörer werden nicht auf Menſchen-Tand/
ſondern auf den einigen Grund Göttliches
Worts gewieſen. Sie können auch aus
dem Geſange wohl/ was das vor Vögel/
die ihnen den edlen Saamen vom Hertzen rauben wollen/ Luc. VIII. 5. 12. Jener Jeſuit zu Ingolſtat war auch der
Hacke/ und gab dieſe Lection : Vier
Predigten hören und fleißig in der
Schrifft leſen/ ſey ein Zeichen der
Rätzer/ und keiner guten Catholi-
ſchen Chriſten/ welche nicht groſſe
Luſt haben zum Gehör der Predig-
ten/ die wie der Wind vergehen/
noch zu Leſung der Schrifft/ die ein
todter Buchſtabe/ ſondern ihre einige Luſt ſey/ viel Meſſen hören und
offt beichten; Und wer dergleichen
verachte/ thue gröſſere Sünde/ als
wenn er ſein Lebtage keine Predigt
gehöret/ noch die Bibel angeſehen
hätte.

tte. (*Hasenmüll.* ap. *Hotting.* T. P.
33.)

6. Im Sprüche S. Pauli (Rom. II.
. Verstehet die *Glossa Ordinaria*, durch)
actores Legis, die Thäter des Gese-
zes / *Qui credunt in Christum*, die da
glauben an Christum : Welches des
Jesuiten Meinung schon vor sich umb-
tösset. *Augustinus* (de Spir. & Lit. c.
XXVI.) saget : Die das Gesetz thun /
werden gerecht / daß man wissen solle / man könne anders zum Thun des
Gesetzes nicht kommen / man sey
denn zuvor gerecht / also daß nicht
die Rechtfertigung auf das Thun
des Gesetzes folgen / sondern daß
(*factores legis justificatio præcedat*)
die Rechtfertigung vor dem Thun
müsse vorhergehen. Ich gebe es aber
zu : Nur diejenigen / die das Gesetz
halten / werden dadurch gerecht. Ist
aber hier noch nicht gnug. S. Paulus
machet den Nach=Satz : Nun aber
hält niemand / weder die Heiden
noch Jüden / das Gesetze. Darumb
wird niemand durchs Gesetz ge-

recht.

auch alle ungehenckte Jesuiten / vermöge ihrer Zweiffels-Lehre / wanns dahin kömbt /
also heraus brechen? Ich fahre dahin /
weiß nicht wohin.

14. Endlich / wenn auf frembde Gerechtigkeit sich nicht zu verlassen / wie kommen denn die Opera superarrogationis
und überleyen Verdienste der Heiligen /
durch Ablaß im Pabstthumb andern zu
gut / und werden ihnen zugerechnet? Hat
denn der so genannte Jesus Typicus, S.
Franciscus, der in allem / ausgenommen
die Kleidung / dem HErrn JEsu soll gleichförmig gewesen seyn / mehr Gerechtigkeit
und Frömmigkeit erworben / daß manche / derselben theilhafftig zu werden / sich
in Franciscaner - Kutten haben begraben
lassen? rc. Auf eigene Gerechtigkeit sich
zu verlassen / kan der Jesuit mit guten Gewissen niemand rathen / weil er gestehet /
daß keiner wisse / ob er solche habe. Daß
der eigenen Wercke Verdienst / dadurch
selig zu werden / mit der Gnade Christi
beschönet wird / ist ein Mißbrauch seines
heiligen Nahmens und Verdiensts / welches hierzu nicht dienen soll. Dieser zur
Selig-

Seligkeit hochstnöthige Puncт würde ja
öffentlich in der Schrifft stehen; es hat
aber der Jesuit dergleichen Grund / (so
doch unser Seits überflüßig zu finden /)
gar nicht anzeigen können. Unser Seligmacher JEsus Christus / hat bey sich
selbst geschworen / und ein Wort der
Gerechtigkeit ist aus seinem Munde
gegangen / dabey soll es bleiben;
Nehmlich alle Zungen sollen sagen:
Im HErrn JEsu hab ich Gerechtigkeit und Stärcke. Solche werden
auch zu Ihm kommen: Aber alle die
Ihm widerstehen/ müssen zu schanden
werden / Esa. XLV. 23. seq.

Das XII. Capitel/
Vom zehenden Trost /
derer Sprüchlein aus Heili-
ger Schrifft.

§. I.

ES wil dem P. Richard auch letzlich dieses verdriessen / daß Evangelische Zuhörer / aus Anhörung oder Lesung des
Worts Gottes / die kräfftigsten Macht-

O 2 und

und Kern, Sprüche sich wohl bekañ
machen/ und im Nothfall wider alle/ auch
Jesuitische Anfechtungen / solche brauchen.
Hierwider thut er (p. 107. seqq.) seine unnöthige Erinnerungen.

2. (I.) Die gebräuchlichen Trost-
Sprüchlein derer Lutherischen schicken
sich nicht zur Sache. Das will er mit
zehen gar gemeinen Exempeln darthun.
(1.) Matth. VIII. 11. Des Menschen
Sohn ist kommen / selig zu machen/
das verlohren war. Ja/ seiner Seits:
Aber Er erfordere unsere Mitwirckung.
(p. 107.) Antwort. Von eigener Mitwirckung zur Seligkeit / wil die gantze H.
Schrifft nichts wissen. Christus aber
macht uns selig / und nicht wir mit Christo:
Wer diese Gnade mit Unglauben von sich
stöst/ muß ewig verlohren bleiben.

3. (2.) Matth. XVIII. 14. Er wil
nicht / daß iemand von diesen klei-
nen verlohren werde. GOtt hat uns
aber den freyen Willen gelassen. Sirac.
XV. 14. 18. (p. 108.) Antwort. Der
freye Wille des Menschen in Göttlicher
Sachen / nach dem Sünden-Falle/ ist
wede

weder sonst / noch außm Sirach zu beweisen. Ist nicht vonnöthen / es auszuführen : Denn / wer saget bey uns / daß der
Mensch zur Seligkeit gezwungen werde /
oder gar nicht abfallen könne ? Doch
bleibt der Trost wahr / daß GOtt auch denen Verirrten gnugsame Mittel der Seligkeit darreiche / und daher solche keinem
Menschen aus blossen Rathschlusse miß-
gönne. Wo findet aber ein Päbstler die
gnugsamen Mittel in seiner Zweiffels-Lehre? (S. Cap. II. §. 4.)

4. (3.) Sirac. II. 6. **Vertraue Gott /**
wird Er dir aushelffen. Daß aber
nicht gnug sey glauben / sey beym ersten
Trost erwiesen. (p. 108.) **Antwort.** Ist
aber / nach Päbstischen Verstande / daselbst (Cap. III.) abgewiesen. Sirach redet im gantzen Context, de Fiduciâ, non
Fidei, sed Spei, von dem Hoffnungs-
und nicht eigentlich vom Glaubens-Ver-
trauen. Gehöret also der Spruch vielmehr zum vierdten Trost.

5. (4.) **Selig sind / die Gottes**
Wort hören! Wenn sie nehmlich ihrer
Prædicanten falsch und betrüglich Plau-

der-

O 3

derwerck anhören. Sie möchten abr
auch diß in Obacht nehmen. Rom. II. 13.
Für GOtt sind nicht gerecht/ die das
Gesetz hören/ sondern die es thun.
(p. 108. seq.) Antwort. Unsere Zuhörer werden nicht auf Menschen-Tand/
sondern auf den einigen Grund Göttliches
Worts gewiesen. Sie können auch aus
dem Gesange wohl/ was das vor Vögel/
die ihnen den edlen Saamen vom Hertzen rauben wollen/ Luc. VIII. 5. 12. Jener Jesuit zu Ingolstat war auch der
Haare/ und gab diese Lection: Vier
Predigten hören und fleißig in der
Schrifft lesen/ sey ein Zeichen der
Kätzer/ und keiner guten Catholischen Christen/ welche nicht grosse
Lust haben zum Gehör der Predig-
ten/ die wie der Wind vergehen/
noch zu Lesung der Schrifft/ die ein
todter Buchstabe/ sondern ihre einige Lust sey/ viel Messen hören und
offt beichten; Und wer dergleichen
verachte/ thue grössere Sünde/ als
wenn er sein Lebtage keine Predigt
gehöret/ noch die Bibel angesehen
hätte.

hätte. (*Hasenmüll.* ap. *Hotting. T. P.* P. 33.)

6. Im Spruche S. Pauli (Rom. II. 13. verstehet die *Glossa Ordinaria*, durch Factores Legis, die Thäter des Gesetzes/ Qui credunt in Christum, die da glauben an Christum: Welches der Jesuiten Meinung schon vor sich umbstösset. *Augustinus* (de Spir. & Lit. c. XXVI.) saget: Die das Gesetz thun/ werden gerecht/ daß man wissen solle/ man könne anders zum Thun des Gesetzes nicht kommen/ man sey denn zuvor gerecht/ also daß nicht die Rechtfertigung auf das Thun des Gesetzes folgen/ sondern daß (factores legis justificatio præcedat) die Rechtfertigung vor dem Thun müsse vorhergehen. Ich gebe es aber zu: Nur diejenigen/ die das Gesetz halten/ werden dadurch gerecht. Ist aber hier noch nicht gnug. S. Paulus machet den Nach=Satz: Nun aber hält niemand/ weder die Heiden noch Jüden/ das Gesetze. Darumb wird niemand durchs Gesetz ge=

D 4   recht.

recht. Welcher Schluß außdrücklich folget/ c. III. 20.

7. (5.) Luc. VII. 50. Dein Glaube hat dir geholffen. Es laute aber auch also: Ihr sind viel Sünde vergeben/ denn sie hat viel geliebet. Der Glaub wäre nur der erste Grund der Bekehrung. (p. 109.) Antwort. Vasquez (in I. 2. Disp. CCXI. c. V.) beweiset auß dem H. Augustino (Lib. L. Homil. XXIII.) daß Christus allhier nicht rede von einer solchen Liebe/ welche der Sünden Vergebung erlange oder dazu geschickt mache/ sondern von derjenigen Liebe/ so nach Vergebung der Sünden zur Danckbarkeit folget.

8. (6.) Apoc. I. 5. (vielmehr 1. Joh. I. 7.) Das Blut Christi reiniget uns von allen Sünden. (p. 109.) Von diesem ist schon gehandelt im VIII. Trost.

9. (7.) Joh. X. 9. So iemand durch mich eingehet/ der wird selig werden. Wie wir aber sollen durch Christum eingehen/ sey in vorhergehenden Puncten gnugsam erwiesen. (p. 109. seq.) Antwort.

vort. Der Jesuit ist schon deßwegen/ Cap. IX. §. 19.) als ein Dieb und Mör= er / verwiesen.

10. (8.) Marc. XVI. 16. Wer gläu= bet und getaufft ist / wird selig wer= den. Davon in der ersten Frage. Und varumb bedencken sie nicht die Zeichen? p. 110.) Antwort ist schon oben (Cap. I. §. 23. seqq. und Cap. V. §. 3.) zu inden.

11. (9.) Act. XV. 11. Wir gläuben durch die Gnade JEsu Christi selig zu werden / gleicher Weise wie auch sie / unsere Väter. Sey wahr/ aber nicht jnug / wie oben ausgeführet. Unsere Väter seyn nicht alle durch den Glauben allein selig worden. (p. 110.) Antwort. Auf oben angeführtes ist gnugsame Re= nonstration gethan. Der Vater aller Gläubigen / Abraham / stehet Rom. IV. zum Exempel. Ist der Jesuit ein rechtschaffener Pater, so beweise er von einem einigen unter den Vätern das Wi= derspiel.

12. (10.) Ephes. II. 8. Aus Gnaden seid ihr selig worden / durch den

O 5   Glau=

Glauben / und daſſelbe nicht aus
euch. Sey ſchon oben ausführlich erkläret / im Glaubens-Troſt. Die erſte
Gnade werde nicht verdienet / und ſey der
Glaube der Grund. Fundamentum juſtitiæ eſt Fides , ſpricht *Ambroſius.* (L. I.
offic. c. XXVIII.) (p. 110. ſeq.) Antwort.
Dieſer Haupt-Spruch wird ſonſt im gantzen Tractat des Jeſuiten nicht berühret /
vielweniger ausführlich erkläret. Nicht nur
der Anfang der Bekehrung / ſondern NB.
die Seligkeit ſelbſt / wird dem Glauben /
und zwar mit Ausſchlieſſung der Wercke /
allhier (aus Gnaden heiſt es / *nicht aus
euch* /) zugeſchrieben.

13. (II.) Daß die Lutheriſchen die-
ſen Sprüchen anhangen / geſchehe aus
Halſtarrigkeit: Denn ſie wollen von
keinem andern weder Glauben / noch
Troſt hören. (p. 111.) Antwort. Der
Apoſtel Jacob vermahnet / c. IV. 7.
Widerſtehet dem Teuffel / ſo fleucht
er von euch. Darumb thun Einfältige
unter den Unſrigen / derer Verſtand und
Beruff es nicht mit ſich bringet / daß ſie
ſollen mächtig ſeyn / zu ſtraffen die
Wi-

Viderſprecher / Tit. I. 9. nicht unrecht /
denn ſie keinem Teuffel / (er ſey gleich
und oder viereckicht /) der da mit der
alten Schlangen-Schalckheit ihre
Zinnen verrücken wil von der Ein-
faltigkeit in Chriſto / 2. Cor. XI. 3.
Gehör und Platz geben / und dergeſtalt
am ſicherſten vor ſolchen falſchen Sire-
nen vorbey ſchiffen.   Welches auch des
H. Chryſoſtomi treuer Rath iſt: (Homil. XIII. in Gen.)   Ora, ut omnibus il-
is præcluſis auribus , ad amuſſim Cano-
nem Sacræ Scripturæ ſequamur : Ich
bitte / laſt uns gegen alles andere die
Ohren zuſtopffen / und auffs genau-
te nur der Richtſchnur Heil. Schrifft
nachfolgen.

14. (III.) Sie thun es auch mit Un-
verſtand.   Denn ſie wiſſen nicht der
Sprüche Umbſtände / Gelegenheit /
Urſache / was vorgehet und nachfolget / wie dieſe und jene Schrifft zu verſtehen / und mit einem andern Spruche
zu vergleichen ſey. Dieſe ſeyns / die
immerdar lernen / und nicht zur Er-
käntnis der Warheit kommen / ꝛc.

D 6   2. Tim.

2. Tim. III. 7. seq: können daher sprechen: Wir haben die Lügen unser
Zuflucht gemacht/ ꝛc. Esa. XXVIII. 15.
(p. III. 112.). Antwort. Hierauf giebt
kurtzen Bescheid der alte Römische Bi-
schoff/ *Gregorius M.* (Epist. ad *Leandr.*)
Scriptura est fluvius, in quo Elephas na-
tat, & agnus ambulat, Die H. Schrifft
ist ein solcher Fluß/ darinnen ein
(Hochgelehrter) Elephant zu schwim-
men hat/ und doch ein (einfältig)
Lamm auff=fussen und fortkommen kan.
Est in Illis, (Sacris literis) quod perfe-
ctus comedat, est etiam quod *parvulus*
fugat, schreibet *Augustinus*, (Epist. III.
ad Voluf.) Es findet darinnen ein
Erwachsener seine Speise/ und auch
ein Kind seine Milch. Dahero auch
ein gemeiner Lay die zum Grunde seiner
Seligkeit gehörigen klaren Haupt=Sprüche
gar wohl fassen und verstehen kan.

15. Es suchet aber der Jesuit/ *P. Richard*, hiermit nichts anders/ als sonst
seine Brüder und Spieß=Gesellen: Daß
nehmlich dem Volcke/ (so sie den Hun-
den

en und Säuen / welchen das Heilig-
jum und Perlen nicht fürzuwerffen /
ergleichen / *Hoß.* de Expr. Dei verbo,
.641.) die Heilige Schrifft aus den Hän-
en gerissen werde. Wornach sie durch
jr Schänden / Verfälschen / Verbie-
en / Verbrennen (wie der Jesuiter auf
ffentlichen Marckte / in Steurmarck /
Kärnden / Beyern / 2c. begangener Bi-
iel-Brand noch unvergessen /) und auch
Verfolgung derer / so unter ihnen selbst
ie Schrifft lieben / (welches *Ar. Montanus* erfahren und beklaget /) aufs äus-
erste trachten. Wiewohl sie ihre Liecht-
scheuende böse Sache nur damit selbst
errathen / und sind nunmehro zu lang-
um aufgestanden / daß sie uns die offen-
are Paulinische Trost = Lehre von
nser wahren ungezweiffelten Recht-
ertigung und Hoffnung zur Se-
igkeit / vertuschen sollen. Es ist durch
den hocherleuchten Mann Gottes *Lu-
berum*, schon erfolget / was vor ihm ein
elahrter und gottsfürchtiger Predi-
er in der benachbarten Stadt Hoff /
der mit Nahmen geheissen M. Johann

D 7   Sörgel /

Sörgel / Vicarius zu S. Michel: Starb vor Lutheri Réformation; A. 1514. den 19. Febr.) zu seinen faulen Patribus und Meß-Pfaffen offtmahls gesaget: Ihr habt ist S. Paulum mit seinen heilsa- men Schrifften unter die Banck geste- cket: Dencket aber an mich / es wird die Zeit bald kommen / daß er wider herfür krieche/und euch hinunter stecke. (*M. Enoch Widman.* Höf. Chron. M. S. f. 307.)

16. So mag nun / der Jesuit immer- hin / ohne Wort Gottes / mit Lateini- schen Meß-Lesen und ledigen Cere- monien/ Andere vergeblich trösten / und seine vermeinte Andacht / quæ filo infer- tis numerat sua murmura baccis, (*Bapt. Mantuan.* L. IV. Alphons.) mit Pater-Noster-Knäufeln verrichten; Es ist und bleibet doch Gottes Wort unsers Hertzens Freude und Trost/ wir gesellen uns nicht zu den Spöt- tern/ noch freuen uns mit ihnen / Je- rem. XV. 16. seq.

Das

Das XIII. Capitel.

Vom Beschlusse P. Richardi.

§. I.

WIr haben des Jesuiten verschütteten Giffte biß daher nach Nothdurfft probiret, und / wie demselben kräfftig zu widerstehen / in der heilsamen Seelen-Apotheke der H. Schrifft (wie Chrysostomus erinnert / τὰ Βιβλία Φάρμα-τα τῆς ψυχῆς, Homil. IX. in c. III. Co-loss.) bewährte Mittel gefunden. Hier thut sich aber noch ein beygelegter Zettel herfür / wie der Jesuitische Gifft soll recht einzunehmen und zu gebrauchen seyn. Und lässet sich derselbe / besage des angehängten Beschlusses / (p. 113. seqq.) füglich in vier Puncte zertheilen / dieses Inhalts:

1. Laß dir nicht grauen.
2. Tritt zu uns.
3. Thue es bald.
4. Lerne blinden Gehorsam.

Es dürffte wohl grosser Zulauff entste-hen / wann diese Worte solten mit gro-ber

ber Fractur auf hübsche breite Phari-
seische Denck-Zettel (Matth. XXIII. 5.)
geschrieben/ an den vier Ecken auf P. Richards Jesuiter-Mütze geheffter / und er
damit in alle Welt ausgesendet werden.

2. Er erinnert: (I.) Man solle sich
nicht grauen lassen / noch vor seine
Zweiffels-Lehre entsetzen. Wie die
Jünger Christi gethan : Wer kan
denn selig werden ? Matth. XIX. 25.
Wie man könne selig werden / habe er
bey allen Tröstungen erkläret / doch a-
ber daneben probiret , daß dessen keiner gewiß sey. Meinet also / es sey mit
solchen Päbstischen Zweiffel an der Seligkeit / nur umb eine Gewohnheit zuthun.
(p. 113.) Antwort. Daß ehmahls ein
Jesuit / an statt des Priester-Rocks / in
eine Teuffels-Larve sich verkleidet / und
A. 1569. in einer fürnehmen Reichs-
Stadt eine Evangelische Magd in solcher Gestalt bekehren wollen / das war
gar zu handgreifflich / massen das Ge-
spenst darüber ertappet und todt geschla-
gen wurde / welche Geschicht in offener
Druck

Druck kommen. (Besihe *Wolff.* L. M.
om. II. f. 933.) Wer hier die Gemüths-
ugen aufthut/ wird erkennen/ wie unser
Jesuit recht in angenommener Teuffels-
Bestalt uns bekehren/ und/ gleichwie der
Satan im Paradies die Evam/2.Cor.XI.
Gen.III.1. an Gottes Worte zu zweiffeln/
ns bereden wil.

3. Er sey aber versichert/ daß alle wah-
e Evangelische Christen-Hertzen den
Jesuiten mit seinem fürgeschwatzten Zweif-
el/ als den Teuffel selbst/ fliehen werden/
nd mag er nur ohn allen Zweiffel glauben/
aß wir das gröste Grauen und Abscheu im
nnersten Grunde der Seelen vor der
Päbstischen Zweiffels-Lehre empfinden.
Wir verlangen durchaus keine andere/
ls eine solche Religion/ darinnen wir der
Bnade Gottes und Seligkeit können gewiß werden. Wolte aber iemand alle
Fäncklein der Gottesfurcht aus dem Her-
zen verbannen/ der möchte ja lieber gar
nichts gläuben/ als sich mit stetem Zweiffel
quälen. Es gilt gleich viel/ ein Zweiffel-
Glaube/ und gar kein Glaube : Per se
oder per accidens , gerade zu oder mit
krum-

krummen Sprüngen in die Höllen ren-
nen: Non credere Deo, aut Deum, an
GOtt nicht gewiß gläuben / oder / gar
keinen GOtt gläuben.   Es lehret uns
auch Gottes Wort / daß wer ausser den
Glauben an Christum die Seligkeit
auf wider-christische Weise suchet /
der hat keinen GOtt / 2. Johan. vers. 9.
Der H. Märtyrer und Bischoff Cyprianus kan alleine / dem Jesuiten das Maul
stopffen / wenn es spricht (de Mortal. f.
67.): Si tibi vir gravis & laudabilis aliquid polliceretur , haberes pollicenti fidem, nec te falli aut decipi ab eo crederes,
quem stare in sermonibus atque in actibus
suis scires. Nunc Deus tecum loquitur &
tu mente incredulâ PERFIDUS FLU-
CTUAS. Deus tibi DE HOC MUN-
DO DECEDENTI immortalitatem atque æternitatem pollicetur , & DUBI-
TAS. HOC EST DEUM OMNINO
NON NOSSE: hoc est Christum, CRE-
DENTIUM Magistrum, peccato IN-
CREDULITATIS offendere : hoc est,
in Ecclesiâ constitutum, FIDEM in Do-
mo Fidei NON HABERE. Wenn die

ein

ist tapffer und ehrlicher Mann etwas verhiesse / so würdestu seinem
Worte Glauben geben / und ihm
trauen / er werde dich nicht anfüh-
ren und betriegen. Nun redet ja GOtt
mit dir / und du treuloser Mensch
wilt aus ungläubigen Hertzen wancken. GOtt verheist dir / daß / wann
du von dieser Welt abscheidest /
(NB. wo bleibt das Fegseuer?) sollstu
unsterblich / und bey ihm ewig seyn;
Du (Jesuit und Papist) aber NB.
zweiffelst noch: Das heist / NB. GOtt
gar nicht wissen / noch kennen: Das
heist / Christum / den Meister und
HErrn aller Gläubigen / mit sündlichen Unglauben beleidigen: Das
heist so viel / als mitten im Wohn-
hause des Glaubens / in der Christlichen Kirchen / NB. keinen Glauben haben. Dafür uns GOtt behüte!

4. Der Jesuit ruffet dennoch: (II.)
Tretet zu uns! Meine freundliche
Bitte / spricht er / ist an alle / so lieb ei-
nen

nem ieden seiner Seelen Seligkeit
ist / sie wollen abweichen von der
nicht wohlgegründeten Lehre der
Praedicanten / und sich zu der Römischen Kirchen begeben / welche
von Anbeginn der Christenheit biß
ans Ende der Welt die wahre Kirche ist / und nicht irren kan / Johan.
XIV. 16. XVI. 13. (p. 113-114.) Antwort. Nun will uns der Jesuit den
Eckel vor seinem Giffte mit süssen Worten benehmen. Seine freundliche
Bitte ist der rechte Schaff-Peltz / dar-
unter der Wolff stecket. Wer anders
die Jesuiten nicht kennet / der höre / wie
der Venetianische Theologus, *Hieron.*
Vendra, (Disquis. inter Paul. V. & Remp.
Ven. c. I.) dieselben abmählet : Qui per-
sonatas facies habent , ac vestibus ovium
amicti lupinos mores ac naturam occul-
tant, Die sich zu verstellen / und unter
den Schafs-Kleidern die Wolffs-
Art zu verstecken wissen. Darumb
Cavete , Sehet euch für ! An ihren
verzweiffelten Lehr-Früchten kan
man sie erkennen / Matth. VII. 15. seq.

. XVI. 6. 1. Johan. IV. 1. Und woher
ömmt doch itzt die Jesuitische Freund-
ichkeit gegen uns / nachdem man durch
undert-Jährige Erfahrung ihre Feind-
eligkeit gnugsam innen worden? Sie
ommen uns ja nichts gutes: Was soll
denn gutes an ihrem Zweiffels-Glauben
eyn / den sie uns so gerne gönnen und wider
Willen aufdringen wollen? Mißgönnen
uns dagegen unsere Evangelische Gewis-
ens-Freyheit / und suchen darinnen nur
ihre Lust / wenn sie Andere mit dem
Zweiffels-Stricke fangen können. Sie
sind gleich wie Knoblauch / der denen
nechst-beystehenden wohlriechenden Blu-
men eher seinen heßlichen Gestanck mittheilet / als daß er dero guten Geruch an
sich ziehen solte. Daß sie nicht uns und
unser Seelen Seligkeit / sondern das
Unsrige / Güter und Freyheit / suchen /
kan ihre Zweiffels-Lehre selbst / zu welcher
uns P. Richard itzt bereden will / klare
Masse geben / als worunter eben des
Pabstthums Statistisches Interesse
stecket. Denn wer des gewissen unge-
zweif-

zweiffelten Trostes von seiner Seligkeit
aus Gottes Wort kundig und versichert
ist/ der wird dasjenige/ dahin die im
Pabstthum verstrickte Gewissen aus
Zweiffel-Angst getrieben werden/ als
Gelübde/ Walfarten/ Brüderschafften/
Meß- und Ablaß-Kram/ Lösung der Suf-
fragien und Hülffe ausm Fegfeuer/ und
andere Päbstische Intraden mehr/ wohl
anstehen lassen: Welches aber denen
geistlichen Zölnern hertzlich leid wäre. Man
besehe Herrn *D. Alberti* Interesse Relig.
(Artic. VI. Th. IV. p. 332.)

5. Rechtschaffene Evangelische Bekenner der Ehre und Lehre Christi/ sind
ihrer Seligkeit und wahren Seelen-
Trostes schon versichert/ und wissen/ daß
ihre Glaubens-Lehre/ Christi und der
Apostel Lehre sey: Wer fragt darnach/
daß die alte Schlange auch noch viel
eher/ als das Päbstische Otter-gezüch-
te/ gewesen. *Sine divinâ literaturâ nul-*
lius momenti est antiquitas, saget *Tertul-*
lianus, (Apol. contra gent. c. XLVII.)
Alter gilt ohne Gottes Wort nichts.
Weg mit dem alten Sauer-Teige!
1. Cor.

1. Cor. V. 7. Daß das Pabstthum biß ans Ende der Welt bleiben werde, lehret uns S. Paulus/ 2. Thesl. II. 8. Deswegen aber ist Unkraut kein Weitzen/ ob es gleich mit stehet biß zur Erndte/ Matth. XIII. 30. Nicht irren wollen/ und doch den Weg nicht gewiß wissen/ sondern daran zweiffeln/ ist Blind- und Thorheit. (Besiehe Cap. IV. §. 13.) S. Paulus giebt uns im Beschlusse seiner Epistel an die alte Apostolisch-Römische Kirche (davon die heutige Päbstische / wie der Inhalt besagter Epistel klar bezeuget / abgefallen/) diese Lehre: Ich ermahne euch/ lieben Brüder / daß ihr auffsehet auf die/ die da Zutrennung und Ergernis anrichten/ neben der Lehre / die ihr gelernet habt/ und NB. weichet von denselbigen: Denn solche dienen nicht dem HErrn JEsu Christo/ (ob sie sich gleich der Gesellschafft JEsu rühmen/) sondern ihrem Bauche/ und durch süsse Worte und prächtige Rede verführen sie die unschuldigen Hertzen/ Rom, XVI. 17. seq. Wie sich

sich nun der Jesuit/ mit seiner unfreund-
lichen Bitte / noch weiter anmelden /
so ist ihm schon von S. Johanne die
Herberg bey uns versaget : So iemand
zu euch kömmt / und bringet diese
Lehre nicht / den nehmet nicht zu
Hause/ und grüsset ihn auch nicht/
2. Joh. vers. 10.

6. (III.) Die Lutheraner möchten
doch nicht aufschieben / zum Pabstthum
sich zu wenden/ damit sie nicht von dem
urplötzlichen Tod übereilet werden.
Alsdenn wäre es zu spat. Prov. I. 24.
(p. 114.) Antwort. Der Zweiffler redet zweiffelhafftig. Man mag aber wohl
gedencken / daß er nicht so wohl den natürlichen / als den gewaltsamen Tod
(dergleichen den Joh. Huß zu Costnitz/
und viel andere Millionen Evangelische Christen / durch die henckermäßi-
ge Inquisition und mehr als heidnische
Verfolgungen freylich hat übereilet)
im Sinne habe. Der Jesuiten Blut-
Durst und Mord-Lehre ist Welt-be-
kant. Welche ihre Grausamkeit auch
hohe Potentaten / die ihnen nicht favo-
risi-

ñsiren wollen / vielmahls umbs Leben
und in Lebens = Gefahr gebracht. Bald
haben die Jesuiten / *Garnet* , *Hall* , *Tes-*
mund , *Hanf* , *Campianus* , *Schervius*
und andere selbst die Hand im Spiel ge=
habt. Bald haben die Jesuiten / *Vera-*
la , *Queretus* , *Hajus* , die zu *Duay* , &c.
Königs = und Printzen = Mörder ange=
tifftet. Bald haben andere Jesuiten /
Commoletus , *Ribadeneira* , *Gvignar-*
lus (welcher letzte den Durchlauchtig-
ten Sachsen = Helden mit gar schänd=
lichen Nahmen gelästert. Bes. die
Haupt = Verth. des Aug = Apf. p. 1024.)
solche Mordthaten herrlich gelobet und
in Schrifften heraus gestrichen. Man
schlage nach / was *Thuanus* (L. LXXIV.
XCVI. CVII. CXXI.) mit Umständen
von ihnen erzehlet. Was der Jesuit
Mariana , *Creswel* und andere gelehret /
daß man mit Hinrichtung Evangelischer
Potentaten sich gantz nicht versündige /
sondern ein gut Werck verrichte / lieget
am Tage. Sie wissen auch wohl / daß
sie deswegen keine Todschläger sind /
weil sie Pabst *Urbanus* II. (c. Excom-

P   mu-

municatorum 47. cauſ. 23. q. 5.) ſelbſt
vorher abſolviret : Non eos homicidas
arbitramur , quos adverſus excommu-
nicatos Zelo Catholico Matris ardentes,
aliquos eorum trucidaſſe contigerit, ꝛ
Wir achten die jenige vor keine
Todtſchläger / welche aus brennen-
der Mutter-Liebe / (gegen die Römiſche Kirche) und Catholiſchen-Eiffer
wider die / ſo im Bann ſind / (welchen
Bann gegen alle Lutheraner / hohes
und niedriges Standes / der Pabſt jähr-
lich verneuert /) etliche von ihnen
umbs Leben bringen können. Hie
ſehe man die groſſe Babyloniſche
Hure / wie ſie truncken iſt von
dem Blut der Heiligen / und von
dem Blut der Zeugen Jeſu / Apoc.
XVII. 6.

7. Die höchſtnöthigſte Sorgfalt / wie
man ſelig und getroſt ſterben könne
und nicht mit einem unſeligen Tod
übereilet werde / iſt eben die fürnehme
Urſache / daß man das troſtloſe Pabſtthum ſoll meiden / und der Evange-
ſchen Lehre mit Hertz und Mund

c

ns Ende beypflichten. Der vorgemeldte
aufrichtige Papist/ *Thuanus*, beschreibet/
L. XXI.) wie Käyser Carl der V. auf
e Evangelische Lehre von der Rechtfer-
zung/ wohl und sanfft sey abgeschieden.
Dergleichen uns von K. *Maximiliano II.*
ie auch von *Ernesto*, Ertz=Bischoffen
Magdeburg (der die Franciscaner mit
len ihren Verdiensten/ so Er/ ihren Er-
eten nach/ sich imputiren sollen/ abge-
iesen/ und gesaget : Meines HErrn
hristi Wercke müssens alleine thun/
arauf verlaß ich mich/) und von
ehr andern/ mitten im Pabstthum/
ohl bewust ist. Wie sanfft/ ruhig und
lig der zu uns bekehrte fürnehme Je-
it/ D. Reihing/ die Augen zugethan/
richtet und erweiset der hochberühmte
ugspurgische Theologus, H. *Spizelius.*
Templ. Hon. p. 97.) Ist uns auch kein
inig Exempel wissend/ daß iemand/ so
as Pabstthum verlassen/ und bey der
ngenommenen Evangelischen Religion
ufrichtig und standhafft geblieben/ ein
öses/ unseliges und verzweiffeltes Ende
enommen hätte. Aber hingegen ist

P 2   von

von vielen abtrünnigen Mammelucke
so die erkandte Evangelische Warheit ver
läugnet / wohl bekant / daß sie endlich mit
Verzweiffelung / Ach und Wehe dahin
gefahren.   Das erschreckliche Exempel
Francisci Spiræ kan beym *Sleidano* (L.
XXL) gelesen werden.   Anno 1527. ha
D. Krauß zu Halle / der seines Herrn
des Cardinal und Ertz-Bischoffs / Un
gnade zu vermeiden / das Evangelium
verläugnet hatte / mit verzweiffelten Red
(Er hätte Christum verläugnet / der
verläugnete ihn itzund für seinen
himmlischen Vater /) sich selbst a
schändlichste zerstochen und hingeric
(D. Olear. Halygraph. p. 240.)
wohlverdienten Theologi zu Ulm / Ludo
vici Rabi, ungerathener Sohn / fiel v
uns ab / und ward ein Jesuit / der da
chen Durst nach Evangelischen Blut
bekommen / daß er gewünschet / er möch
sich in seines leiblichen Vaters Blut / in ei
nem Kübel / baden.   Es ist aber dieser Ra
ben-Sohn zuletzt elend und schändlich um
kommen. (D. Cramer. Bedenck. contr
en. Scharg. Jes. Cambilhom, von der Jesu
g. Jol.   Gt

Bott / P. III. Lit. Aa.) Ein mehrers leidet
die Kürtze nicht.

8. (IV.) Endlich vermeldet der Jesuit zur Nachricht / wer zum Pabstthum
wird getreten seyn / der müsse hernach
den Rath Petri / 2. Epist. I. 10. und Pauli / Phil. II. 12. folgen / das ist / den guten
Wercken obliegen / dadurch in Furcht
und Zittern den Groschen der himmlischen
Glori zu erlangen. (p. 115.) Antwort.
Von denen Apostolischen Sprüchen ist
ohne Noth mehr zu gedencken / so bereits
an gehörigen Orte geschehen. Des Jesuiten Papistische Meynung aber gehet
dahin / daß die zum Pabstthum getrete-
nen schon hernach würden mores lernen /
und die nach Päbstischer Menschen-Lehre und Scheinheiligkeit ersonnene / und
dem Römischen Stuhl und Stuhl-Be-
dienten einträglichen gute Wercke / in
blinden Gehorsam verrichten müssen /
ungeacht / daß sie dabey nimmermehr zu gewisser Hoffnung der Seligkeit gelangen
können.

9. Nun erwege doch ein Christlich
Gemüthe / zu was vor Wercken die ar-

　men

men Leute im Pabstthum / wider Gottes
ausdrückliches Wort / angeführet werden. Ein rechter Papist lebet in täglicher Abgötterey und Aberglauben /
mit Anbetung der verstorbenen Heiligen / furnehmlich der Mutter Gottes
Marien / (massen der Marien-Psalter /
so die Ingolstäter Jesuiten wider haben nachdrucken lassen / voll abgöttisches
Wesens stecket / ingleichen hat man A.
1653. des Päbstischen Dörffels Mutter-Unser zu Prag approbiret und in
offenen Druck kommen lassen / ander
übrigen Marien-Verehrung und gar
Vergötterung zugeschweigen /) wobey
auch sonst denen Engeln / Hostien
Bildern und Heiligthümern / falsche
Hertzens-Devotion , so GOtt alleine
gebühret / erwiesen / auch der Pabst gar
zum irdischen Gott gemachet wird.
Ein Papist ist und bleibet den Testa-
ments-Worten Christi ungehor-
sam / so offt er das Sacrament unter einer Gestalt empfängt. Ein Papist muß
die öffentlichen Sünden / so der
Mensch der Sünden / 2. Thess. II.

der Pabst / mit seinem Hauffen / wider
alle Gebothe Gottes verübet / stillschweigend gut heissen. Ein Papist muß so
viel handgreiffliche Lügen vor Warheit halten / und was man ihm vom erdichteten Fegfeuer / erträumten *Traditionen* / falschen Heiligen / so niemahls
in der Welt gelebet / von erlogenen
Wunder=Wercken / verdächtigen Re-
liquien / und dergleichen vorsaget / das
muß er / als ein blind und thummes
Thier / alles mit grosser *Veneration* annehmen und bejahen. Solches aber
und dergleichen mehr / ist doch der Verzweiffelung noch nicht so nahe / als die
schreckliche Hertz=und Gewissens=quä-
lende Zweiffels=Lehre / welche wir bißhero betrachtet / und in solchem Absehen
den ärgsten Seelen=Gifft des Trostlosen Pabstthums benennet haben.

§. 10. Diese greuliche Blindheit
und Irrthumb ist in allwege zu verdammen / schreibet hiervon H. *Lutherus* ,
(in c. XLI. Gen. Tom. IX. Altenb.f.1259.)
wenn auch sonst nichts mehr un-
rechts oder sündliches gewest wäre
P 4   in

in des Pabsts Lehre / als daß sie gelehret haben / wir sollen immer hin
und her im Zweiffel gehen / wancken / ungewiß seyn / und an unser
Seligkeit zweiffeln.   Denn solche
Ungewißheit oder Zweiffel nimmt
mir meine Tauffe und Gottes Gnade / ich bin vergeblich ein Christ / ar-
beite und lebe vergeblich.   Darumb
betet der Prophet im 51. Ps. Gib mir
einen neuen gewissen Geist / rc.   Ich
beschliesse mit dem / was die Chur-
Sächsischen H. Theologi in der Haupt-
Vertheidigung (Vorred. p. 36. 54.)
mit Gottseligen Eifer gesprochen : Alle Haare sollen einem billich gen Berge stehen / wenn man bedencket / daß
im Pabstthum gelehret wird / niemand könne gewiß seyn der Gnade
Gottes und der Hoffnung der Seligkeit: Sondern es müsse ein ieder
daran zweiffeln / ob er GOtt gefalle /
und ob er würde selig werden / es sey
dann / daß er eine sonderbare Offenbahrung davon habe / Concil. Trid. 13.
Jan. 1547. Can. 13. 15. 16.   Dieser Zwei-
fels-

els = Strick der Seelen ist so gefähr-
lich / daß die Gröſſe der Gefährligkeit
nicht kan mit Gedancken gnugſam er-
reichet werden. Und dieſer Punct
alleine wäre Urſach gnug/daß ein recht
Chriſtlich Hertz ehe Leib und Leben /
Gut und Blut / als die Evangeliſche
Lehre oder Religion fahren lieſſe/
dann einer tauſend und aber tauſend
mal lieber tod ſeyn / als immerdar an
ſeiner Seelen Seligkeit zweiffeln ſolte.

Geſchrieben in Plauen / den 1. May /
im Jahr 1682.

E R D E.

P 5   Vier=

Vierfaches Register.

I. Sprüche der Heil. Schrifft.

(Von denen/wo ein * stehet/wird ausführlicher gehandelt.)

GENES.	Cap. I. v. 16.	Pag. 133. f. seq.
III.	1.	148. 311.
	15.	282.
XXVI.	14. seqq. 9.	
EXOD. VII. seqq.		158.
XIX.	23.	134.
LEVIT. X.	1. seq.	260.
XV.	13.	257.
NUM. XXII.	28.	134.
XXIII.	8.	225.
DEUTER. IV.	2.	18. 260.
V.	22.	18.
XII.	32.	18.
XXVII.	26.	115. 263.
1. SAM. XIII.	9. 13.	228.
2. SAM. XII.	13.	222.
1. REG. XII.	28. seqq.	260.
2. PARAL. XXVI.	18.	228.
IOb. IX.	20.	*240. f. seq.

XIV.

XIV.	4.	263.
	6.	*97. feq.
XIX.	25.	241.
PSALM. II.	2.	134.
	11.	55.
XVI.	4. 11.	170.
XIX.	13.	225. 246.
XXVII.	9.	77. 245.
XXXI.	23.	78.
XXXII.	1. feq.	*268. feq.
	6.	246.
XL.	13.	280.
LI.	1. feq.	244.
	9.	260. 272.
	14.	72.
XC.	11.	98.
CXLIII	2.	18. 246.
PROVERB. I.	24.	318.
XX.	10.	*239. 265.
XXVIII.	14.	*241.
XXX.	20.	198.
ECCLES. VII.	21.	62.
IX.	2. feq	*43. feqq. 109.
	12.	83.
ESA. I.	12.	16. 120. 260.
V.	15.	134.
XXVIII.	10.	112.
	15.	306.

	XLV.	23.	278.
		23. feq.	297.
	LIII.	2. 5.	260.
		4. 6.	272.
	LIV.	10.	183.
	LXI.	10.	203. 285.
	LXIII.	3.	200.
	LXIV.	6.	203. 263. 285.
JEREM.	II.	13.	29. 32.
	VIII.	22.	108.
	XV.	16. feq.	308.
	XXIII.	6.	278. 280.
THREN.	III.	23.	245.
EZECH.	XVIII.	26.	* 83. feq.
	XX.	18. feq.	137.
	XXXIII.	11.	71. 78.
	XXXVI.	25.	260.
DAN.	IX	18.	115.
		27.	219.
	XII.	3.	101.
		10.	288.
ZACH.	XIII.	1.	260.
	XIV.	6. feqq.	(6.)
SAP.	II.	24.	97.
	V.	4. 7.	170.
SIRAC.	II.	6.	* 299.
		14. feq.	180.

	III.	25.	128.
	V.	5.	240.
	XI.	29.	267.
	XV.	14. 18.	298. seq.
	XXI.	1.	*242. seqq.
	XXVI.	5.	263.
2. MACC.	IX.	13.	222. 224.
MATTH.	V.	6.	78.
		16.	114.
		20.	*276. seq.
		21. 27. 33.	137.
		46.	96.
	VI.	2.	97.
		12.	*242. seqq.
		13.	72.
	VII.	15.	219.
		15. seq.	314.
		19. 22. 23.	161.
		22.	*112.
	VIII.	9.	97.
		11.	*298.
		17.	234.
	IX.	2.	89. 208.
	X.	22.	82. seq.
		42.	101.
	XI.	4. 5.	234.
		11.	287.
		28.	71.

XIII.	30.	317.
XV.	2. seqq.	(5.)
	3.	16. 276.
	7. 8.	200.
	9.	120. 219. 260. 276
XVI.	6.	235. 315.
	11.	235.
	18.	25.
	26.	14.
XVIII.	4.	*287.
	14.	*298. seq.
	15.	134.
	17.	237.
	18.	*146.
XIX.	17.	67. *122.
	23.	68.
	25.	310.
XX.	8.	*96. seq.
	26. seq.	133.
XXII.	14.	178.
	30.	267.
	39.	114.
	40.	*128.
XXIII.	2.	235.
	3.	276.
	5.	310.
	13.	15.

seqq.

	*seqq.	235.
*	15.	7.
	27.	276.
XXIV.	25.	159.
	45.49.	237.
XXV.	41.seqq.	94.
XXVI.	22.	178.
	27.	153.
	28.	260.
	41.	77.
	50.	274.
XXVII.	4.	222.
XXVIII.	8.	55.
MARC. I.	4.	230.
	39.	229.
VII.	8.	276.
X.	24.	68.
XVI.	8.	55.
	16.	*66.69.seqq.79.
	16.seq.	*157.(seqq.303.
	17.seq.	*163.seq.
LUC. I.	74.seq.	212.
	75.	261.
II.	10.	123.
	59.	186.
VI.	37.	166.
VII.	30.	84.
		46.seq.

Vierfaches Register.

I. Sprüche der Heil. Schrifft.

(Von denen/wo ein * stehet/wird ausführlicher gehandelt.)

GENES. *Cap.* I. *v.* 16.　　*Pag.* 133. f. seq.

　　　　III.　　1.　　　148. 311.

　　　　　　15.　　　282.

　　XXVI.　14. seqq. 9.

EXOD. VII. seqq.　　158.

　　　XIX.　23.　　134.

LEVIT. X.　　1. seq.　260.

　　　XV.　13.　　257.

NUM.　XXII.　28.　　134.

　　　XXIII.　8.　　225.

DEUTER.　IV.　2.　　18. 260.

　　　V.　22.　　18.

　　　XII.　32.　　18.

　　　XXVII. 26.　　115. 263.

1. SAM. XIII.　　9. 13.　228.

2. SAM. XII.　　13.　　222.

1. REG. XII.　　28. seqq. 260.

2. PARAL. XXVI. 18.　　228.

Iob.　　IX.　　20.　　*240. f. seq.

XIV.

XIV.	4.	263.
	6.	*97. feq.
XIX.	25.	241.
PSALM. II.	2.	134.
	11.	55.
XVI.	4.11.	170.
XIX.	13.	225. 246.
XXVII.	9.	77. 245.
XXXI.	23.	78.
XXXII.	1. feq.	*268. feq.
	6.	246.
XL.	13.	250.
LI.	1. feq.	244.
	9.	260. 272.
	14.	72.
XC.	11.	98.
CXLIII	2.	18. 246.
PROVERB. I.	24.	318.
XX.	10.	*239. 265.
XXVIII.	14.	*241.
XXX.	20.	198.
ECCLES. VII.	21.	62.
IX.	2. feq	*43. feqq. 109.
	12.	83.
ISA. I.	12.	16. 120. 260.
V.	15.	134.
XXVIII.	10.	112.
	15.	306.

P 6   XLV.

	XLV.	23.	278.
		23. seq.	297.
	LIII.	2. 5.	260.
		4. 6.	272.
	LIV.	10.	183.
	LXI.	10.	203. 285.
	LXIII.	3.	200.
	LXIV.	6.	203. 263. 285.
JEREM.	II.	13.	29. 32.
	VIII.	22.	108.
	XV.	16. seq.	308.
	XXIII.	6.	278. 280.
THREN.	III.	23.	245.
EZECH.	XVIII.	26.	* 83. seq.
	XX.	18. seq.	137.
	XXXIII.	11.	71. 78.
	XXXVI.	25.	260.
DAN.	IX	18.	115.
		27.	219.
	XII.	3.	101.
		10.	288.
ZACH.	XIII.	1.	260.
	XIV.	6. seqq.	(6.)
SAP.	II.	24.	97.
	V.	4. 7.	170. T
SIRAC.	II.	6.	* 299.
		14. seq.	180.

B

III.	25.	128.
V.	5.	240.
XI.	29.	267.
XV.	14. 18.	298. seq.
XXI.	1.	* 242. seqq.
XXVI.	5.	263.
2. MACC. IX.	13.	222. 224.
MATTH. V.	6.	78.
	16.	114.
	20.	* 276. seq.
	21.27.33.	137.
	46.	96.
VI.	2.	97.
	12.	* 242. seqq.
	13.	72.
VII.	15.	219.
	15. seq.	314.
	19.22.23.	161.
	22.	* 112.
VIII.	9.	97.
	11.	* 298.
	17.	234.
IX.	2.	89. 208.
X.	22.	82. seq.
	42.	101.
XI.	4. 5.	234.
	11.	287.
	28.	71.

XIII.	30.	317.
XV.	2. feqq. (5.)	
	3.	16. 276.
	7. 8.	200.
	9.	120. 219. 260. 276
XVI.	6.	235. 315.
	11.	235.
	18.	25.
	26.	14.
XVIII.	4.	*287.
	14.	*298. feq.
	15.	134.
	17.	237
	18.	*146.
XIX.	17.	67. *122.
	23.	68
	25.	310.
XX.	8.	*96. feq.
	26. feq.	133.
XXII.	14.	178
	30.	267.
	39.	114.
	40.	*128.
XXIII.	2.	235.
	3.	276.
	5.	310.
	13.	15.

feqq.

		feqq.	235.
		15.	7.
		27.	276.
XXIV.		25.	159.
		45.49.	237.
XXV.		41.feqq.	94.
XXVI.		22.	178.
		27.	153.
		28.	260.
		41.	77.
		50.	274.
XXVII.		4.	222.
XXVIII.		8.	55.
MARC.	I.	4.	230.
		39.	229.
	VII.	8.	276.
	X.	24.	68.
	XVI.	8.	55.
		16.	*66.69.feqq.79.
		16.feq.	*157.(feqq.303.
		17.feq.	*163.feq.
LUC.	I.	74.feq.	212.
		75.	261.
	II.	10.	123.
		50.	186.
	VI.	37.	166.
	VII.	30.	84.
			46.feq.

	46. feq.	* 220. 223.
	50.	* 302.
VIII.	5. 12.	300.
	14.	69.
X.	16.	230.
	25.	276.
XI.	15.	163.
	18.	134.
	52.	(3.)
XII.	1.	276.
	46.	* 112. f. feq.
XV.	3.	67.
XVI.	2.	245.
	25.	97.
XVII.	10.	98.
XVIII.	9.	276.
	11.	120. 270.
	13.	247.
XXII.	26.	133.
XXIII.	27. feq.	201.
XXIV.	41.	245.
JOH. I.	12.	95. 206.
	29.	* 272.
III.	5.	67.
	15. feqq.	190.
	16.	179.
	18.	71. 179.
	20. feq	

	20. seq.	21.
IV.	39. seqq.	218.
V.	24.	267.
	39.	17. 153.
VI.	30.	234.
	37.	78.
	40.	112.
	56.	77.
VIII.	31.	77.
X.	1.	229.
	4.	219.
	7.	238.
	9.	238. * 302.
	28.	76.
	37.	228.
	41.	234.
XI.	26.	18.
XIII.	15.	195.
XIV.	6.	170.
	16.	71. 147. 314.
	26.	71.
	45.	147.
XV.	4.	203.
XVI.	1. seqq.	168.
	13.	314.
XVII.	17.	216.
XVIII.	6.	51.
		XIX.

XIX.		25. 27.	100.
XX.		23.	222.
		34.	112.
ACT.	II.	2.	147.
		13.	212.
IV.		32.	129.
VI.		6.	85.
		14.	(5.)
IX.		7.	* 152.
XIV.		22.	155.
		23.	236.
XV.		tot.	150.
		1. feqq.	125.
		9. 18.	260.
		11.	303.
		13. 18.	150.
		23.	149.
		28.	* 149.
XVI.		30.	123.
XVII.		11.	148.
		30.	71.
XX.		19.	154.
		27.	84.
ROM.	I.	7.	245.
		16.	123. 216.
II.		4. feqq.	* 186. feq.
		6. feq.	* 99. feqq.

	13.	* 300.
	19. feqq.	(4.)
III.	4.	71.
	20.	115. 302.
	21.	115. 121.
	22.	110.
	23.	263.
	24.	*104. 110. 183.
	25.	*104. 110. III.
	26.	260. (190. 260.
	38.	115.
IV.	tot.	102.
	de. Abrah.	220. 303.
	2.	102.
	4.	96. *58.
	5.	96.
	II.	71.
	16.	183.
	20.	73.
	21.	89.
V. —	XII.	174.
	I.	275.
	2.	58. *173. 180. 245.
	3.	77. (275.
	5.	174.
	9.	261.
VI.	15.	92.
	23.	98. 115.
		VIII.

VIII.	1.	72. 240.
	10.	* 286.
	13.	77.
	15.	51. 56.
	16.	51. 69. 71.
	17.	51. 95. 195.
	24.	173.
	37.	73.
	38.	75.
IX.	16.	115.
	31.	276.
X.	3.	275. 276.
	4.	115.
	17.	71.
XI.	6.	98.
XII.	6.	183.
	12.	173.
XIII.	10.	121.
XIV.	17.	72.
	23.	212.
XV.	4.	129. 173.
	13.	173. 175.
XVI.	17. seq.	317.
1. COR. I.	7.	76.
	9.	76.
	30.	18. * 280. seq.
II.	20.	84.

III.

III.	8.	101.
	9.	227.
IV.	1.	227. 237.
	3.	* 241.
	4.	* 57. feqq.
	5.	288.
V.	7.	317.
VI.	10.	* 165. feq.
	11.	* 272. feq.
	19. feq.	77.
IX.	10.	173.
	16.	230.
	27.	195.
X.	12.	77. * 84. feq.
	13.	76.
	32.	78. 114.
XII.	4. 11.	183.
XIII.	7.	77.
	13.	* 121.
XIV.	22.	159.
	34.	231.
XV.	1. feqq.	85.
	19.	* 289. 291. feq.
	41.	101.
	44.	267.
2. COR. I.	7.	195.
	21. feq.	* 286. feq.

II.

		24.	* 192. ſeqq.
	II.	22. ſeq.	260.
	III.	5.	195.
1. THESS.	I.	4.	77.
	IV.	3.	112.
		13. ſeqq.	114.
	V.	2.	242.
		8.	172. 175.
2. THESS.	I.	3.	114.
	II.	3.	324.
		8.	317.
		9.	160.
		10.	(7.) 160.
		11.	(7.) 61. 160.
		16.	175. 180.
1. TIM.	I.	5.	212.
		20.	85.
	II.	4.	71.
		6.	195.
		8.	72.
		14.	231.
	III.	15.	* 152. 237.
	IV.	1. 2. 3.	152. 233.
		8.	205.
		10.	71.
		14.	235.
	V.	22.	236.

VI.

	VI.	21.	128.
2. TIM.	I.	6.	236.
		12.	76.
	III.	7. seq.	306.
		15.	192.
		16.	220.
	IV.	4.	284. 286.
		8.	288.
TIT.	I.	2.	173.
		9.	305.
		14.	153.
	II.	8.	114.
		11.	212.
		14.	212. 282.
	III.	5.	97. 115. 260.
		7.	175. 205.
		8.	174.
PETR. I.		2.	260.
		3.	175.
		13.	175. 180.
		18.	239.
		19.	100. 239. 255.
		21.	178.
	II.	12.	114.
		21.	195. 204.
	III.	15.	114. 172.
		16.	114.
		21.	71. 260.

IV.	11.	219.	
V.	2.	41.	
	8. feqq.	77.	
2. PETR. I.	1.	288.	
	5.	77.	
	10.	76. 114. 323.	
	11.	114.	
	19.	129. 147.	
	20.	192.	
1. JOH. I.	7.	71. * 253. 258. 302	
	8.	239.	
III.	4.	263.	
	14. feqq.	114.	
	20.	73.	
IV.	1.	15. 315.	
	4.	73.	
	18.	56.	
V.	6.	260.	
	8.	71.	
	10.	72.	
	12.	71.	
2. JOH.	V.	9.	312.
	10.	147. 318.	
EBR. III.	6.	173. feq.	
	13.	78.	
IV.	12.	216.	
V.	4.	228.	

V

VI.		4. seqq. 71.	
	6.	175. 186.	
	17.	71. 78. 175.	
	18.	78. 173. 175. *178.	
IX.	tot.	229.	
	13.	257.	
	14.	261.	
	26. 28.	195.	
X.	23.	175.	
	26. 29.	186.	
	35. seq.	101.	
XI.	1. 6. 7.	72. 89. 128. 178.	
	6.	67. (246.	
XII.	24.	260.	
XIII.	5.	76.	
	17.	219.	
Epistola.		103.	
I.	5. seqq. 32.	
	6.	72.	
II.	10.	263.	
	14.	*103.	
	17.	92.	
	18.	102. 114.	
	19.	89.	
	20.	*101. seq.	
	21.	102.	

	V.	8.	77.
JUD.	v.	4.	185.
		13.	156.
APOC.	I.	5.	262. * 273. 3
		6.	262.
	II.	4.	154.
	X.	6.	246.
	XIV.	6.	123. 217.
		8.	5.
		12.	267.
	XVI.	13.	9.
	XVII.	6.	321.
		15.	134.
	XXI.	18.	181.
		27.	* 266. seqq.
	XXII.	11.	99. * 245
		18. seq.	18.

II. Kirchen-Väter.

Ambrosius, von
  Gewißh. der Gnade u. Seligk. 65.
  gerechtmach. Glauben. 204. seq. 3
  der Sünderin / Luc. VII. 221.
Augustinus, von
  H. Schrifft. 306.
  Glaubens-Regel. 129.
  Vätern. 25. seq.
  göttl. Gnade. 98. 185. 206.

welche Evangelisch. 125.

Glauben/ so lebendig 95. 101.

tod. 102.

Gerechtigk. so zugerechnet. 279. 280.

inwohnend. 284. 285.

Sünden = Decke. 169. seqq.

guten Wercken. 116.

nach der Rechtfertigung. 114. seq. 196.
seq. * 122. 197. 301. seq.

deren Unvollkommenheit. 264. 265.

der Sünderin Luc. VII. 302.

Gewißheit der Gnade. 65.

Hoffnung. 176.

Vermessenheit. 213. seq.

Vertrauen im Gebeth. 247.

Der Apostel Gebeth. 246. seq.

V. Bitte. 265.

Beharrlichkeit. 184.

Seligkeit nicht ausser der Kirche. 168.

wahren Kirche und Wunderwercke/

wider die Manicheer. 138. seqq.

Donatisten. 136. 140. seq. 161. seq.

Mirabiliarios. 159. seq.

Streit zwischen Petro und Paulo. 151.

silius M. von Gewiß. der Gnade. 65.

rnhardus, von

Göttlicher Gnade. 206.

Liebe und Haß Gottes. 50. seq.

Gewiß=

Gewißh. der Gnade. 65.

Zweyerley Recht zum Himmel. 206.

Guten Wercken, für der Weg / nicht
Ursach. 100.

bösen Leben. 290.

Höllen = Verdienst. 215.

Chrysostomus, von

H. Schrifft. 305. 309.

allein=seligm. Glauben. 117.

Gewißh. der Gnade. 65. 66.

des Gebeths. 72. 248.

der Sünderin / Luc. VII. 221.

Auferstehung der Leiber. 292.

Clemens Alexandrinus, von der Apostel

Cyprianus, von   (Ehr. 2;

Traditionen. 138.

Gewißh. der Gnade. 65. 66.

Zweiffel. 312.

Seligk. nicht ausser der Kirchen. 168.

Cyrilli Opera 176.

Epiphanius, vom bösen Glauben. 120.

Eusebius, von Gewißh. der Gnade. 66.

Fulgentius, von der Seligk. nicht auss
der wahren Kirche. 168.

Gregorius M. von

H. Schrifft. 306.

Gewißh. der Gnade. 62. seq.

Guter Wercke Unreinigk. 262.

Selig

Seligk. nach den Wercke nicht wegē. 99.
　nicht auffer der Kirche. 168. 170.
　Antichriftifchen Primat. 64 170.
Hieronymus, von
　Grund-Text und Verfionen. 45.
　Göttl. Gnade. 184.
　Liebe und Haß Gottes. 49.
　allein-feligm. Glauben. 92. 93. 96.
　der Sünderin Luc. VII. 221.
　Streit zwifchen Petro und Paulo. 152.
Hilarius, von
　Gewißh. der Gnade. 66.
　reichen Jüngling/Matth. XIX. 68.
Ignatius, von der Apoftel Ehe. 233.
Leo M. von
　Göttl. Gnade. 93.
　Gewißheit derfelben. 65.
Optatus Milevitanus, von Anfehen der
　Kirche und H. Schrifft. 142. feqq.
Origenes, von Gewißh. der Gnade. 65.
Proclus, ingleichen. 176. feq.
Tertullianus, von
　Liecht-Scheu der Schrifft. 25.
　Antiquität. 316.
　Gewißh. der Gnade. 65.
Theophylactus, von der Sünderin Luc.
　VII. 221.
Theodoretus, von den Sünden. 59.

III. Andere Autores und Schrifften.

D. Alberti. 125. 316.

Æg. Albertinus. 316.

Anonymi, Epistel Luth. aus der Höllen. 4.

Hist. Persf. Bohem. 44.

Arnoldisten Frantz. Schrifften. 151.

Becanus. 294.

Bellarminus. 25. 39. 55. 59. 60. 72. 95. 101. 121. 132. 135. 147. 160. 182. 190. 193. 210. 223. 243. 294.

Benzo. 167.

Bibliotheca PP. 176.

Biel. 203.

Bozius. 107.

Bulla Cœnæ Domini. 166.

Bullarum Tomi. 167.

Buxtorfius. 124.

Cajetanus. 52.

Cambilhom. 322.

Canisius. 23.

Canus. 63.

Caramuel. 186.

à Castro. 52. seq. 118.

Catharinus. 60.

Concil. Constantiense. 17. 157.

Tridentinum. 17. 36 37. 81. 119. 131. 326

Costerus. 211.

D. Cramerus. 322.

Crusii Annales. 197.

Crusius. Jesuita. 131.

Cutsemius. 170.

Dillingenses. 10.

Dörffelius, Pontificius. 324.

D. Dorschæus. 142.

Duacenses. 27.

Durandus. 64.

Eisengrein. 294.

Espencæus. 230.

Estius. 56. 151. 193.

Eugubinus. 107.

Fabricius. 267.

Ferrius. 39.

Ferus. 60. 71.

Form. Concordiæ.
(8.) 35. 86.
N. Friemelius. 41.
117. feq.
Gerfon. 60.
Gloffa interlinea-
ris. 193.
ordinaria. 301.
Gretfer. 107. 137.
Gropperus. 60.
Hardingus. 232.
Hafenmüllerus. 101.
Hay. 284.
Henricus VIII. R.
Angl. 116.
Hofius. 307.
Hottingerus. 301.
D. Hunnius. 130. 152.
Index Expurgato-
rius. 18. 27. 119.
Libb. prohibit. 17.
Jovius. 250.
Jus Canonicum. 25.
feq. 45. 133. 150.
251. 319.
Juftinianus. 193.
Keller. 59. 197. 285.
Keyfersberg. 230.

Lanfius. 2. feq.
à Lapide. 153.
Layman. 243.
D. Lehmannus. 104.
feq. 108. 109. 110.
198. 215. 275. 282.
D. Lutherus. 8. 13. 115.
feq. 118. 215. 216. 217.
feq. 283. 289. feq.
295. 315.
Tifch. Reden. 4.
Lyra. 193.
le Maire. 18.
Mantuanus. 308.
Marchantius. 257.
(272.
Mafenius. 131.
Mendoza. 201.
Menius. 8.
Mercerus. 46.
Miletus. 24.
Ar. Montanus. 100.
Muffus. 174.
D. Olearius. 322.
Pallavicinus. 17.
Pirke aboth. 188.
Piftorius. 58.
D. Plazius. 174.

Pſalterium Mariæ
(202. 324.
D. Reihingius. 137.
Remondus. 125.
Ribadeneira. 207.
(219.
Roffenſis. 210. ſeq.
Sächſ. Haupt-ver-
theidigung. 254.
(319. 326.
Salazar. 202.
Salmero. 47. 193.
Scheffler. 197.
D. Scherzerus. 135. 177
Scribanius. 256.
Sleidanus. 14. 24.
(322.
Sorboniſten. 132
à Soto. 138.
Spizelius. 322.
Stattliche Ausfüh-
rung wegen des
Concilii zu Trient.
(254.
Svavis. 17. 231.

Sytus Interpres. 112
Tannerus. 107. 137.
Taxa Pœnitentia-
ria. 250.
Thomas Aquinas.
(58. 193. 203.
Thuanus. 3. 108. 206
220. 250. 319. 321.
Tirinus. 193.
de Valentia. 138.
Vaſquez. 58. 59. 241.
(302.
à Vega. 202.
Veldius. 60.
Vendra. 314.
Verginio. 112.
Weſſelus. 232.
Widmannus. 308.
Wittenberg. Theol.
Gründl. Beweiß
wider die Calvi-
niſten. 177.
Wolffius. 167. 311.
D. Zeæmannus. 197.
(285.

IV.

Ablaß. 193. 195. 250. 295. 316.

Absolution, nicht blosse Ankündigung. 227.
Der Evangelischen. 222. seqq.
Papisten. 225.

Æquivocationes. 127.

Alter der Lehre. 316. seq.

Antichrist. 64. 160. 170. 285. 312.

Arianer. 137. 172. 177. 189. 254. 284.

Barmhertzigkeit Gottes. 181.

Bellarmini Trost. 182.

Berytisch Wunder=Blut. 255.

Bibel=Brand. 18. 307.

Blinder Gehorsam/ (6.) 22. 80. 91. 238. 323.
325.

Blut Christi/ im Pabstthumb verunehrt.
255. seqq.

Blutdurst der Papisten. 320.

D. Brentius beschämet einen Prior. 197.

Budowa, Böhm. Barons Abweisung der
Jesuiten. 44.

Bulla cœnæ Domini, Wasser=Bulle. 166.
320.

Busse nicht zuverschieben. 187. seq.
derselben Thränen. 257.

Calvinisten. 38. 39. 71. 84. 89. 177. seq.
253. 255.

Caraffæ Spott=Rede. 249. seq.

Caroli

Caroli V. Trost aus Bernh. 206.
Evangel. Tod. 321.
Casa lobet die Sodomiterey. 232.
Chur-Sachsen von Jesuiten injuriret. 319.
Circkel der Päbstischen Sophisten. 24.
seq. 137. 160.
Clementis VI. Engel-Befehl. 42.
Concilium zu Jerusalem. 149. seq. Milevo.
264. Costnitz. 17. 157. 318. Trient. 60. 130.
Cotons Teufels-Frage. 219.
de la Cruz, eine Zauberin / betreugt den
Pabst 160.
Denominationes extrinsecæ. 285.
Diebs Trost. 293.
Dillinger Lärm-Bläser. 10.
Donatisten. 136. 140. seq. 161. 169. 189.
Dörffels / des Päbstischen / abgöttisches
Gebeth. 324.
Edelmans Absolution. 226.
Ehe-Pacten / ob sie zu halten? 127.
R. Eliesers Denck-Spruch von der Bus-
se. 189.
Erb-Recht. 95. 205. seq.
Ernesti, Ertz-Bischoff zu Magdeb. Evan-
gelischer Sterbens-Trost. 321.
Evangelisch. 123.
Predig-Ampt. 221. seqq.
Zeichen und Wunder. 163. seq.

Feg.

Feg-Feuer. 42. 164. 197. 211. 219. 243. 258.
    294. 313.
Franciscus, Jesus typicus. 296.
Fundamentum secundarium. 29.
Furcht/ zweyerley. 56. 241.
    und Zittern/ S. Pauli Phrasis. 54. seqq.
Garnettus, ein gehenckter Jesuit. 152. 295.
    dessen Practiquen. 319.
H. Geistes Zeugnis. 51. 71.
Gemälde im Pabstthum. 156.
H. Georgens zu Sachsen Rede. 198. seq.
Gewißheit/ ohne oder mit Bedingung. 34.
    85. 176.
Glaube / selig-machend. 88. seqq. geistliche
    Hand. 110. seqq. ohne Zuthun der Wer-
    cke in der Rechtfertigung. 94. seqq. 196.
    204. von Päbstlern schimpflich verachtet.
    178. seqq. wer der Anfänger. 125. dessen
    Gewißheit. 71. seq. 89. Schwachheit. 73.
    Regel. 25. 28. 305.
Gläubige Schelme und Diebe im Pabst-
    thum. 119.
Gnade/ nicht eingegossen. 180. 270. 274. 285.
Gregorii M. Autorität. 63. seq.
Gründliche Fragen. 38. seqq.
Grund-Text und Sprachen. 45. seq.
    109. 163. 278.
Gvignardi, des Jesuiten/ Lästerung. 319.
Gute

Gute Wercke nöthig. 68. 92. 95. 114. seq.
196. 212. 258. nicht aber zur Seligkeit. 68.
91. 115. 194. 204. 213. 258. seq. 296. seq.
finden da zu starcke Oppositiones. 115.

Himlische Ehren-Stuffen. 100. seq. 288.

Hoffnung / dero Unterschied und Gewißheit. 171. seqq.

Hojeda, ein Spanier / von Indianern gut
beantwortet. 166.

Huß. 318.

Jesuiter / billich Jesu-wider. 124. 179. 181.
274. Sind Judas-brüder. 274. Worts-
Feinde. 300. 307. Landstreicher und Ertz-
Verführer. 7. 44. 219. 315. Blindenleiter.
(6.) 14. 32. Raub-Vögel. 93. 284. Päbstliche Zölner. 316. Teufels-Schüler. 219.
Pickelheringe auf der Cantzel. 230. Zu
vergleichen der Pestilentz. 2. seq. Schlangen 14. 163. seq. 305. Fröschen. 9. seq.
Dieben und Mördern. 238. Knoblauch.
315. Arianern. 254. Jüden. (5. seqq.)
kommen viel an Galgen. 83. 295.

Jesuitische Unwissenheit der Schrifft. (5.)
43. seq. 53. Bibel-Brand. 307. Pabst-
Pflicht. 36. Neid und Feindseligkeit. 9.
315. Vermessenheit. 9. 41. 109. Blutdurst und Mord-Lehre. 318. seqq. 322.
Schelm-

Schelm-Zunfft/ Leut-Plage. 251. Practiqven und Stücklein. 21. seq. 319. Anfechtungen. 298. Schaff-Peltz. 314. unerbare æquivocationes und Sophisterey. 127. seq. 192. Katzbalgerey. 131. Bekehrung in Teufels-Gestalt. 310. seq. Gottslästerliche Problemata. 201. seq. Phantasey. 285. schlecht Lob im Bethen. 243. Schulen. 108. Mützen. 9. 305. 310.

Indianer urtheilen vernünfftig vom Pabst. 166.

Index expurgatorius kratzt den wahren Glauben aus 18. 119.

Ingolstäter Jesuit/ Predigt-Feind. 300.

Innocentius XI. 82. 85.

Inqvisition. 307. 318.

Intentio Ministri. 38. 81.

Jubel-Jahr. 42.

Judas-Beicht und Zweiffel-Strick. 224.

Jüdē. 2. 137. 172. 177. 187. 191. 201. 234. 253. seq.

Ketzer. 20. 127. 189. beruffen sich auf Traditiones. 137. und Wunder. 160.

Keddianismus, vom besondern Grunde vor andern Sectē. 172. 182. seq. 189. seq. 253. seq.

Kirche/ ob sie irren könne? 148. die Römische ist nicht Schrifft-sondern Pabstmäßig. 129. 136. 146. 317.

Kna-

Knabenschändung von einem Papisten gelobt. 232.

Köhler-Glaube / von Prag. 118.

D. Krausens / eines Mammeluckens / Verzweiflung. 322.

Lojola lernet vom Teufel. 219.

Lohn / zweyerley. 96.

D. Luther. 4. 159. 214. seq.

Lutherisch. 217.

Manicheer. 138. seq.

Marien abgöttische Verehrung. 200. seqq. 324. Empfängnis. 132. 239. Muttermilch. 156. seq. 256. Psalter. 202. 324.

Maria Magdalena / keine Hure. 221.

Märtyrer Blut. 256.

Menschen-Satzung. 283.

Ar. Montani Verfolgung. 307.

Mufti. 136. 148.

Mutter-Unser des Päbstische Dörffels. 324.

Neid. 9. 97.

Offenbarungen. 30. 37. 39. 42. 58. 76. 84. 148. 220. 294.

Opera superarrogationis. 296.

Oppositiones der guten Wercke. 115.

Ordination. 228. 235. seq.

Pabst / ob er das Oberhaupt. 64. 132. 135. 149. seq. 151. seq. 166. Gott. 324. Narr. 167. Schalcks-Knecht. 237. kan fehlen. 160

Ungewiß / ob ein rechter. 81. seq. 132.
Seine Bibel-Glossen. 133. seq. Bann.
166. 168. 320. Scrinium pectoris. 146.
Welsche Gehirns Anatomie. 192. Milch-
Pfennige. 232. Zoll. 250. Geld-Fische-
rey. 42. 250.

Pabst-mäßige Religion. 136.

Pabstthum / Schaum aller Haupt - Ketze-
reyen. 20. vom Teufel. 116.

Papisten haben nur einen Glaubens-Artickel. 135. 169. und doch keinen wahren
Glauben. 67. 89. seq. 90. 91. 119. 121.
noch Christliche Liebe. 57. 121. noch gute
Wercke. 91. 120. 122. 223. noch Hoffnung.
80. 87. 157. 171. 180. Scheuen das Liecht. 21.
Sind uneinig. 130. seqq. Wissen nicht /
ob sie getaufft. 80. seq. noch die Schrifft.
43. seq. verunehren Christi Blut. 255.
seqq. leben in Abgötterey und andern
Sünden. 158. 324. zittern im Glauben /
wie die Teufel. 223. Müssen auf Discretion sterben. 181. (s. Sterbens-Trost.)

Passions-Predigten. 199. 201.

Vaternoster-Knäufeln. 308.

Pharisäer. (3.) 15. 120. 270. 276. seq. 310.

Philosophie. 284. seq.

Prädicant. 229. seq.

Priester-Weihe. 227. seq. 233. 235. seq.

Protestanten. 166.

Raben = Sohn. 322.

Reinigung von den Sünden. 252. seqq.

D. Reihings Todt. 321.

Refervationes mentales. 127.

Ribadeneiræ Evangelischer Troft-Brunn.
  207.

P. Richards Vitia :

  (I. ex parte Intellectûs.)

  (1.) Ignoranz und Unverstand. 105. seqq.
    172. 186. 187. 189. 288.

  (2.) Grobe Grammatic-Schnitzer. 106.
    278.

  (3.) Elende Logica. 83. 276. 293.

  (4.) Stumpfe Philosophie. 268. 284. seq

  (5.) Kindheit in Grund-Sprachen. 45.
    seq. 109. seqq. 117. 286.

  (6.) Ungeschicklichkeit in Erklärung der
    Schrifft. 53. 54. 102. 103. 109. 179.
    252. 286.

  (7.) Mangel am Beweiß / aus der H.
    Schrifft. 23. seq. 44. seq. 94. 120. 128.
    135. seq. 146. 196. 204. 214. 225. 259.
    286. 297. aus den Vätern / 25. seq.
    29. 62. seqq. 94. 206. 247. 269. 303.
    und überall. 37. seqq. 40. 99. 117. 120.
    124. 136. 194. 235. seqq.

  (8.) Schatten = Gefechte und Lufftstreid
                                      che.

che. 33. 38. 84. 88. seq. 90. 103. 126.
165. 179. 185. 187. 209. seq. 299.

(9.) Mischmasch/Mengerey/ Confusion
und Unordnung. 38. 40. 82. 87. 88.
199. 210. 213. 222. 299.

(10.) Greifliche Absurditäten. 47. 57. 59.
83. 99. 113. 172. 191. 206: 244. 317.

(11.) Irrig=informirte Meinung. 103.
172. 179. 189. 221. 244.

(12.) Conformation und Ubereinstim=
mung mit den Donatisten. 140. seq.
161. 169. Arianern und Socinianern.
90. 254. 281. Calvinisten. 39. Quackern
und Enthusiasten. 84. 220. Jüden.
187. 234. und Türcken. 254.

(13.) Widersinniger selbst=Streit mit
sich und seinem Hauffen. 25. 46. 47.
52. 53. 57. 58. 63. 64. 136. seq. 146. 161.
169. 179. 182. 193. 207. 239. 241. 264.
seq. 285. 302.

(14.) Alber und unvorsichtig Beginnen.
30. 32. 48 60. 98. 137. 155. 177. 213. 264.
seq. 272. 309.

(15.) Narrheit. 31. 135. 170. 171. 173. seq.
244. 266. 317.

(II. ex parte Voluntatis.)

(16.) Schein=Heiligkeit. 15. 118. 198. 202.
seq. 314. seq. 318.

(17.)

(17.) böser Verdacht. 7. 14. seq. 21. 39. 84.

(18.) Gottslästerliche Reden/indem er Christo widerspricht. 67. Seine Einsetzung schändet. 238. Ihn mit machet zum Ohren-Kratzer. 91. seq. 211. verächtlichen Prädicanten / 229. und Winckel-Prediger. 234. Spricht/es sey nicht gnug/das Christus vor uns gestorben/ohn unser Zuthun und Leiden. 192. 205. Auf sein Verdienst vertrauen / nennet er einen schädlichen und verdamlichen Irrthum. 197. und höllischen Trost. 104. Seines H. Blutes sich trösten / eine schimpfliche Retirade. 252. Spottet des H. Geistes gewissen und süssen Trost. 212.

(19.) Schmähworte und Calumnien. 6. 20. 41. 91. 104. seq. 123. 212. 215. 228. seq. 248. 284. 299.

(20.) Betrug. 12. 21. seq. 25. 33. 61. seq. 90. seq. 93. 127. seq. 249. 314. 316. 323.

(21.) Sophisterey. 23. 46. 91. 136. 192. 282. 291. 304.

(22.) Falsches Andichten. 88. 92. 117. 122. 126. 130. 154. 155. 179. 181. 185.

(23.) Derbe Lügen. 45. 118. 149. seq. 189. 200. 203. 239. 278. 287. 304.

(24.) Frechheit und Frevel. 6. 9. 22. 103. 109. 177. 278.

(25.) Unbillich Ansinnen und Zumuthung.
23. seq. 314. 318.

(26.) Zunöthigung. 10.

(27.) Ehr=und Gewissen=loß Gemüth. 36.
47. 118. 127. seq. 130. 296.

(28.) Diebs= und Mörder=Art. 237. seq. 303.

(29.) Furie und Wüterey. 20. 117. 128. 187.
191. 221. 318. seq.

(30.) Teufeley. 41. 124. 188. 208. 223. 233.
281. 282. 304. seq. 310. seq.

Sacrament/ in einer Gestalt. 16. seq. 18.
153. 157. 211. 324.

B. v. Sahlen Trost. 267.

Schißmata der Päbste. 82. 131. seq.

H. Schrifft/ die Glaubens=Regel. 25. 128.
160. 305. Beweiß daraus der Papisten.
23. seq. 136. 214. derselben Buchstäblicher
Verstand. 24. 192. Verachtung. 23.
300. 308. Verboth. 17. 307.

Seelen=Verpfändung der Päbstischen
Pfaffen: 42.

der Seligkeit Gewißheit. 30. seqq.

Sixti IV. Unzucht. 232.

Socinianer. 177. 281. s. w. Arianer.

Sorbonne. 132. 251.

M. Sörgels Prophecey. 308.

Spiræ Verzweiflung. 13. 322.

Ster=

Sterbens-Trost. 158. 181. 199. 267. 293. seq. 320. seq.

Succession. 228. 234. seq.

Sünden-Heilung. 269. seqq. Bedeckung. 268. seq. Abwaschung. 273. Reinigung. 262. seqq. wider den Heil. Geist. 186.

Syncretismus. 126. 154.

Synergismus der Papisten. 184. 298.

Teufel stifftet das Pabstthum. 116. Seine Brut die Jesuiter. 2. die er informiret. 219. und instigiret. 124. 268. 310. In seiner Gestalt erscheinet ein Jesuit. 310.

Traditiones. 16. 137.

Trost-Brunn. 6. 206.

Türcken. 21. 172. 177. 191. 253. seq.

H. Väter. 25. seqq. 211. Ihre Phrases von Gewißheit der Gnade GOttes. 65. seq.

Verdienst Christi gelästert. 197. Ob Verdienste Christi? 194. seq. der Wercke. 96. seq. 202. seq.

Vergerii Bekehrung. 12. seq.

Vulgata. 45.

Wehe! über wem es zu schreyen. 190. 197. 248. 251.

Weih-Wasser. 257.

Wun-

Wunder. 121. 158. seqq. 163. 234.

Zuversicht / Fiducia, unterschiedlich. 210.
299.

Zweiffels = Lehre der Papisten / hat ihre
Gifft = Qvelle im Concilio Tridentino.
36. und gründet sich auf falschen Glau-
ben/ 67. 89. 121. und Liebe / 56. seq. 121.
auf unvollkommene Schein = Wercke.
38. 62. 91. 121. 180. 246. 294. 296. 263.
267. auf ungewisse Pabst = Wahl/ 82.
Priester = Weihe. 38. 81. 227. seq. und
dessen intention. 38. 81. wie auch auf blinden Gehorsam. 91. 238. 323. Sie un-
terbauet das Fegfeuer / 258. und Pábst-
liche Stats = Interesse. 315. seq. als des
Pabstthums letzte Stütze. (9.) Ist
aber vor sich Ursach gnug/ das Pabstthum zu fliehen. 30. seq. 87. 325. seq.
Denn es ist solche ein Labyrinth/ (6.)
156. Abgrund/ 82. Monstrum, 7. Gewissens = Qval. 226. 327. Wider
GOtt und den wahren Glauben. 72.
vom Teufel. 148. 311. ohne seligen Sterbens = Trost/ 156. 181. seq. 267. 294. seq.
320. und gnugsamen Mitteln der Seligkeit. 299. Von bosen Früchten
und Consequentien. 8. 115. 326.
der